PROCESSO DE CRIAÇÃO
EM DESIGN GRÁFICO

PANDEMONIUM

Autorizo a reprodução e divulgação total ou parcial deste trabalho, por qualquer meio convencional ou eletrônico, para fins de estudo e pesquisa, desde que citada a fonte.

Dados Internacionais de Catalogação na Publicação (CIP)
(Jeane Passos de Souza – CRB 8ª/6189)

Leal, Leopoldo
    Processo de criação em design gráfico : pandemonium /
Leopoldo Leal. – São Paulo : Editora Senac São Paulo, 2020.

    ISBN 978-65-5536-141-4 (impresso/2020)
    e-ISBN 978-65-5536-142-1 (ePub/2020)
    e-ISBN 978-65-5536-143-8 (PDF/2020)

    1. Design gráfico 2. Processo criativo 3. Experimentação
4. Criatividade I. Título

20-1139t   CDD – 745.2
                                                                                   BISAC DES007000

Índice para catálogo sistemático:
1. Design gráfico   745.2

PROCESSO DE CRIAÇÃO EM DESIGN GRÁFICO

PANDEMONIUM

Leopoldo Leal

Editora Senac São Paulo
São Paulo, 2020

"O PANDEMÔNIO, PALÁCIO DE SATÃ, ERGUE-SE SUBITAMENTE CONSTRUÍDO NO INFERNO; OS PARES INFERNAIS ALI SE ASSENTAM EM CONSELHO."

John Milton
(MILTON, 2006)

SUMÁRIO

8	**NOTA DO EDITOR**
11	**PANDEMONIUM**
17	**PROBLEMA**
39	**CONHECIMENTO**
75	**MEMÓRIA**
109	**TEMPO**
131	**PENSAMENTO**
165	**COMBINAÇÃO**
203	**SELEÇÃO**
227	**PRODUÇÃO**
249	**CONCLUSÃO**
272	**AGRADECIMENTOS**
273	**SOBRE O AUTOR**
274	**LISTA DE IMAGENS**
276	**REFERÊNCIAS**

NOTA DO EDITOR

PROCESSO DE CRIAÇÃO EM DESIGN GRÁFICO PANDEMONIUM

Esta publicação tem como base a tese de doutorado de Leopoldo Leal, que estuda o processo de criação em design gráfico a partir das oito fases descritas pelo professor Robert Keith Sawyer: problematização, adquirir conhecimento, coletar informações, incubação, geração de ideias, combinação de ideias, seleção e exteriorização.

Para representar cada uma delas, o autor desenvolve oito experimentos gráficos ao longo do livro para criar a palavra *pandemonium*, tendo como referência inspirações e materiais diversos.

Desse trabalho, o autor faz questão de enfatizar a importância da educação visual para conseguir encontrar boas ideias, além de árdua dedicação: um projeto de excelência é fruto de prática constante, e não da inércia. O diálogo com outros profissionais e a discussão de conceitos abordados em design e criação somam-se a isso, contribuindo para o contínuo aperfeiçoamento da formação e do fazer criativo.

Esta obra do Senac São Paulo é dirigida a todos os estudantes e designers interessados em saber mais sobre o processo de criação e sobre como profissionais de referência na área lidam no cotidiano com a tarefa de criar—e que recursos utilizam para a solução de problemas.

PANDEMONIUM

Reduzir o processo de criação a um único momento, isolado e mágico, como uma lâmpada que se acende, é uma noção romântica e antiquada. Geralmente, relatos sobre processos criativos acabam se transformando em histórias idealizadas, em que se apresenta somente o momento de iluminação, deixando em segundo plano todos os processos e mecanismos que possivelmente desencadearam uma ideia. O processo de criação não é uma manifestação divina, muito menos linear e burocrático, como uma linha de produção previsível e duplicadora. Trata-se de um desenvolvimento caótico, confuso e de contornos pouco definidos, ou seja, um pandemônio.

Pandemônio foi o termo criado pelo escritor inglês John Milton em 1667, em sua obra *Paraíso perdido*, para designar o palácio e a capital do inferno, onde Lúcifer e seus pares se reúnem. "O Pandemônio, palácio de Satã, ergue-se subitamente construído no Inferno; os pares infernais ali se assentam em conselho" (MILTON, 2006).

Do original *pandemonium*, em inglês, a palavra foi criada a partir do prefixo grego *pan*, que significa "todos", e do vocábulo grego *daimónion*, que equivale a "demônio". Vale salientar que alguns etimologistas preferem a palavra grega *daimon* para designar "demônio", porém esta tinha um sentido amplo na Grécia Antiga e remetia a uma divindade de menor importância, a um mensageiro e intermediário entre os homens e os deuses (ZIMERMAN, 2012). Foi somente na era cristã que a palavra ganhou a conotação de espírito maléfico (ZIMERMAN, 2012). No século XIX, pandemônio também passou a indicar caos e confusão (PANDEMONIUM, 2018).

Em 1959, em um simpósio sobre a mecanização dos processos de pensamento, o pesquisador e pioneiro em inteligência artificial Oliver G. Selfridge apresentou o trabalho "Pandemonium: um paradigma para a aprendizagem" (BOEREE, 2003). Selfridge imaginou a mente como um conjunto de pequenos demônios, em que cada um reconheceria uma parte de um elemento, e, juntos, todos esses demônios conseguiriam reconhecer um elemento por inteiro. Uma operação que acontecia de baixo para cima, com os demônios menores se comunicando com os demônios superiores até chegarem a uma definição.

O modelo desenvolvido por Selfridge foi um passo importante para a inteligência artificial e para o entendimento de como a nossa mente opera, pois não armazenamos imagens como se fossem fotografias, *fac-símiles*. Armazenamos os meios de reconstruir um esboço dessa imagem.

O neurocientista Antônio Damásio (2012) exemplifica: se temos a imagem do rosto da tia Maria em mente, na verdade não possuímos o rosto dela tal como uma fotografia, mas sim os elementos que desencadeiam a reconstrução de uma representação aproximada de seu semblante. Não existe, portanto, somente um modo para reconstruir a imagem da tia Maria em nossa mente, pois o registro de sua face está distribuído por várias áreas do cérebro, em vez de estar localizado apenas em uma região. Nossas lembranças da tia Maria emergem de memórias visuais, auditivas e olfativas.

Cientes de que nossa mente opera de modo caótico e complexo, com informações e experiências em constante conexão, não é possível crer que o processo de criação seja linear ou fruto de uma epifania. Ele segue um modelo caótico do qual não temos total clareza ou controle de como os processos vão se desenvolver. Uma jornada que começa com pequenos sinais detectados pelos nossos sentidos. Tais sinais são como os pequenos demônios descritos por Selfridge, que vão trabalhando em nossa mente, levando e trazendo informações e se chocando com novos dados. Esses sinais ficam mais fortes conforme o projeto é trilhado e trabalhado, delineando uma imagem cada vez mais clara.

Trabalhando consciente ou inconscientemente, muitas mini-iluminações são manifestadas em nosso dia a dia. Apesar de não gerarem um projeto por inteiro, elas causam um encantamento momentâneo que nos leva a mudar de rumo criativo ou mesmo despertar para uma ideia. Em um projeto de design, quanto mais experimentações são feitas, maior a probabilidade de haver uma ideia boa para ser trabalhada, pois a informação de ontem auxilia a resolver o problema de amanhã. Esta postura ativa demonstra que ficar esperando o aparecimento de uma inspiração não só é equivocado como também improdutivo. Inspiração é fruto de trabalho, não o contrário.

Nada acontece em um passe de mágica, assim como nada de inovador ocorre em um processo burocrático e linear. Nos anos 1960, acreditava-se que métodos altamente racionais em design resolveriam qualquer problema em detrimento da intuição e da subjetividade. O professor e pesquisador John Christopher Jones (1984), autor de importantes livros e artigos sobre métodos de projeto em design, descreve esse período como a época da metodolatria e destaca que um problema em design não pode ser resolvido com precisão matemática. Para ele, quem acredita nisso não é designer, pois trabalhar com design é lidar com a subjetividade e o acaso. Jones defende uma metodologia menos rígida, que funcione como um caminho de diálogos recomendados para chegar a determinado destino. Ele também afirma ser absurdo separar o estudo de métodos em design sem considerar a prática. Já a linearidade com que se descreve um processo criativo ocorre, na visão de Jones, porque a escrita é linear, porém o projeto deve ser pensado de maneira integral.

De acordo com Mlodinow (2009, p. 204), o determinismo pressupõe que se vive em um "mundo ordenado, no qual tudo pode ser antecipado, computado e previsto", porém isso é improvável na maioria dos casos. Lestienne (2008) conta uma fábula de uma fada que entregou um livro que continha toda a história futura da vida de uma pessoa, contada nos mínimos detalhes. Essa fada seria boa ou má? Sem dúvida, má, pois conhecer todos os percalços de uma vida faz com que não valha a pena viver. Durante um processo de criação em design, fatores menos evidentes desencadeiam novos processos, tornando inevitável o reconhecimento do acaso, do erro e da intuição no processo criativo. O acaso não é um fenômeno que perturba a ordem, mas reforça que não existe controle absoluto dos eventos.

O objetivo deste livro foi compreender o processo criativo no qual o acaso e a experimentação estão inseridos e fomentar possibilidades de criação a partir desse conjunto de elementos. Optou-se por este caminho em vez de estudar somente o acaso, o que reduziria o processo de criação a um momento isolado. O livro consiste em reflexões a partir da bibliografia sobre design e experimentos que apresentam na prática o processo de criação em design.

Para explicar o processo de criação, o livro fundamenta-se nas oito fases descritas pelo professor Robert Keith Sawyer, que pesquisa os processos de criação há mais de vinte anos: "problematização", "adquirir conhecimento", "coletar informações", "incubação", "geração de ideias", "combinação de ideias", "seleção" e "exteriorização". Sawyer descreve que essas fases não ocorrem de maneira linear e variam conforme a trajetória do projeto. Cada uma delas pode desempenhar um papel importante em qualquer fase do processo criativo.

As fases de Sawyer inspiraram o desenvolvimento de fases direcionadas para o design, nomeadas como "problema", "conhecimento", "memória", "tempo", "pensamento", "combinação", "seleção" e "produção". A bibliografia específica de design gráfico deu suporte para exemplificar a ocorrência dessas oito fases, considerando as especificidades dos projetos e os aspectos práticos da atividade criativa do designer gráfico, tais como o volume de criações feitas simultaneamente, os prazos, as limitações financeiras e a relação com os clientes. Em vez de representarem uma restrição criativa, os desafios do cotidiano do profissional de design podem agregar ao processo em si, apontando novos caminhos e soluções antes não consideradas.

Para demonstrar as ideias deste livro na prática, são apresentados oito experimentos que ilustram as diferentes fases do processo criativo. Cada experimento foca uma determinada fase, pois em cada uma o processo de criação ocorre por inteiro. Sendo assim, cada fase não se restringe às ações e ideias que a definem. A fase da "memória", por exemplo, pode conter aspectos do "tempo" e do "conhecimento".

Esses experimentos seguiram regras simples, pois se acredita que a partir de poucos elementos chega-se a resultados inusitados, como um jogo divertido e disciplinado em que novas oportunidades são apresentadas para serem possivelmente trilhadas.

A decisão de trabalhar preferencialmente nas cores branca e preta foi tomada para que o foco principal dos experimentos estivesse nas formas. Cada experimento iniciou-se de maneira diferente, a partir de papéis ou objetos encontrados, diários de ideias, cópias ou práticas repetitivas, mas que ao final apresentasse a palavra *pandemonium*.

Os diferentes resultados demonstram que limites iniciais não restringem a criação e não se sabe de antemão o desfecho que se apresentará, uma vez que experiências anteriores são cruciais para a solução que será apresentada.

Pandemonium reflete o processo de criação deste livro, que não foi projetado de maneira linear. Teve início em 2014, durante o doutorado na FAUUSP sob orientação do Prof. Dr. Vicente Gil Filho. Somente após muitos ajustes e diferentes caminhos trilhados compreendeu-se que os projetos se iniciam assumindo determinada forma, contudo se consolidam apresentando outra forma não prevista. O processo criativo nunca está totalmente formatado na mente porque ele se constitui no fazer. Além disso, há sempre desvios, erros, improvisações e surpresas que ajudam a produzir um trabalho. Por isso, este livro não tem o objetivo de ser uma receita ou uma fórmula para um processo criativo em design, ou mesmo de demonstrar como se identifica o acaso, pois fazer isso seria ficção.

Assim, o designer vai formulando seu próprio processo de criação, trabalhando com um problema definido de antemão ou formatando um a partir de um processo de busca e investigação, adquirindo conhecimento a partir da prática e da observação, pois, quanto mais se olha, mais o repertório se amplia para identificar boas oportunidades. Ele vai se conscientizando de que uma ideia não surge de um descanso, mas se manifesta porque foi antecedida por muito trabalho nas fases anteriores, descobrindo que, quanto mais se estuda e se experimenta, maior é a probabilidade de encontrar uma boa ideia. Que conectar elementos, coisas, pessoas e lugares é um poderoso recurso para sair de uma zona de conforto e se confrontar com situações ou ideias nunca imaginadas antes. Que o processo é feito por escolhas e que a materialização não necessariamente é a última fase de uma criação, podendo ser uma fase de verificação que leva a um retorno para fases anteriores.

Por fim, o processo de criação é único para cada um, pois envolve inúmeros aspectos que determinarão o resultado final, e somente aqueles que estão profundamente envolvidos conseguem identificar no acaso as oportunidades não premeditadas que podem auxiliar no desenvolvimento de um projeto.

Este livro foi montado como um caderno de experimentos e vivências que pode ser lido por inteiro ou folheado livremente. É um livro que leva em consideração referências pessoais e relatos do aprendizado teórico e prático de um estudante, designer e professor. É uma demonstração de que o design não se realiza de forma passiva, e para aprender e ensinar design é necessário praticar, pois apenas falar não é suficiente para a construção de projetos.

PROBLEMA

"Eu gostaria de retrucar que, quanto mais básica a exposição de um problema, mais difícil se torna sua solução. Os problemas complexos permitem que erros e superficialidades sejam encobertos mais facilmente."

Wolfgang Weingart
(WEINGART, 2010, p. 243)

EXPERIMENTO 01
Cartão de ponto

O problema inicial foi produzir manualmente, com uma caneta marcadora preta, diferentes desenhos para as letras que compõem a palavra *pandemonium*, dentro dos limites de um cartão de ponto, composto por 96 retângulos.

DEFINIÇÃO DE UM PROBLEMA

Problema é tudo aquilo que não tem uma resposta imediata a partir de um conhecimento preexistente. Aparece quando é necessário fazer uma escolha dentro de algumas possibilidades.

O filósofo Jacob Bazarian (1986) explica que todos nós temos problemas de diferentes tipos: pessoais, físicos, mentais, econômicos e políticos, dos mais simples aos mais complexos. Não dá para ser feliz sem solucioná-los. Ele afirma que chegar à solução de um problema faz parte da nossa sobrevivência e autorrealização, mesmo que alguns deles fiquem sem solução imediata.

Uma tarefa a ser concluída também é um problema, a exemplo de todas as pessoas que buscam resolver conflitos do cotidiano (RUNCO; DOW, 1999, *apud* LUBART, 2007, p. 96), como cientistas que visam compreender um fenômeno ou artistas que buscam se expressar graficamente.

Em um processo criativo, a identificação ou a formulação de um problema é fundamental. "Equacionar o problema já constitui metade da solução", dizia Albert Einstein (BAZARIAN, 1986, p. 87). Formular um problema é delimitar um espaço de atuação ou definir um objetivo a ser alcançado. É equacionar a pergunta certa a ser respondida. É se concentrar somente no que é relevante e focar determinados aspectos para resolvê-lo.

PROCESSO DE RESOLUÇÃO

Quando já se tem um problema, ou este é demandado por alguém, entra-se em um processo de resolução. É o que ocorre quando um arquiteto é chamado para projetar uma casa, ou um médico é procurado para decifrar os sintomas de um paciente.

Problemas são resolvidos quando se dedica muita atenção e foco em sua solução, a exemplo do romancista russo Dostoiévski. "Quando escrevo algo, penso sobre isto quando como, quando durmo e quando converso com alguém" (SMINORV; LEONTIEV, 1960, *apud* ALENCAR; FLEITH, 2003, p. 49). Porém, somente foco e vontade não são suficientes para a resolução de um problema complexo, que exige compreensão de suas características e conhecimento na área.

No design, o profissional geralmente é contratado para solucionar problemas de maneira criativa, a partir de demandas dos clientes. Para os sócios do estúdio A2/SW/HK, Scott Williams e Henrik Kubel (SKOLLOS; WEDELL, 2012, p. 4), a criatividade é um processo que inicia no problema do

"UM PROBLEMA BEM-DEFINIDO JÁ É METADE DA SOLUÇÃO."

John Dewey
(CAMPBELL, 1995, p. 48, tradução livre)

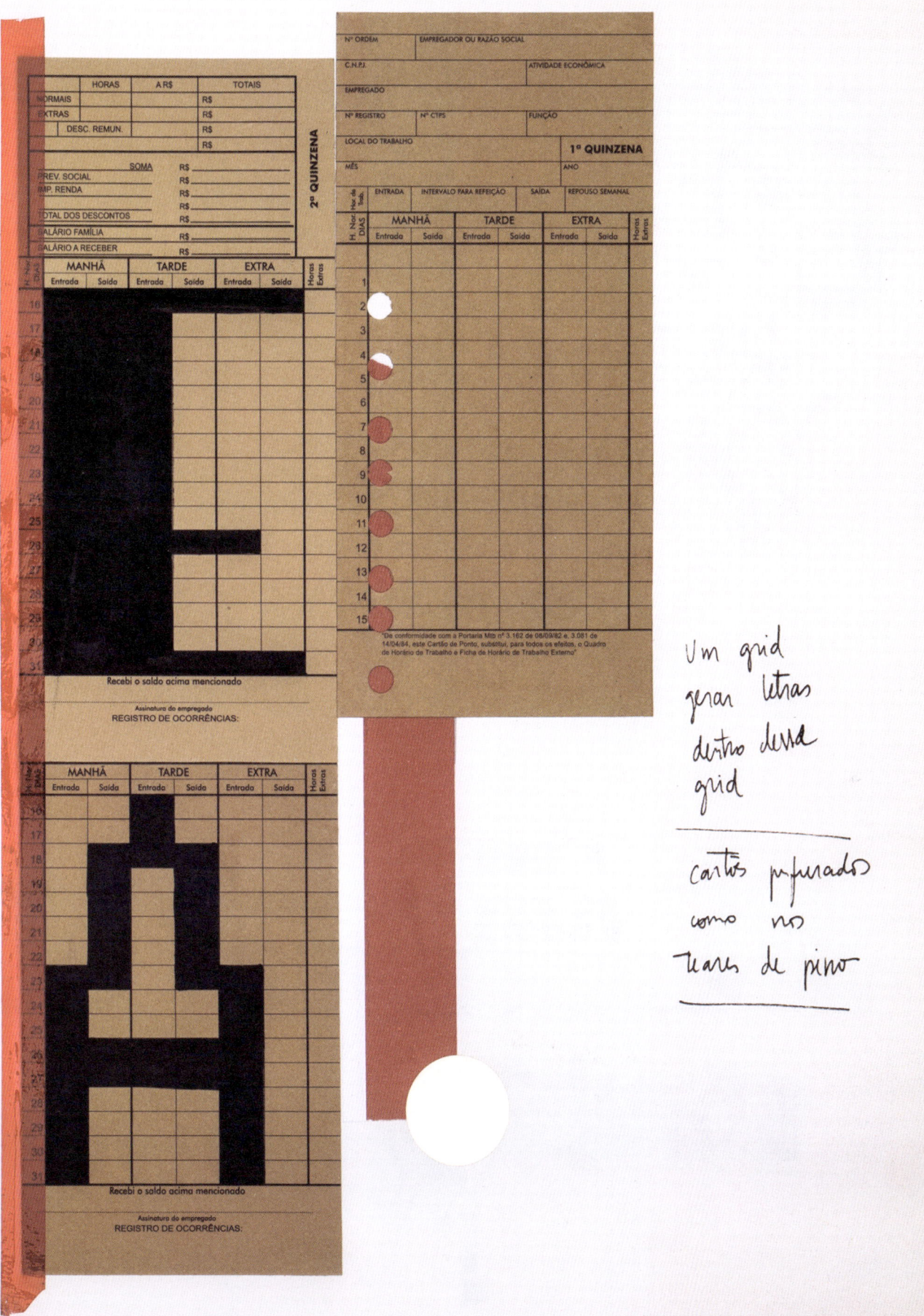

um grid
gerar letras
dentro dessa
grid

cartões perfurados
como nos
teares de pino

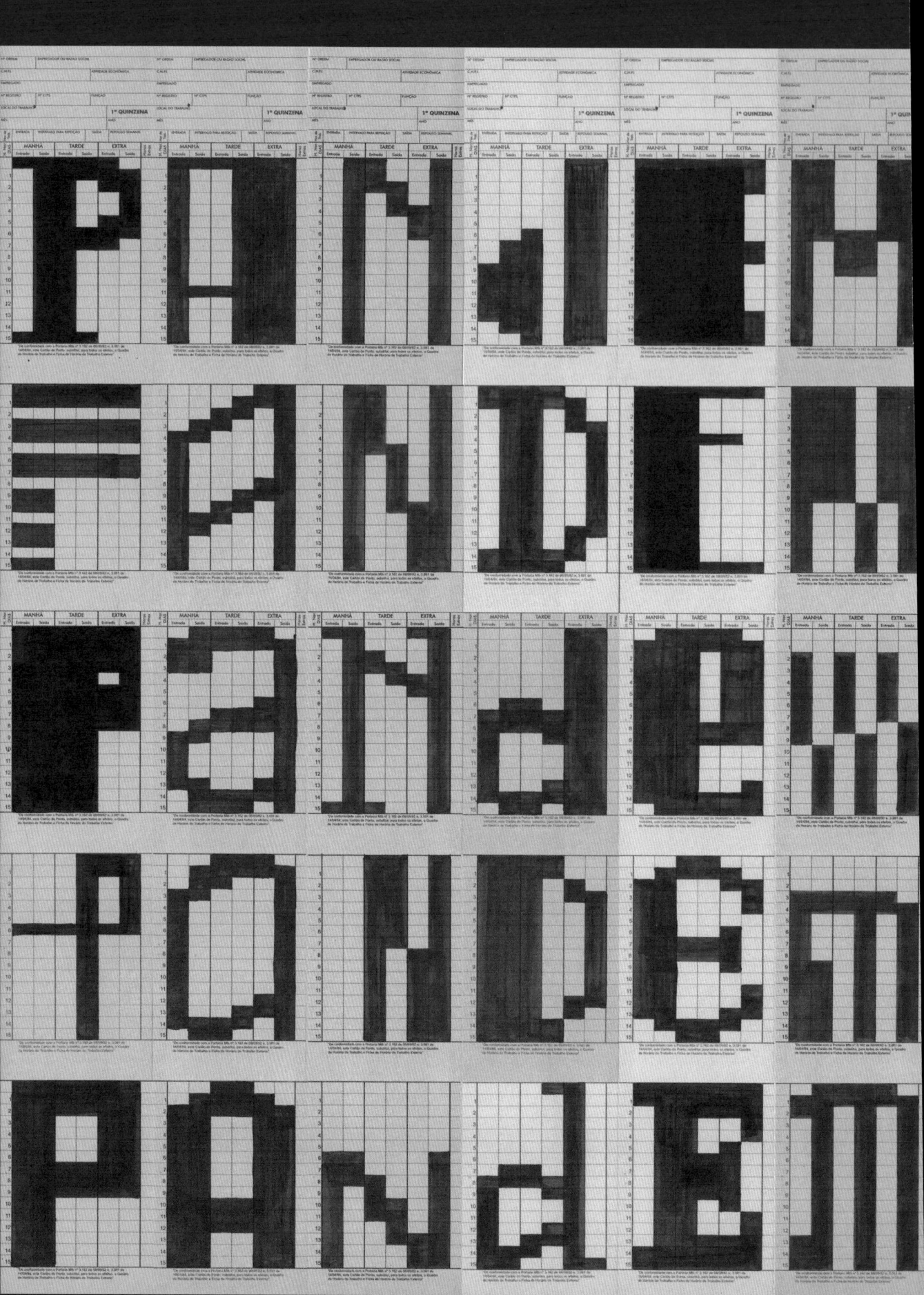

220 cartões de ponto

Foram criados 20 cartões para cada letra, em um total de 220 cartões, que contemplam variações de espessura, altura, serifa, sem serifa, maiúscula e minúscula.

cliente e evolui ao longo de uma série de decisões feitas no percurso do projeto. Segundo a dupla, a maior parte de seu trabalho se baseia em uma ideia que faz sentido e uma direção a ser tomada.

O tempo para resolver um problema é variável; pode levar um dia ou passar meses sem que nada aconteça. É nesse intervalo que o projeto amadurece. Alguns designers preferem trabalhar sem prazos rígidos, pois não é possível saber de antemão quanto tempo será necessário para resolver um problema. Essa situação de tempo ilimitado não é uma constante, pois orçamentos e prazos são absorvidos como parte da demanda. Reclamações quanto à falta de tempo ou de verba são comuns nesses casos por parte dos designers, mas essas limitações não afetam a criatividade—pelo contrário, estimulam soluções inusitadas dentro dos limites do projeto.

O fato de um problema ser demandado por um cliente não significa que o resultado será um projeto pouco criativo. O designer Paul Rand (1993) relata a história da pintura da Capela Sistina, desenvolvida pelo artista italiano Michelangelo a pedido do papa Júlio II. O líder religioso obrigou o pintor a concluir a obra rapidamente e ameaçou jogá-lo do alto dos andaimes. Rand descreve que a relação de ambos teve atritos, pedidos de desculpas, pagamento e entrega do serviço, assemelhando-se à relação entre um cliente e o designer contratado. Enquanto o último vê no projeto um meio de invenção e de experiências, o contratante enxerga na obra uma fonte econômica, política e social (RAND, 1993).

REFORMULAÇÃO DE PROBLEMAS

Antes de resolver um problema, é preciso olhar para ele sob diferentes ângulos, checar se é coerente, fazer perguntas e buscar informações complementares. Essa prática é conhecida como reformulação de problemas e visa esclarecer o projeto, pois alguns clientes—ou as pessoas que demandam uma solução—geralmente não conseguem verbalizar o que desejam ou quais são as suas necessidades.

Cabe ao designer ouvir a solicitação do cliente e verificar se o pedido é coerente com o projeto ou se é preciso explorar outras alternativas. Leonard Bruce Archer (1965), professor de pesquisa em design, explica que o primeiro passo de um projeto é definir o problema a partir dos limites com os quais o designer vai trabalhar. Muitos designers acreditam que os problemas já foram bem definidos pelos clientes, mas isso é insuficiente. É papel do designer criar novas indagações e até mesmo reformular o problema. Para o projeto de uma luminária, por exemplo, é preciso especificar se ela será de mesa, de parede, de escritório ou de sala de estar, bem como se a luz será incandescente ou fluorescente (MUNARI, 1998). A reformulação, portanto, consiste em saber fazer a pergunta certa, criar limites, estabelecer os elementos que serão trabalhados e conseguir se aprofundar em todas as informações relativas ao projeto, mesmo que pareça que tudo já esteja superado.

Paul Rand acreditava que a resolução de um problema em design nascia da manipulação da forma e do conteúdo, ou seja, o conteúdo era a ideia, e a forma era o que se fazia com ela (KRUEGER, 2010). Rand explica que no processo de manipulação há uma série de escolhas a serem feitas. Grande ou pequeno? Tridimensional ou bidimensional? Elementos da moda ou tradicionais? A quantidade de perguntas feitas pelo designer—quanto mais, melhor—culmina no sucesso da reformulação do problema e auxilia na definição de uma meta clara para o profissional, que saberá com quais elementos poderá trabalhar e como combiná-los adequadamente.

Ao desobedecer algumas regras do cliente e criar novas, o designer assume um grande risco, em que o resultado apresentado poderá ser visto como genial ou como algo equivocado, que contraria completamente o que foi pedido. O designer gráfico suíço Bruno Monguzzi (MONGUZZI, 1998), criador do logotipo e da sinalização do Museu d'Orsay, em Paris, foi posteriormente convidado a criar o cartaz de lançamento do museu. O problema apresentado a Monguzzi, por Jean Jenger, diretor do Museu e Léone Nora, responsável pelas relações públicas, consistia em não usar nenhuma imagem, apenas o logotipo e a data. Durante o processo de criação, Monguzzi tentou trabalhar com essas informações, porém não conseguiu produzir nada de interessante. Até que, ao folhear um de seus livros, viu uma imagem do fotógrafo Jacques Henri Lartigue (*Zissou consegue ficar no ar*, 1908), que retratava o irmão de Lartigue, Zissou, voando em um planador construído pelo tio deles. Monguzzi viu que essa imagem era uma excelente metáfora para o lançamento do museu e para ser aplicada no cartaz, porém usá-la iria contra o problema apresentado. Ele decidiu seguir mesmo assim. No dia da apresentação, quando Jean Jenger viu o que havia sido feito, ficou muito chateado por causa da desobediência de Monguzzi, que explicou a ideia de seu projeto. Jenger não ouvia e falava consigo mesmo, andando de um lado para outro da sala; ao final, Jenger se disse convencido de que o cartaz estava

Preto e branco

A fim de trabalhar com poucos elementos, todos os cartões foram digitalizados e aplicados na cor preta.

25

[Fig. 1] Cartaz de lançamento do Musée D'Orsay. Bruno Monguzzi, 1986. Fotografia: Jacques Henri Lartigue, 1908. Cortesia de Bruno Monguzzi.

correto e que o apresentaria para Jacques Rigaud, o presidente do museu. No dia seguinte, por telefone, Madame Nora se dizia preocupada, pois ela sabia que a Fundação Lartigue não permitia cortes nas fotografias de Lartigue; porém Monguzzi, sabendo da dificuldade que seria a aprovação do uso da imagem, solicitou que ela apresentasse o projeto para a Fundação. O impressionante aconteceu: o cartaz foi aprovado, e a Fundação Lartigue não só permitiu o uso da imagem como ainda concedeu ao Museu d'Orsay uma cópia *vintage*.

O designer Alan Fletcher, um dos fundadores do escritório de design Pentagram, via o trabalho como algo além da solução do problema do cliente. "A maioria dos clientes não percebe ou não se importa se você foi além ou não" (POYNOR, 1991, tradução livre). Fletcher via a resolução dos problemas dos clientes como oportunidade para descobrir novos caminhos e alternativas. Certa vez, a IBM pediu que ele desenhasse um cartaz para a nova sede de Paris, contendo a informação de que em breve chegariam os quadros que iriam ocupar aquelas paredes. Em resposta, Fletcher fez uma série de cartazes com definições da palavra "arte" por autores e artistas, que foram colocados abaixo do espaço reservado para os quadros. "Se eu tivesse respondido ao problema, eles teriam uma simples placa" (POYNOR, 1991, tradução livre).

Desobedecer às premissas propostas pelos clientes não é uma regra, pois, na maioria das vezes, os designers trabalham com limites impostos pelos contratantes ou por eles mesmos; isso faz com que o ato de projetar seja ainda mais desafiador, porém, de acordo com Monguzzi, regras devem ser desobedecidas quando elas não permitem que se atinja uma solução adequada.

BUSCA DE PROBLEMAS
Problemas não são somente demandados por clientes e depois reformulados. Podem ser definidos e detectados pelos próprios designers. Nesse caso, é um processo muito parecido com o que ocorre na arte (SAWYER, 2012), em que o artista busca e define seu próprio problema, ou seja, emerge do processo de trabalho em si. É papel do designer olhar o problema sob diferentes pontos de vista e com sagacidade identificar novas possibilidades para trilhar. Mihaly Csikszentmihalyi, um dos principais pesquisadores sobre criatividade, fez um experimento

em conjunto com uma equipe de psicólogos da Universidade de Chicago para entender como funcionava a criatividade no desenvolvimento de trabalhos visuais (SAWYER, 2013). Estudantes de arte deveriam selecionar diversos objetos sobre uma mesa e dispô-los da maneira que quisessem para posteriormente desenhar a composição. Mihaly constatou duas abordagens distintas.

Um grupo de estudantes selecionou rapidamente alguns objetos e deu sequência à tarefa de desenhar a composição; foi uma abordagem em que se formulou com rapidez um problema, partindo em seguida para a etapa de resolução. Outro grupo analisou cuidadosamente todos os objetos e gastou mais tempo dispondo-os na mesa, fazendo escolhas, reorganizando a composição, produzindo alguns esboços, apagando tudo e produzindo novas composições. Esses alunos despenderam mais tempo na identificação de um problema do que em sua resolução. Mihaly chamou essa tarefa de "descoberta de problemas" (*problem finding*).

Posteriormente, os trabalhos dos alunos foram mostrados para um grupo de especialistas do Instituto de Artes da Universidade de Chicago, que constatou que as melhores soluções eram, em sua maioria, do segundo grupo, que gastou muito mais tempo na busca de problemas—ou seja, dos alunos que se concentraram mais em fazer a pergunta certa. Anos depois, Mihaly procurou os estudantes envolvidos no experimento e descobriu que os que faziam parte do grupo dos buscadores de problemas visuais se tornaram, em sua maioria, artistas bem-sucedidos (SAWYER, 2013).

Conseguir formular bons problemas é, portanto, estar sempre alerta, buscando novas inspirações. É saber para onde se quer ir, mas também estar de olhos bem abertos ao inesperado. Não basta encontrar a solução de modo mecânico e veloz; o importante é conseguir montar o problema certo.

Em uma aula de pintura, a professora e pesquisadora Michele Cassou perguntou quais estudantes já chegavam à aula com a pintura feita na cabeça. Metade dos alunos levantou a mão. Cassou explicou que, se pintassem o que já estava previamente na cabeça, eles não estariam fazendo nada além do que copiar o que já haviam feito (CUSHMAN, 1992, p. 54, *apud* SAWYER, 2012). Estar aberto a novas oportunidades é o que possibilita caminhos mais inovadores. Acreditar que a formulação de problemas se faz somente na cabeça é uma visão equivocada, pois a busca de problemas é um processo ativo, que nasce do fazer e do refletir.

RESPOSTAS

No processo para solucionar um problema, diversas ideias são geradas e algumas nem são usadas. Geralmente, a primeira ideia não é a resposta final, pois, conforme o projeto evolui, o problema também pode se modificar (LUPTON, 2013). As soluções surgem a partir de processos práticos e mentais que o designer desenvolve, e é tarefa dele selecionar uma que responda ao problema da melhor maneira. Isso não significa que exista somente uma solução absoluta, pois o design gráfico é uma atividade subjetiva e um problema não tem somente uma resposta possível. O designer suíço Karl Gerstner (2007, p. 12) explica que não existe uma única solução para um problema, porque as possibilidades não podem ser delimitadas de maneira absoluta: "Há sempre um grupo de soluções, e certa solução fornecerá melhores resultados perante certas condições" (tradução livre).

O professor e designer Vicente Gil (2015) segue essa mesma linha de pensamento e explica que normalmente apresenta a seus clientes mais de um caminho criativo, mas aponta a opção que, em sua opinião, responde ao problema da melhor forma. Geralmente, designers chegam a soluções diferentes. Quando Gil e sua esposa, a designer Nasha Gil, trabalham juntos, as soluções são bem distintas. "É interessante quando a Nasha cria, pois ela tem uma linguagem. Quando eu e ela criamos juntos, nós nos complementamos e produzimos outra linguagem. Então, o trabalho dela é diferente do meu. Apesar de trabalharmos juntos, as respostas não são as mesmas."

A formulação e a resolução de um problema não são um processo mecânico, pois, conforme pequenos problemas são solucionados, escolhas e limites são estabelecidos, e o tempo influencia na resolução. O que se acha incrível hoje pode ser horrível amanhã. Um fato comum no processo de design é chegar a respostas erradas, acreditando que são corretas. Fletcher (2001, p. 147) ilustra esse processo com a história de imigrantes italianos que foram ludibriados pelo desonesto capitão de um navio, que os levou até Cardiff, no País de Gales, dizendo que eles haviam chegado a Nova York. "Às vezes, isso acontece comigo. Chego ao que acho que é a solução correta apenas para perceber mais tarde que acabei na resposta errada" (tradução livre).

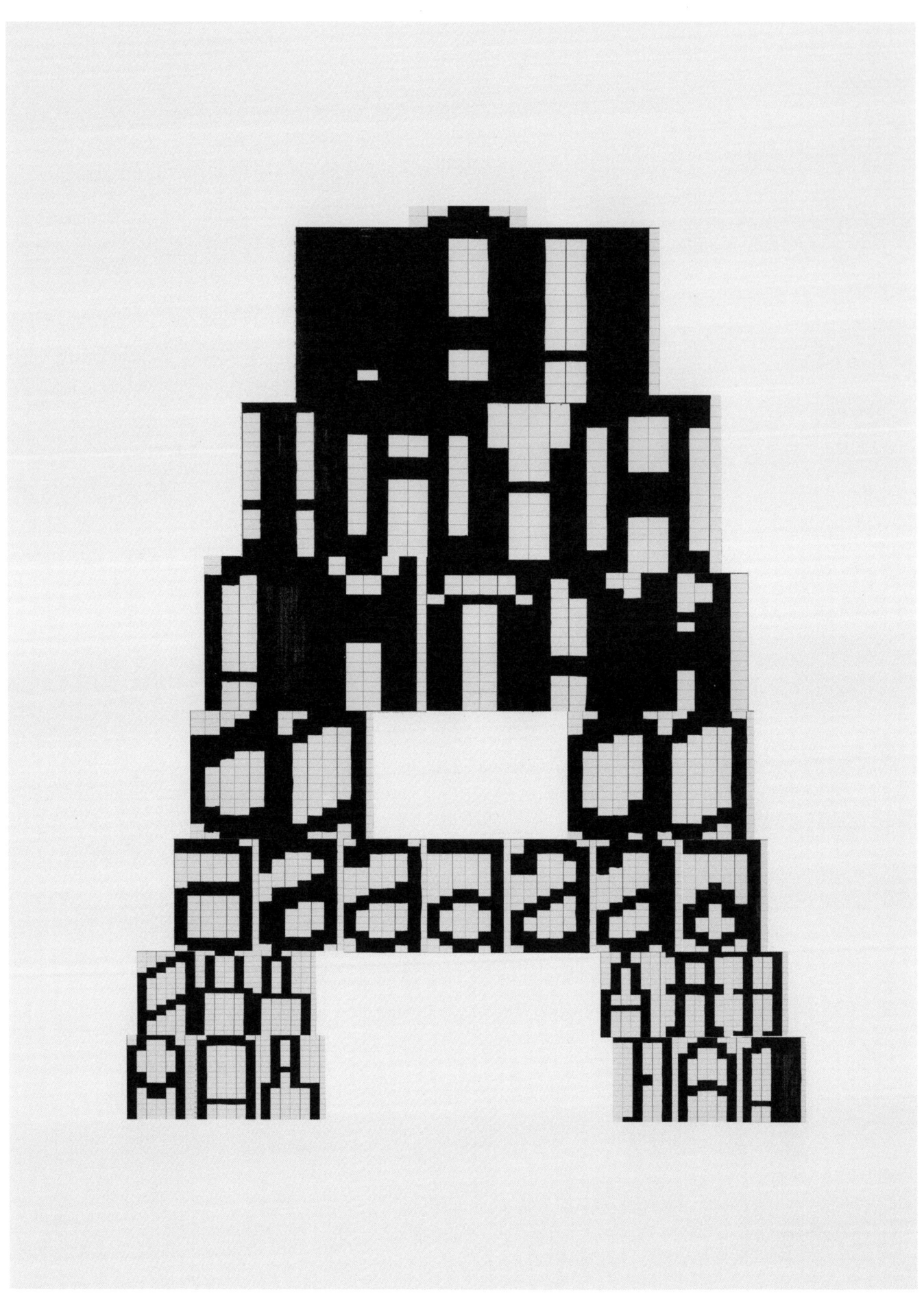

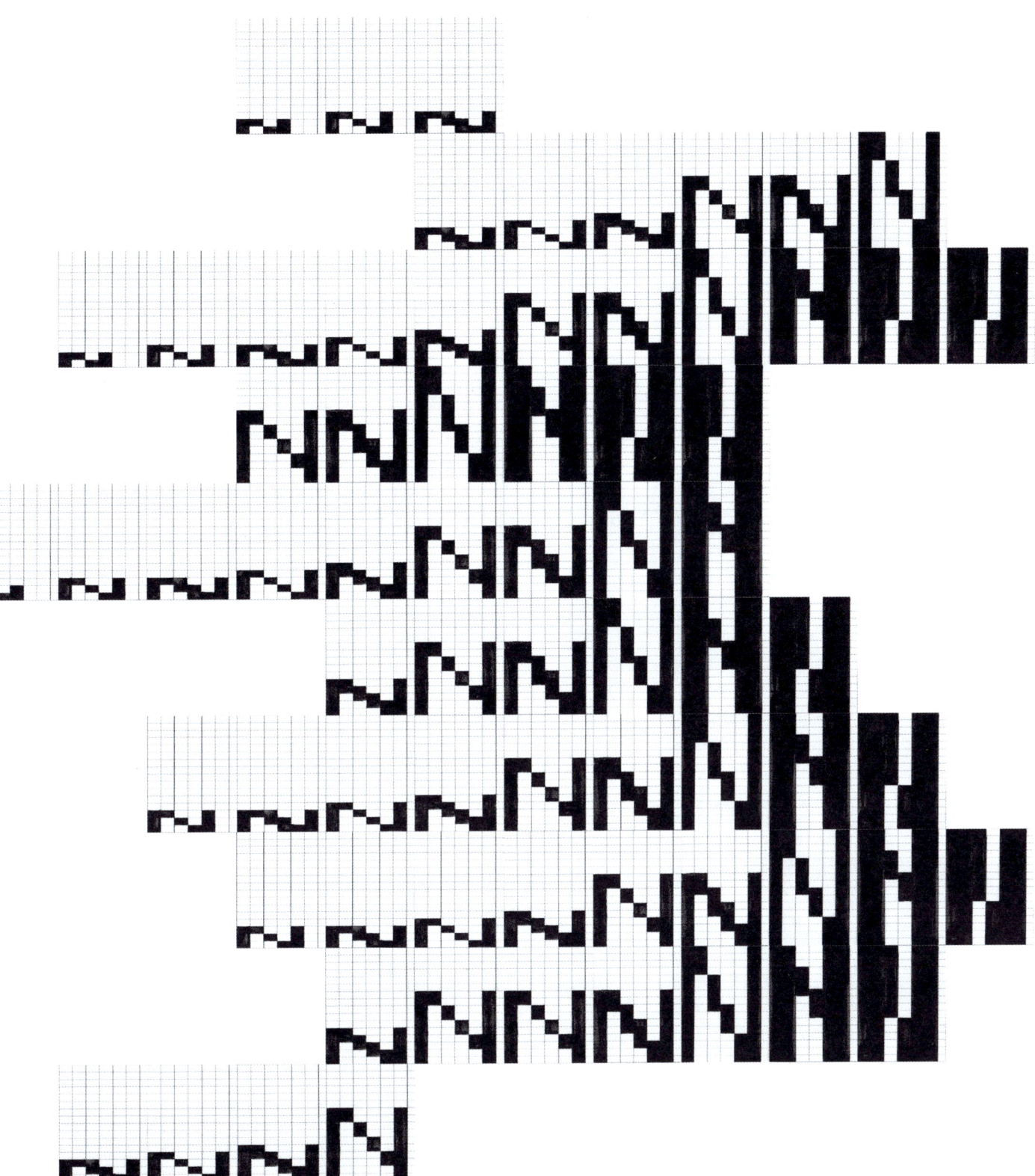

Variações

Criação de composições que demonstram a variação existente nas letras da palavra *pandemonium*.

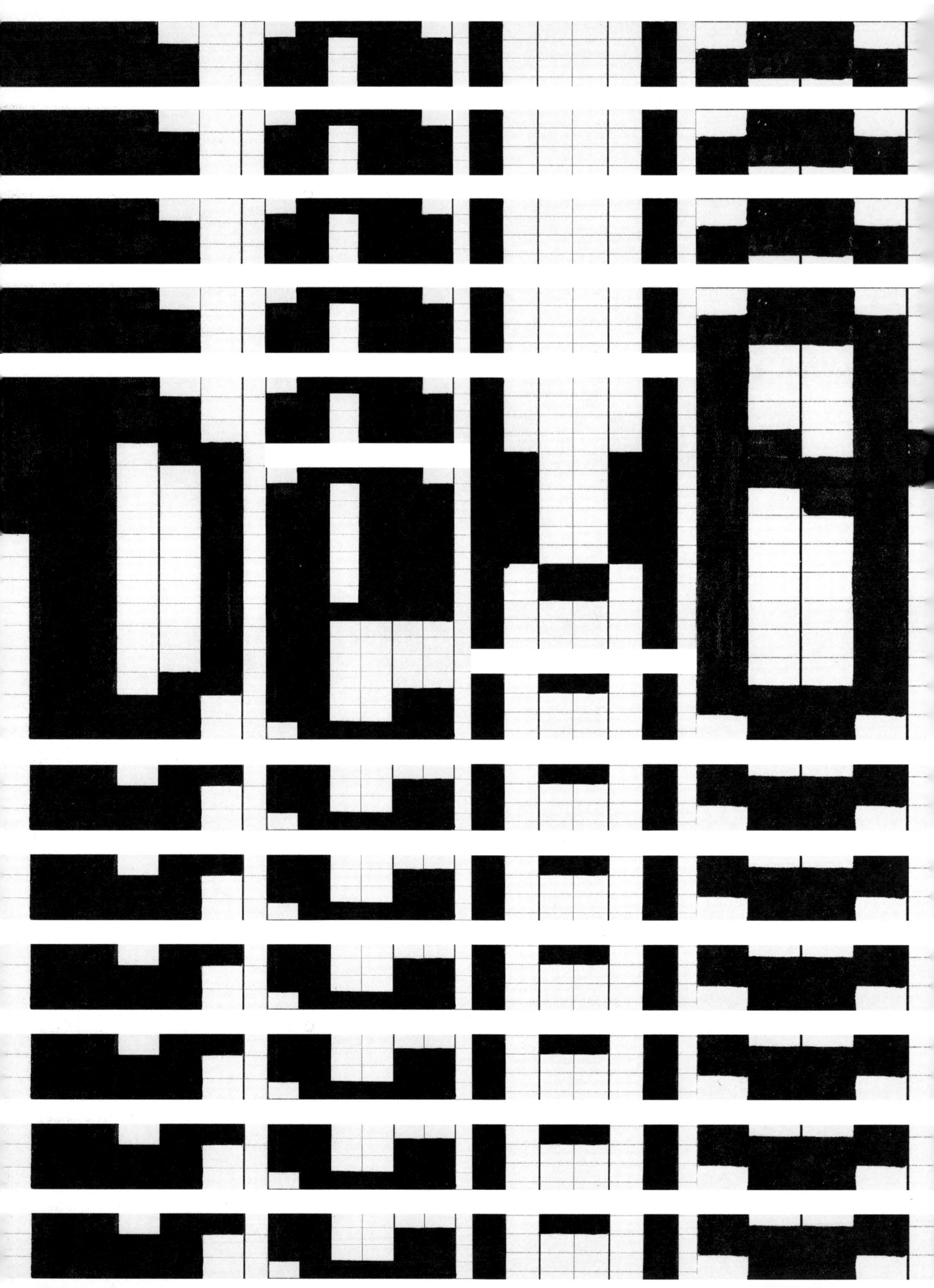

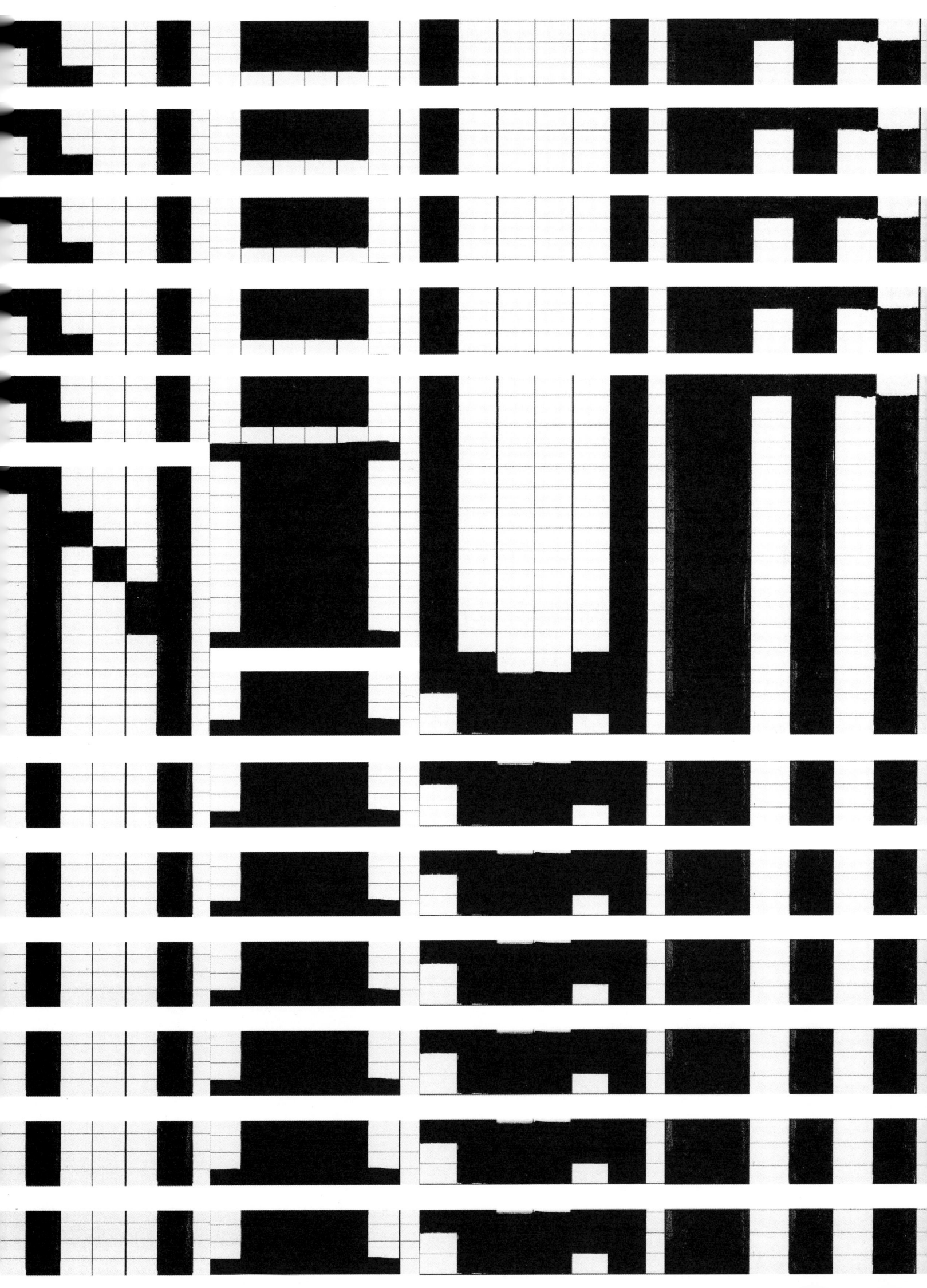

33

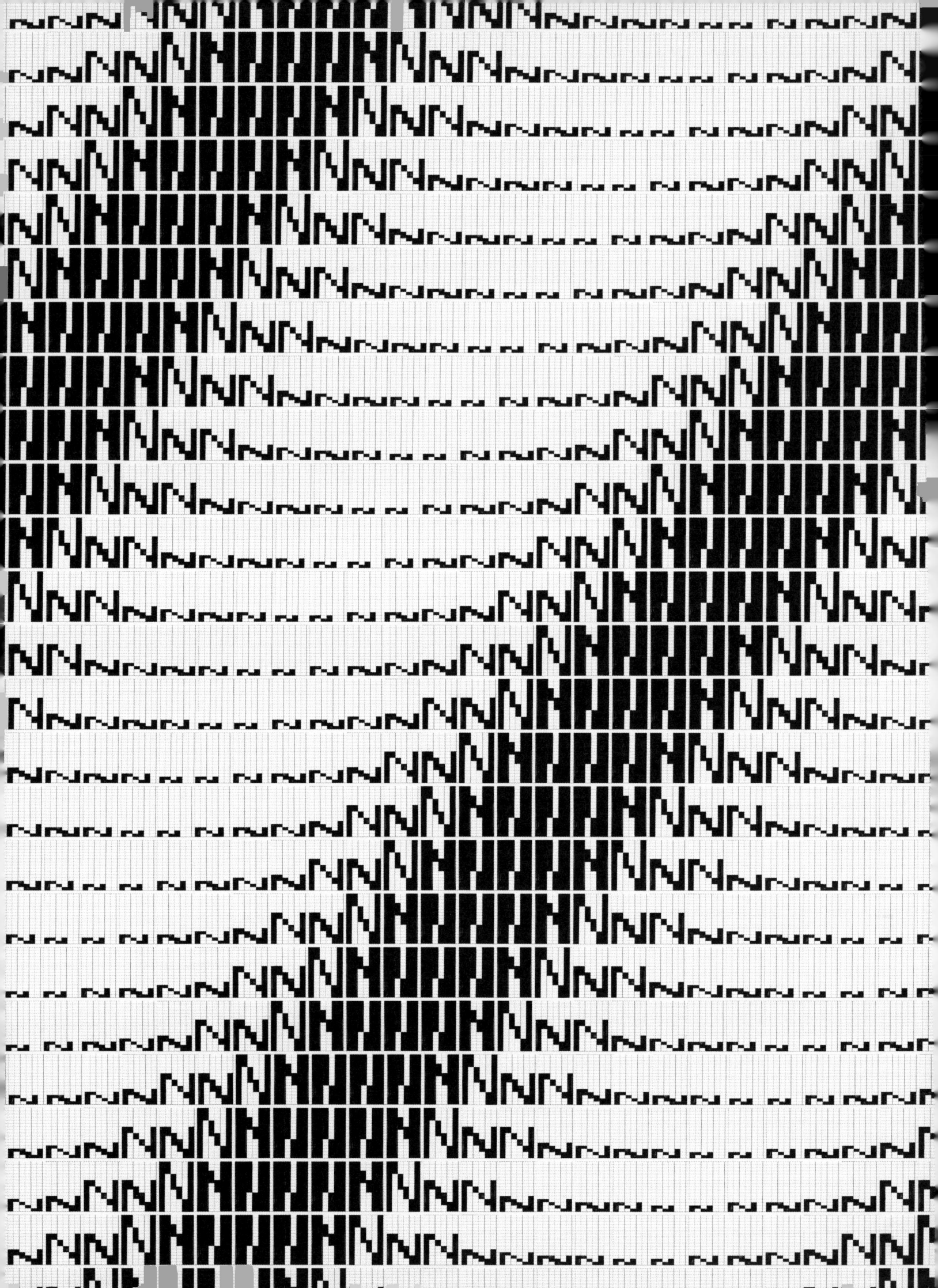

> "A RESTRIÇÃO CERTA PODE LEVÁ-LO AO SEU MELHOR TRABALHO. MEU EXEMPLO FAVORITO? DR. SEUSS ESCREVEU *O GATOLA DA CARTOLA* COM APENAS 236 PALAVRAS DIFERENTES, ENTÃO SEU EDITOR APOSTOU QUE ELE NÃO CONSEGUIRIA ESCREVER UM LIVRO COM 50 PALAVRAS DIFERENTES. DR. SEUSS VOLTOU E GANHOU A APOSTA COM *OVOS VERDES E PRESUNTO*, UM DOS LIVROS INFANTIS MAIS VENDIDOS DE TODOS OS TEMPOS."
>
> Austin Kleon
> (KLEON, 2013, p. 146)

Limites

Permanecer em limites tão restritivos não diminui a criatividade. Equivocadamente, alguns designers acreditam que transgredir a grade fará com que o projeto fique incrível; pelo contrário, uma solução criativa poderá sair da tarefa de encontrar algo surpreendente dentro dos limites tão restritos de um problema. Aqui ele foi sendo reformulado a partir dos experimentos com as letras N, aplicando o mesmo princípio na palavra *pandemonium*. Na etapa seguinte, as letras foram construídas diretamente no computador, mas utilizando a mesma grade do cartão de ponto. Mesmo com um problema bem-definido, não se sabe de antemão qual será o resultado de um processo criativo. A composição apresentada segue as regras do problema inicial, porém durante o processo descobriram-se alguns caminhos que poderiam ser trabalhados.

PANDEMONIUM
PANDEMONIUM

PANDEMONIUM

PANDEMONIUM

CONHECIMENTO

"É duvidoso que alguém que não queira ser aprendiz se torne mestre."

Jan Tschichold
(TSCHICHOLD, 1991, p. 48, tradução livre)

EXPERIMENTO 02
Copiar é criar

Copiar o trabalho do artista austríaco Egon Schiele, especialmente as representações de mãos que o artista produziu.

FAZER É APRENDER

A imagem que se propaga do design gráfico é a de uma atividade que não exige muitos esforços, e a do designer, a de uma pessoa com talento nato, que faz projetos em um toque de mágica—um equívoco que desconsidera os anos de dedicação e estudo. O designer e professor Vicente Gil (2015) enaltece a prática como uma forma de se tornar um bom designer: "Você não nasce bom em design, tem de praticar. Acho que não existe receita".

Ele explica que sua experiência em tipografia foi formada durante os doze anos em que trabalhou na CESP (Companhia Energética de São Paulo), quando foi responsável pela implantação do sistema de identidade visual criado pelo escritório Cauduro e Martino, em 1977. Durante esse período, o designer trabalhou utilizando exclusivamente a família tipográfica Univers em um sistema de grelhas rígidas preestabelecidas em um manual. Gil (1999, p. 33) relata que era um exercício maçante: "Como comer a mesma comida por anos a fio", mas que esses anos de rigidez foram primordiais para sua formação e que a produção de formulários o educou sobre o alinhamento e a distribuição da informação na página.

Wolfgang Weingart (2000), designer e professor da escola de design da Basileia, explica que o único jeito de quebrar regras é conhecê-las. Ele conta que adquiriu seu conhecimento durante seu longo e repetitivo aprendizado em impressão tipográfica, resolvendo simples problemas tipográficos—quanto mais simples a tarefa, mais difícil a solução. Este é um princípio defendido também por seus mestres Emil Ruder e Armin Hofmann. Weingart trabalhava usando especialmente a família tipográfica Akzidenz-Grotesk e explica que, para resolver problemas tipográficos, poucas famílias tipográficas são suficientes. Em meados dos anos 1970, os trabalhos de Weingart representaram uma grande ruptura, pois ele iniciou experimentações com filmes transparentes e, assim, estabeleceu uma nova linguagem. Porém, o conhecimento inicial com tipos móveis foi crucial para a sua formação.

Weingart acrescenta que, quanto mais se trabalha com tipografia, mais se adquire uma sensível percepção às suas formas e detalhes. Com esse olhar, algumas descobertas saltaram aos seus olhos, como: "B é uma flor frágil, Z é um raio deslumbrante, L são três horas, W é um pássaro voando e M é uma flecha apontando para si". Ele conta que ficou "fascinado especificamente pela letra M da tipografia Univers, desenhada por Adrian Frutiger", e que produziu "diversos experimentos exclusivamente com essa letra durante um ano" (WEINGART, 2000, p. 232, tradução livre). Weingart aplicava a seus alunos exercícios tipográficos que abordavam as relações básicas de posicionamento, tamanho e peso de uma letra e os incentivava a analisar criticamente as letras e a experimentar os limites da legibilidade.

A prática no design fundamenta um repertório que permite a tomada de decisões, mesmo não racionais. É um aprendizado visual que ocorre lidando com o bidimensional, com a construção de relações e com o preenchimento do espaço com imagens e textos (PRATA, 2015). O músico e escritor Stephen Nachmanovitch (1993, p. 69) destaca que só se aprende fazendo: "Existe uma enorme diferença entre os projetos que imaginamos e os que realmente colocamos em prática".

É comum professores de design nas disciplinas de projeto se depararem com alunos que dissimulam a atividade projetual criando discursos efusivos para compensar a falta ou a precariedade de um projeto (BONSIEPE, 2011). O projeto deve falar por si só, e o aluno de design deve praticar para aprender. O neuropedagogo Pierluiggi Piazzi (TRIGUEIROS, 2009) relata que "o Brasil tem milhões de alunos e pouquíssimos estudantes". Ele explica que assistir a uma aula é uma atividade passiva, enquanto estudar é ativa, solitária e altamente produtiva. O mesmo ocorre no design gráfico, que só é aprendido fazendo.

Nas pesquisas desenvolvidas por Ericsson et al. (1993), identificou-se que universitários que trabalham sozinhos aprendem mais do que aqueles que trabalham em grupos; situação similar ocorre com atletas de elite em esportes de equipe que dedicam uma quantidade considerável de horas para a prática solitária. Os autores completam afirmando que, na solidão, o praticante se concentra na prática para melhorar a performance no monitoramento do progresso.

Se há dúvida em como iniciar um aprendizado, imitar pode ser uma boa alternativa para sair da inércia. O designer Bruce Mau, em seu manifesto "Incomplete Manifesto for Growth", recomenda aos designers que não tenham vergonha de copiar, tentando chegar o mais próximo que puderem do original, pois nunca se fará algo idêntico e a diferença pode levar a algo singular. O escritor e artista Austin Kleon (2013, p. 49) corrobora com essa ideia: "Somos incapazes de fazer uma cópia perfeita, e nas tentativas e falhas de copiarmos nossos heróis é que conseguimos encontrar a nossa linguagem". É evidente que qualquer forma de cópia é incapaz de capturar toda a essência do original ou mesmo de não introduzir novos elementos inexistentes na obra de origem. A cópia é uma maneira de iniciar uma prática, sendo possíveis diversas abordagens, como a cópia do traço, da composição, do gesto, das cores ou dos contrastes. Por mais que se busque ser fidedigno, a própria linguagem introduz e altera elementos durante a produção. O processo de cópia pode ir além do estilo e incluir a maneira de pensar da fonte original. O designer brasileiro Guto Lacaz (2009) explica que foi literalmente copiando seus mestres do desenho de humor que entendeu a linha, o desenho, o poder dos jogos gráficos e as relações espaciais.

CONHECIMENTO TÁCITO

A repetição de uma prática até que ela se torne automática, a ponto de poder ser executada instintivamente, faz surgir o conhecimento tácito (SENNETT, 2012). Trata-se da entrada em uma rotina que dispensa a preocupação com a técnica. É como andar de bicicleta: no início, olhamos para os pedais e guidão, mas após alguma prática tudo fica automático, e assim se pode aproveitar o passeio e não mais se preocupar com o trocar de uma marcha, pedalar, manter-se equilibrado e frear.

A designer suíça Paula Troxler (2015) conta que iniciou seu projeto Um Desenho por Dia no primeiro dia de janeiro de 2010 e o mantém até hoje. Ela relata que estava trabalhando havia quatro anos como *freelancer* e produzia muitos desenhos, mas os perdia por não os guardar. Decidiu se autoimpor um pouco de pressão e iniciar o projeto. Paula explica que o primeiro mês foi muito difícil porque a prática ainda não era automática, afinal, quando se faz um desenho que vai ser publicado, acredita-se que ele tenha de ser muito bom. Porém, quando se faz isso por dois meses seguidos, um único desenho não é mais tão importante. Paula explica que nesse processo pode aparecer um desenho do qual se gosta mais ou alguns dos quais não se gosta, mas o que importa é que no instante em que se engrena, liberta-se.

AUTOCRÍTICA, CRÍTICA E MENTORIA

Fazer algo repetidas vezes não garante que a prática esteja evoluindo. É preciso realizar uma autocrítica do que é executado e reconhecer os erros como oportunidades de crescimento. "O acerto nos mantém no mesmo lugar. O erro nos força a explorar" (JOHNSON, 2011, p. 114). A experiência nasce dos erros e acidentes; manter-se como se fosse um iniciante promove um reaprendizado constante. O designer Alan Fletcher (2001, p. 95) adverte quanto ao significado da prática: "Cuidado com o homem que diz ter experiência de vinte anos quando o que se deve dizer é que ele tem experiência de um ano repetindo vinte vezes" (tradução livre).

Um mestre experiente ajuda a tornar o processo de aprendizado mais rápido, guiando os aprendizes no aprimoramento das técnicas e do olhar. O designer norte-americano Milton Glaser (2000) relata que seu grande mentor foi o pintor italiano Giorgio Morandi. Em 1951, Glaser recebeu uma bolsa de estudos da Fundação Fulbright e pôde estudar na Academia de Belas Artes de Bolonha. Lá, foi aluno de Morandi, com quem aprendeu a ficar atento a todos os detalhes, a formular um problema visual e a trabalhar arduamente nesse problema até conseguir resolvê-lo. Glaser destaca o privilégio e o aprendizado que teve com Morandi, importantíssimos em sua formação como designer gráfico.

DEZ ANOS OU DEZ MIL HORAS

A ciência comprova que, para alcançar níveis avançados em determinada área, são necessários anos de uma prática intensa com a orientação de um mestre qualificado. O artigo "O papel da prática deliberada na aquisição de desempenho especializado" (1993, tradução livre), de K. Anders Ericsson, Ralf T. Krampe e Clemens Tesch-Römer, identificou que os profissionais de elite são aqueles cuja prática visa superar os próprios níveis, ajustando a técnica e corrigindo os erros. Tudo isso em um prazo mínimo de dez anos. A partir de uma prática de quatro horas diárias em cinco dias por semana, chega-se a um total de dez mil horas. Ericsson *et al.* (1993) apontaram que os estudantes que tiveram condições de entrar em escolas de alto nível e lá se dedicaram muito mais que os demais conseguiram alcançar níveis mais avançados.

A mundialmente famosa banda britânica The Beatles não foge à regra das dez mil horas. Gladwell (2008) relata como o quarteto se destacou para conseguir chegar ao topo das paradas musicais e ser aclamado mundialmente. Em 1960, quando os quatro garotos eram uma banda de rock do ensino fundamental, eles foram convidados a tocar em algumas boates em Hamburgo, na Alemanha. Não havia nada de especial ali: não se pagava bem nem havia uma plateia sofisticada, mas o que fez a diferença foi a quantidade de horas tocadas pela banda. Nas boates de Hamburgo, eles tocavam em média oito horas por dia em todos os dias da semana, enquanto em Liverpool faziam sessões de, no máximo, uma hora. John Lennon (GLADWELL, 2008) explicou que, conforme o tempo foi passando, eles ficaram melhores e mais confiantes, pois a experiência de tocar a noite inteira para uma plateia estrangeira fazia com que eles se esforçassem mais ainda para conseguir chegar até o fim do dia. Eles acabaram viajando para Hamburgo mais cinco vezes. Em 1964, quando começaram a estourar, já tinham se apresentado ao vivo aproximadamente 1.200 vezes. A experiência adquirida em Hamburgo auxiliou The Beatles a se destacar das demais bandas, aprendendo a ter resistência, um repertório amplo de músicas e disciplina no palco.

Essa regra se aplica também ao prodigioso músico e compositor Wolfgang Amadeus Mozart, que começou a tocar aos quatro anos e aos seis anos já estava compondo (GLADWELL, 2008). Mas suas composições iniciais não eram excepcionais, e especula-se que as primeiras tenham sido escritas pelo seu pai, Leopold Mozart. A primeira grande obra-prima de Mozart, *Concerto para piano nº 9, K 271*, foi criada quando ele tinha 21 anos, o que demonstra que ele já estava compondo havia mais de dez anos.

Mozart não só começou cedo na música como teve a sorte de ter como pai um hábil compositor e renomado professor de música, que desenvolveu alguns dos primeiros manuais para estudo de violino (ERICSSON *et al.*, 2007). Já Nannerl, a irmã mais velha do compositor, não teve a mesma sorte, conforme retratou o filme *Mozart's sister*. Mesmo sendo uma exímia musicista, que também obteve os treinamentos do pai, não pôde seguir adiante com a música. Quando se aproximou da idade de se casar, teve de parar de tocar e compor. As limitações de gênero impostas pela época sufocaram sua genialidade.

Ser reconhecido como um profissional de destaque depende de inúmeros fatores, e não somente da experiência prática e da qualidade dos projetos que esse profissional desenvolveu. O arquiteto português Álvaro Siza (FERRAZ, 2016) conta que o reconhecimento de seu trabalho com o prêmio Pritzker, um dos maiores na arquitetura, decorreu de um conjunto de fatores, como a formação do júri, o momento específico em que se falava muito de Portugal e uma série de outras circunstâncias, pois existem no mundo muitas pessoas com grandes qualidades. Siza se diz merecedor do reconhecimento, mas admite que a sorte também o ajudou um pouco. O empenho e a dedicação muitas vezes se tornam invisíveis diante da falta de oportunidades e de estímulo.

Limites

Schiele acreditava que as mãos tinham o poder de expressar sentimentos de maneira mais eficaz que o rosto, daí a grande variedade de mãos altamente expressivas em sua produção. Copiar essas representações foi a abordagem dada a esse experimento, que busca o entendimento da produção do artista. Os desenhos foram executados a partir da visualização das obras de Schiele nos museus Leopold e Albertina, ambos em Viena, e do livro *Egon Schiele: the complete paintings 1909–1918*, 2017.

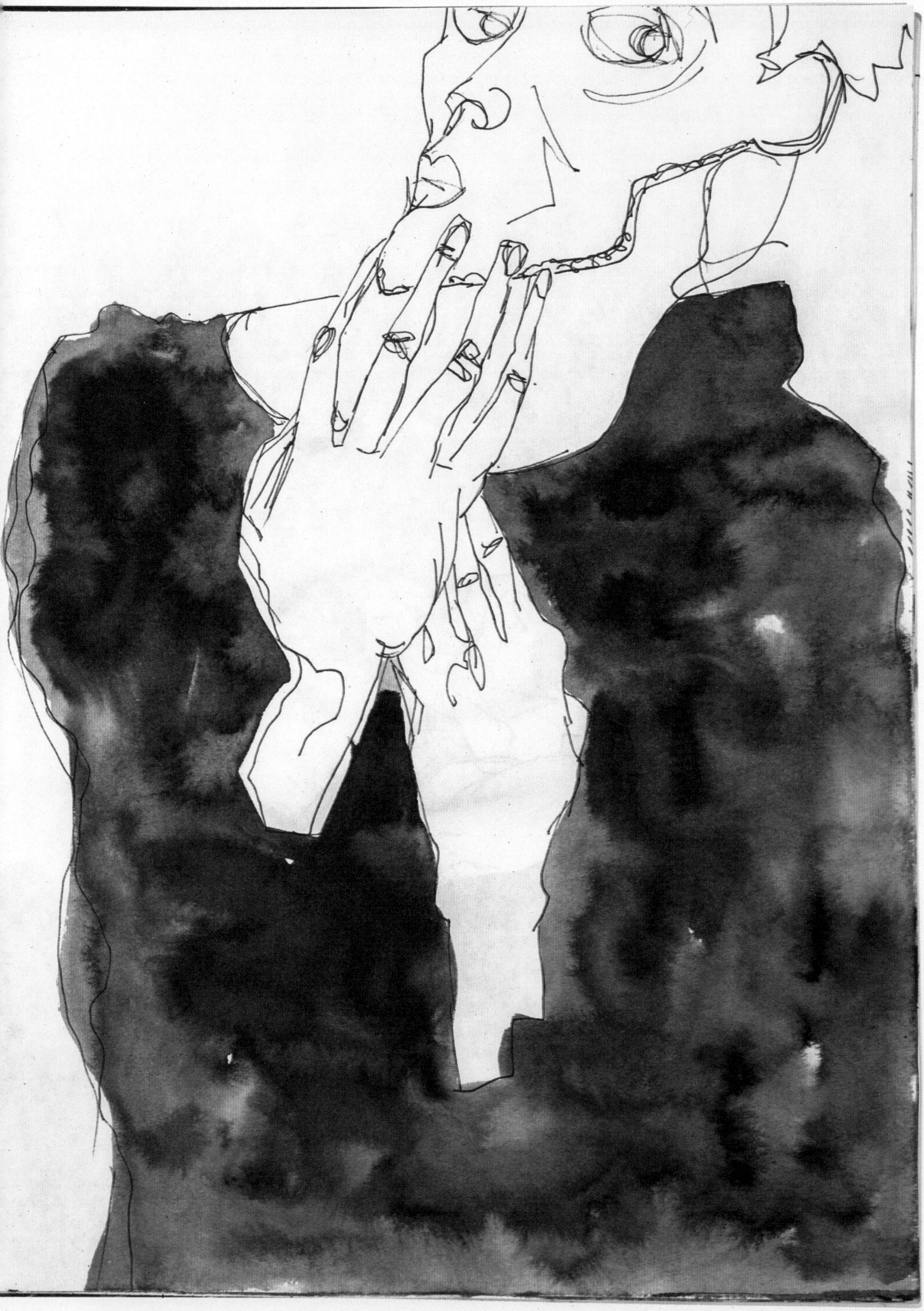

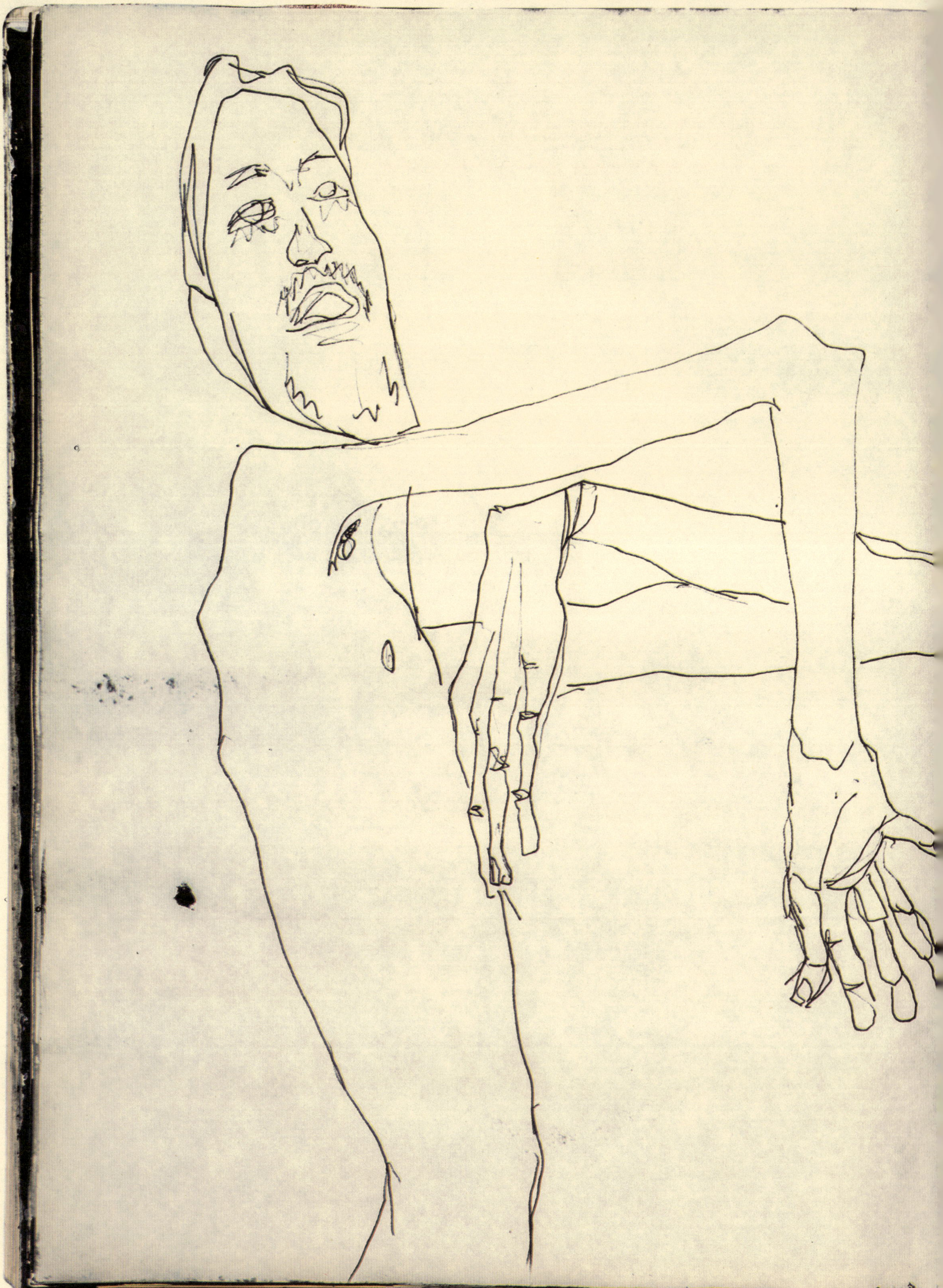

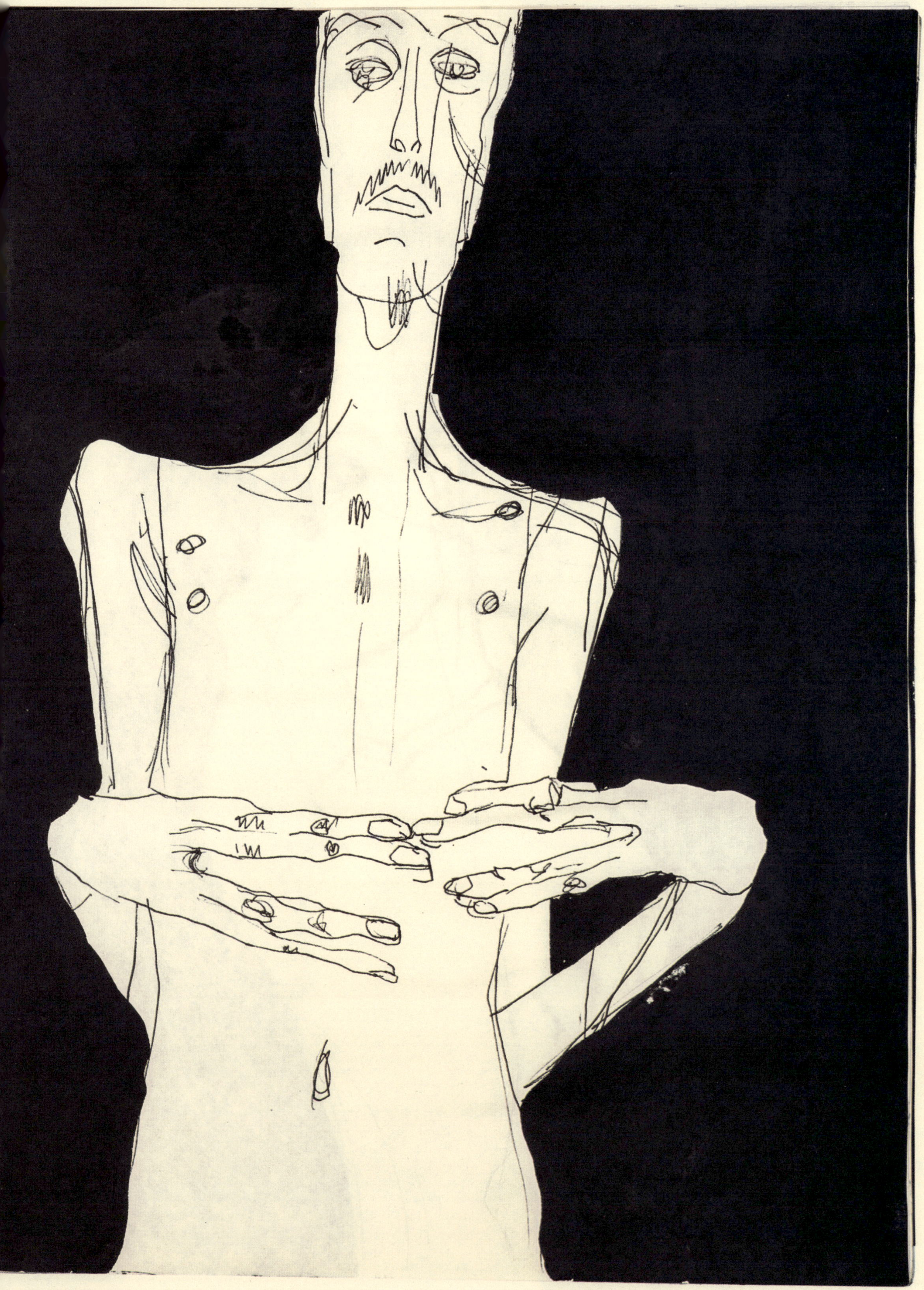

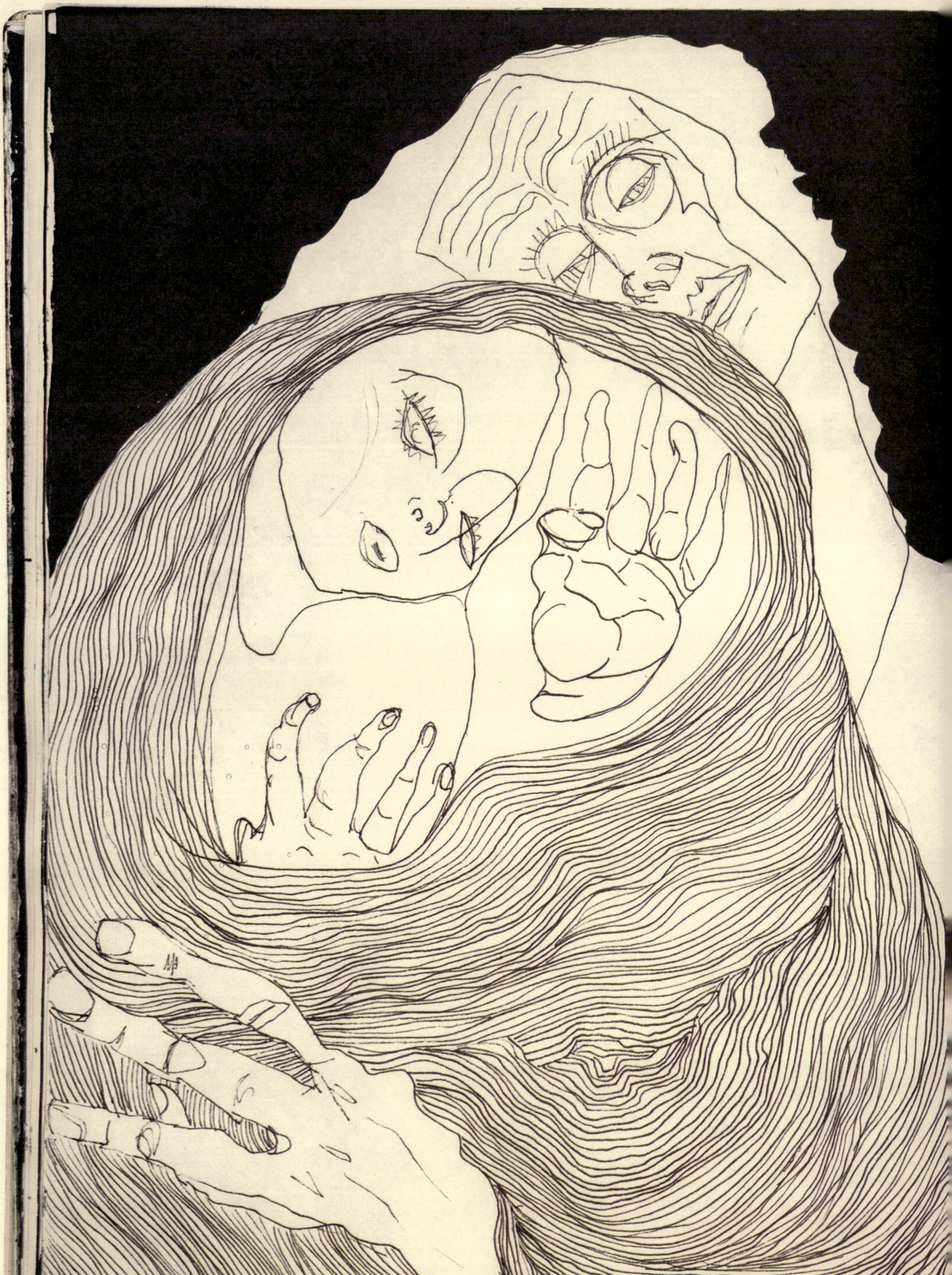

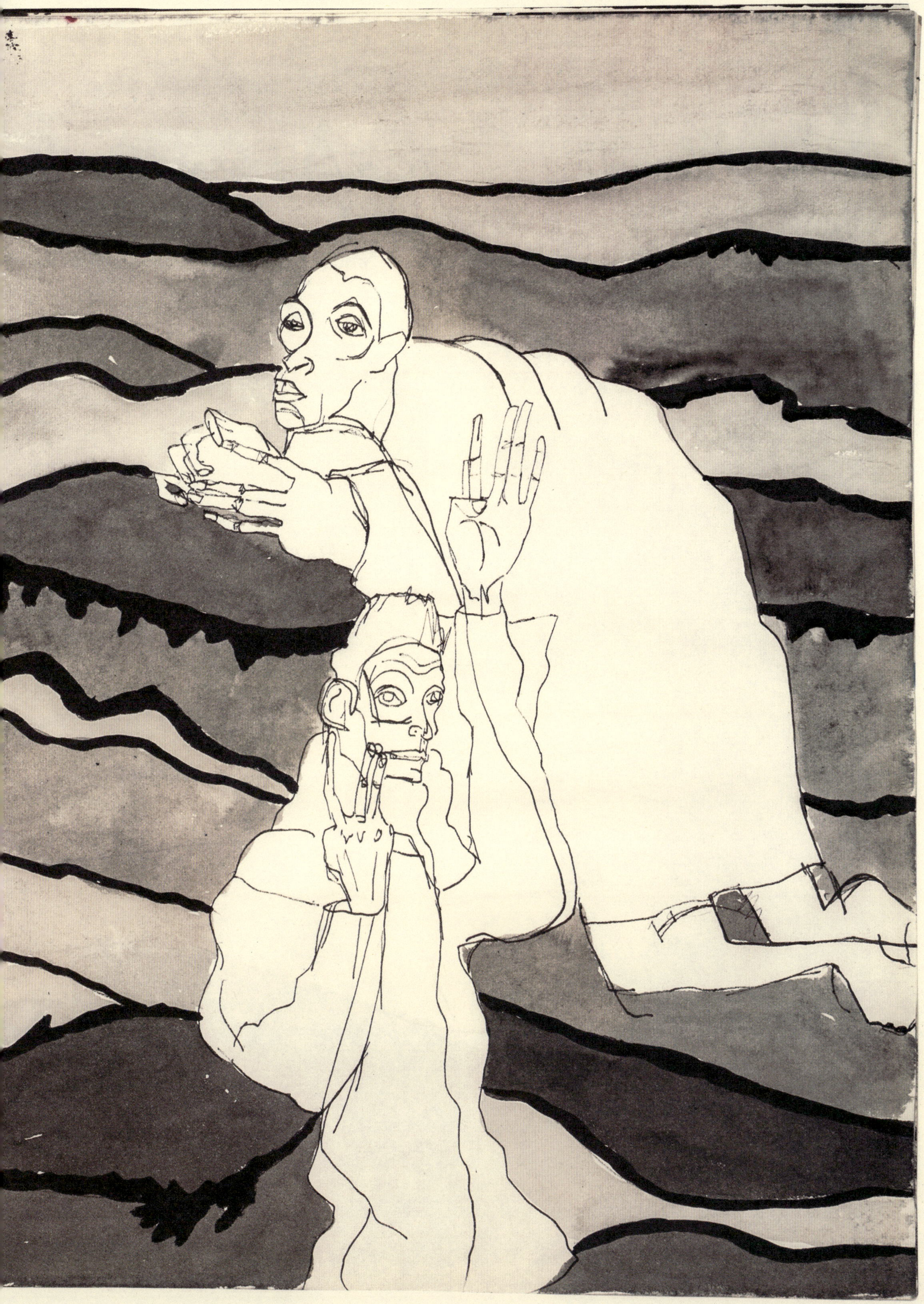

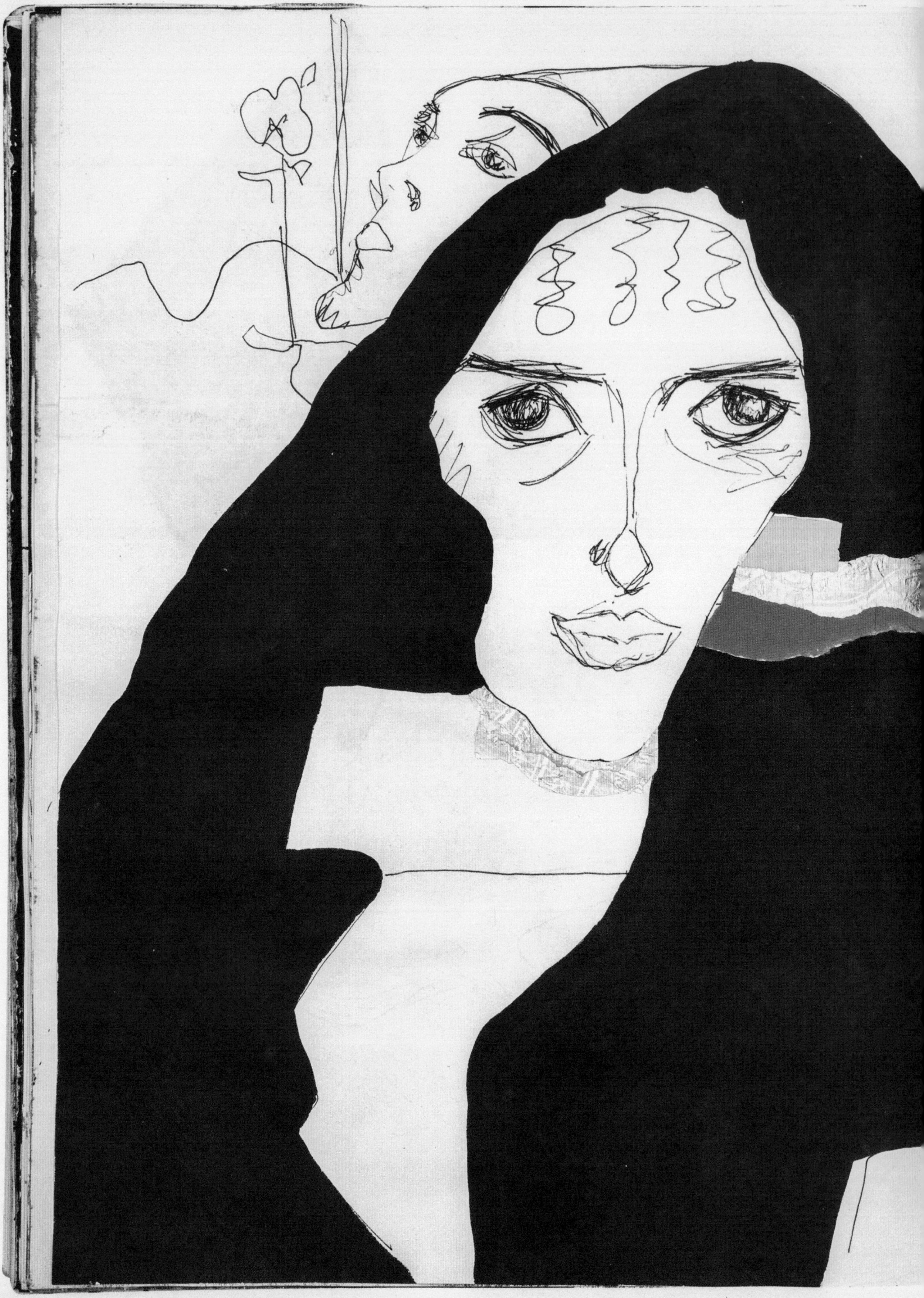

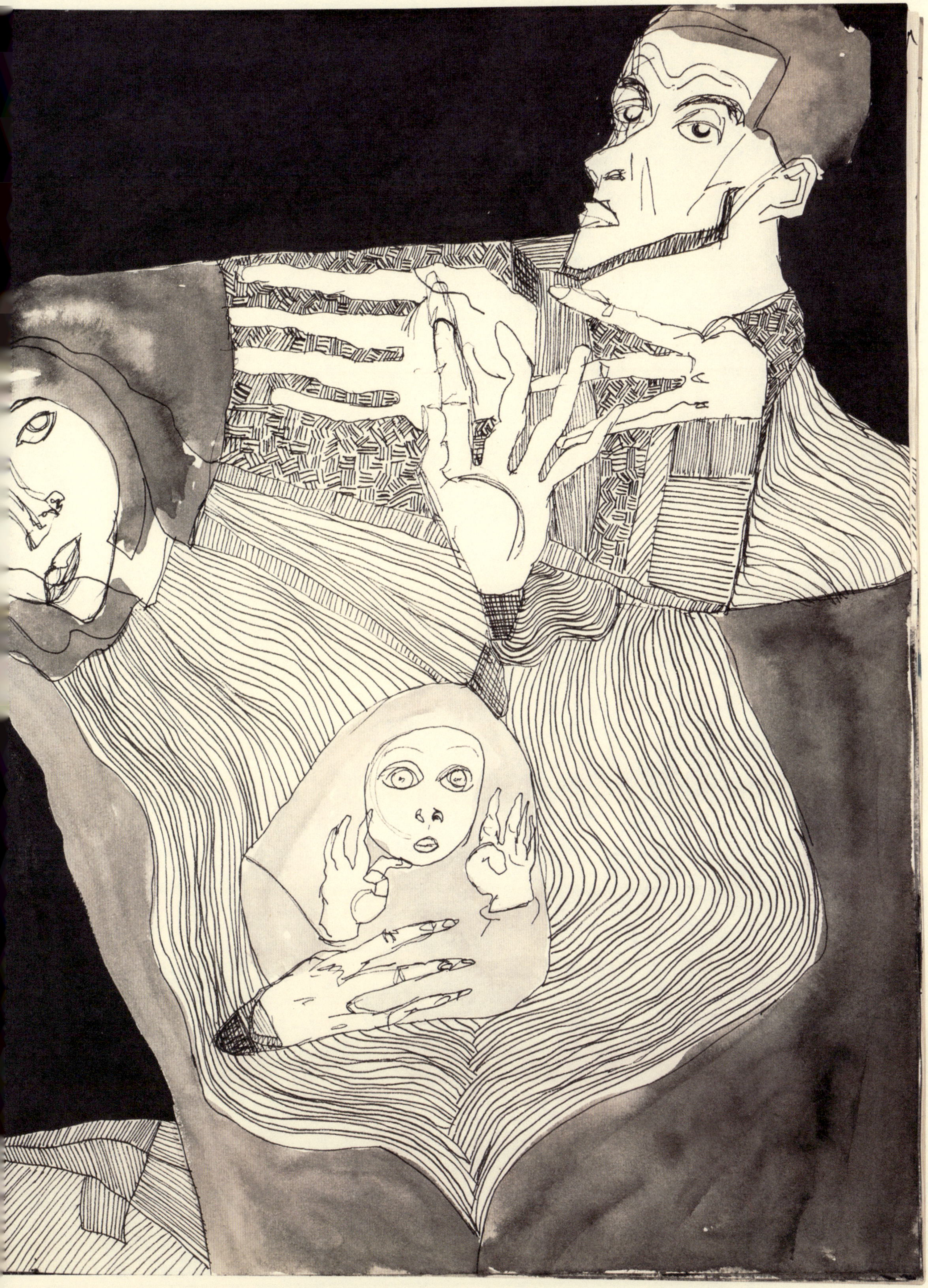

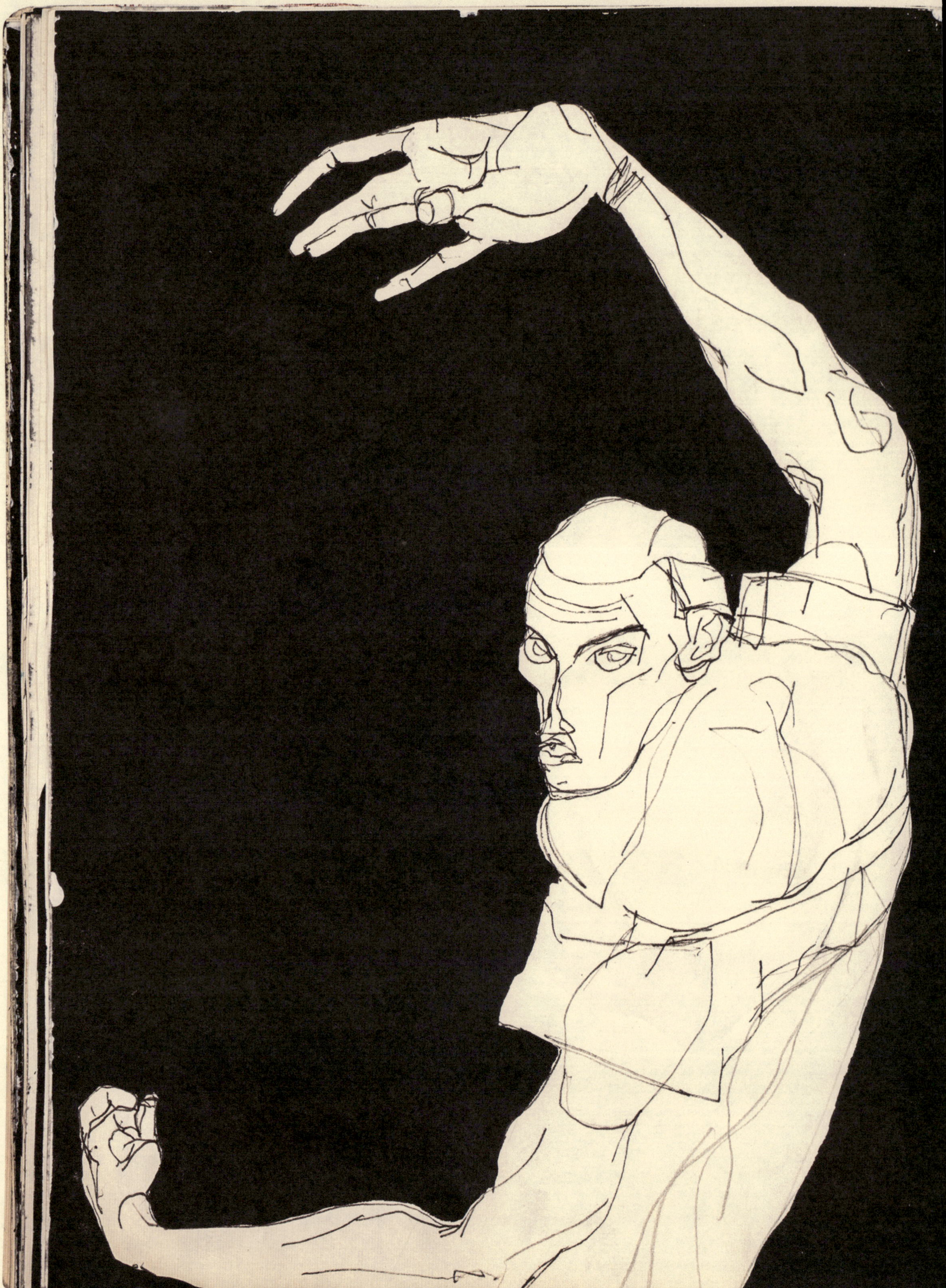

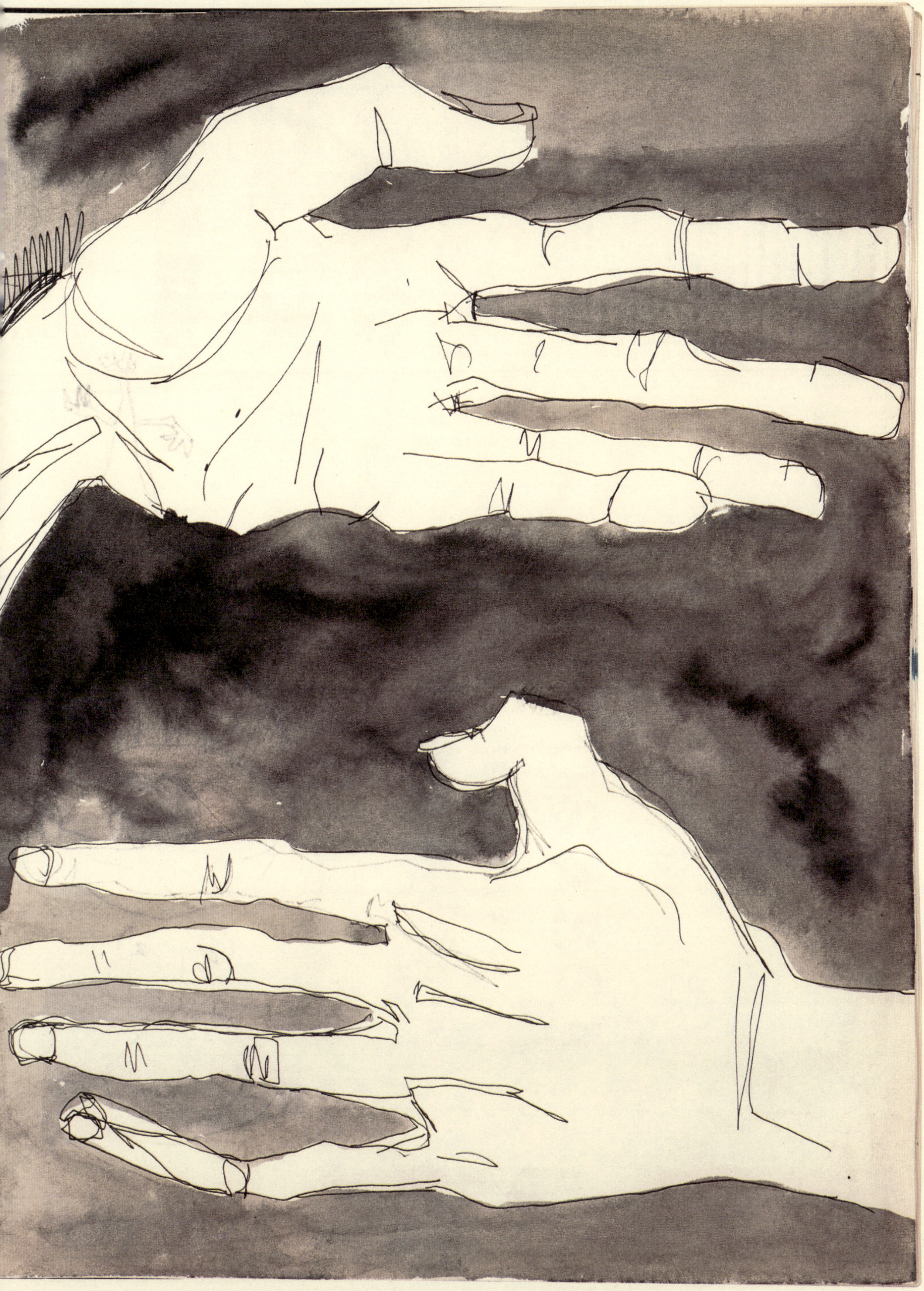

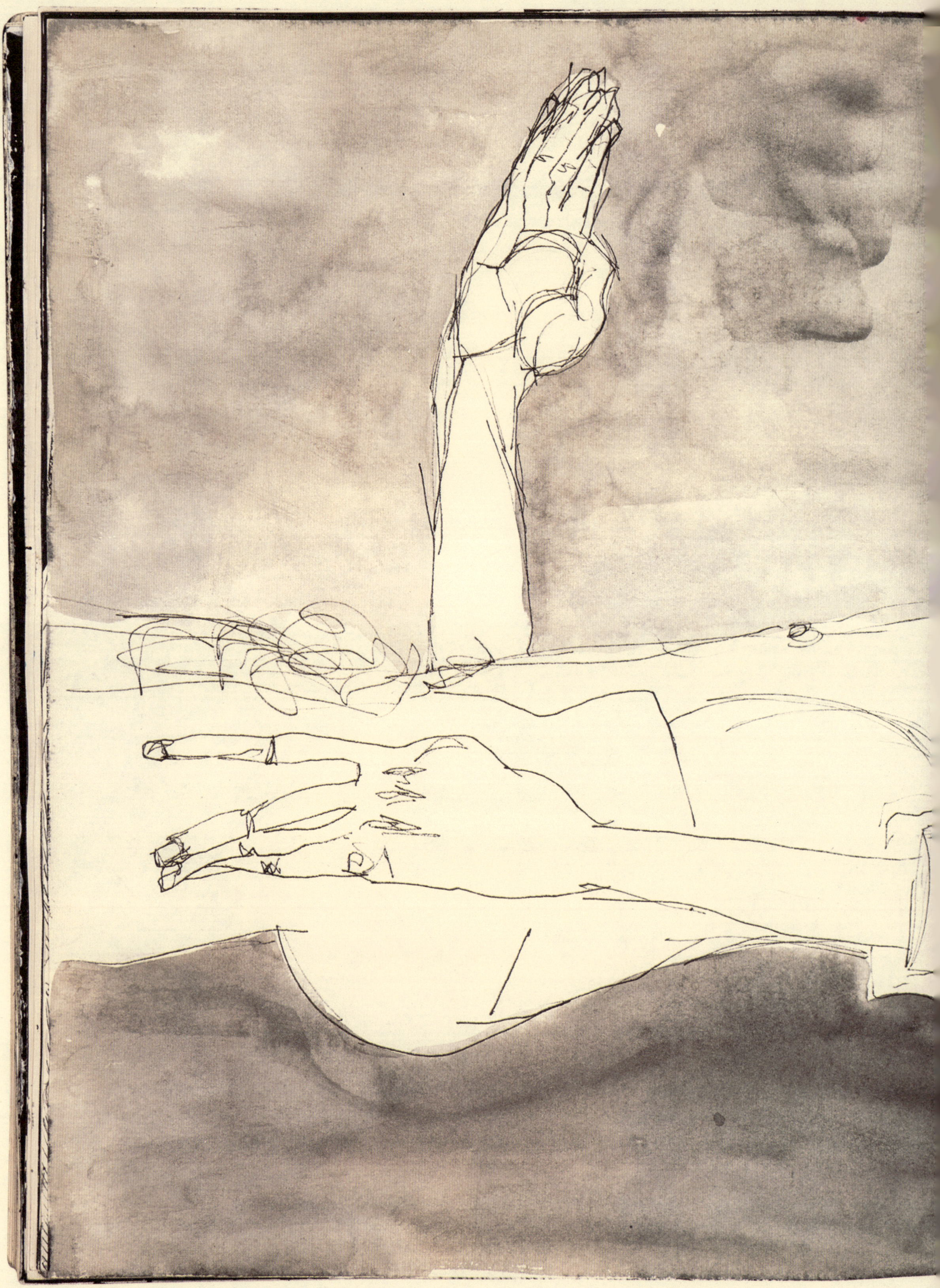

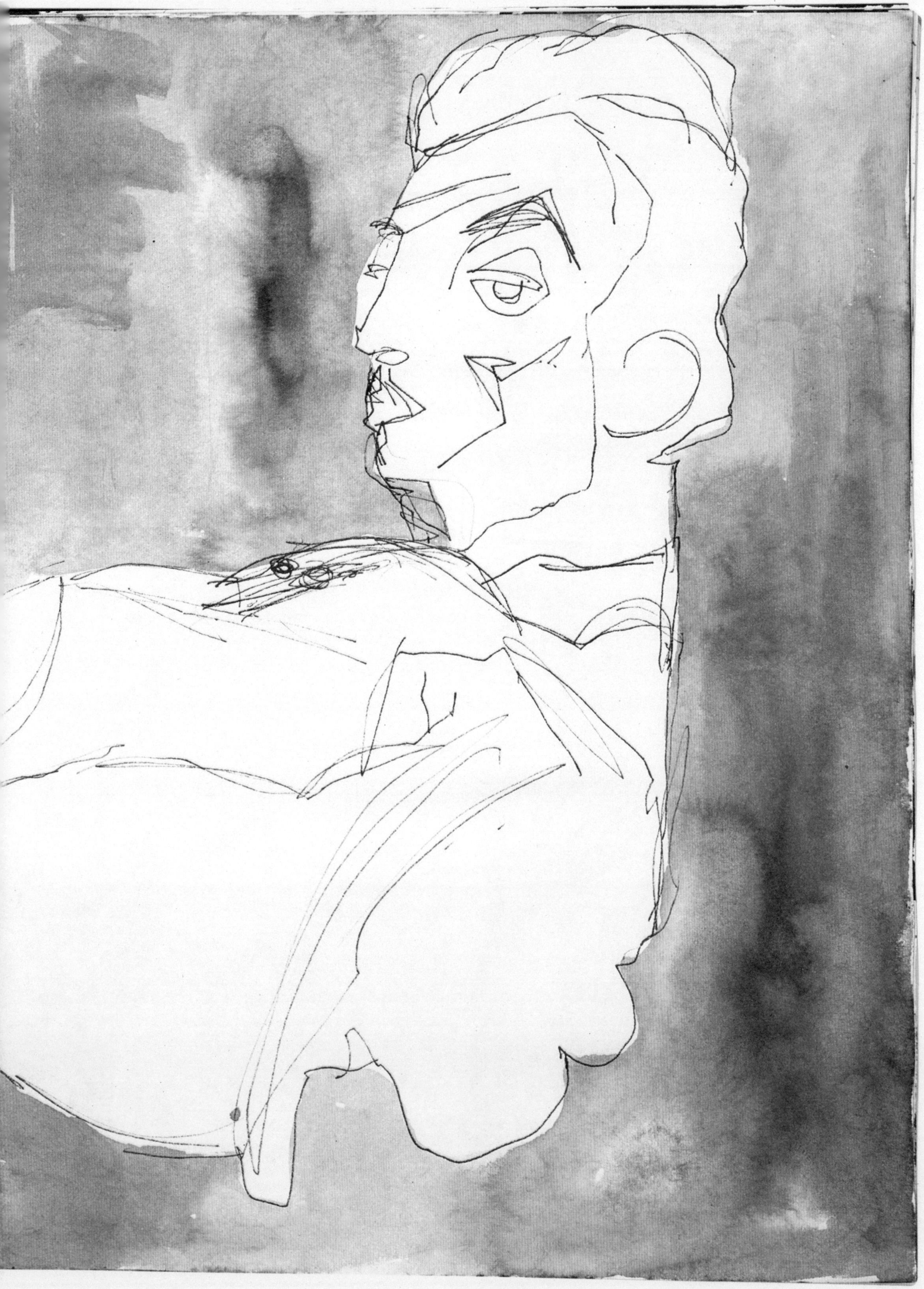

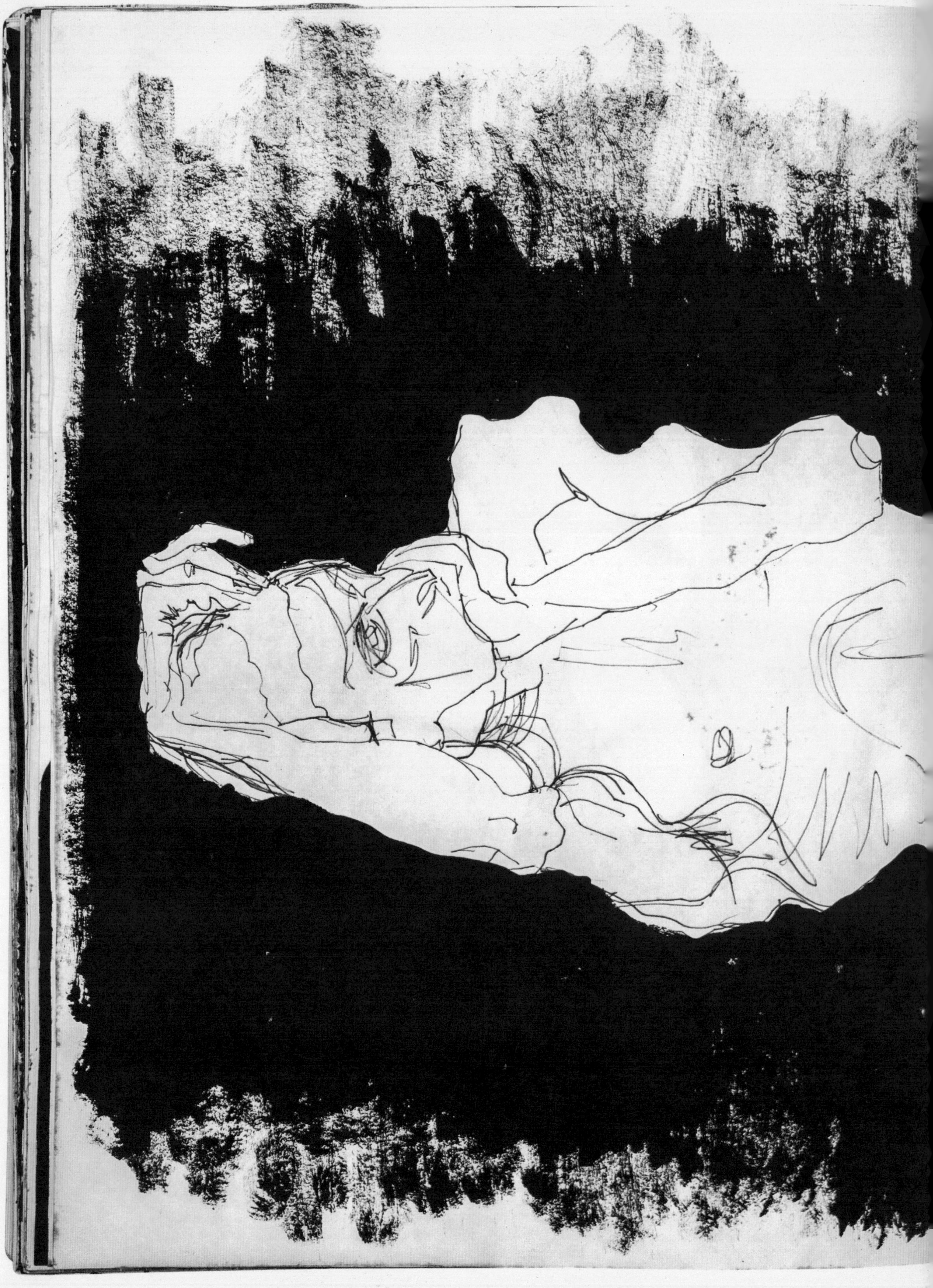

> "DURANTE HORAS ELE PODIA BRINCAR COM ESSAS FIGURAS SEM DIZER UMA PALAVRA E SEM SE CANSAR DELAS. FOI SURPREENDENTE DESDE O INÍCIO A HABILIDADE COM A QUAL SCHIELE MANIPULAVA AS HASTES FINAS E MÓVEIS DAS FIGURAS. QUANDO LHE OFERECI QUE ESCOLHESSE QUALQUER BONECO DE SOMBRA, PARA FAZÊ-LO FELIZ, ELE ESCOLHEU A FIGURA GROTESCA DE UM DEMÔNIO DIABÓLICO COM UM PERFIL AVENTUREIRO. (...) ESSA FIGURA JAVANESA FOI SEU BRINQUEDO FAVORITO ATÉ SUA MORTE, DEPOIS DA QUAL OS HERDEIROS DO ARTISTA ME DEVOLVERAM."

Arthur Roessler
(ROESSLER, 1922, *apud* TIMPANO, 2017, p. 170, tradução livre)

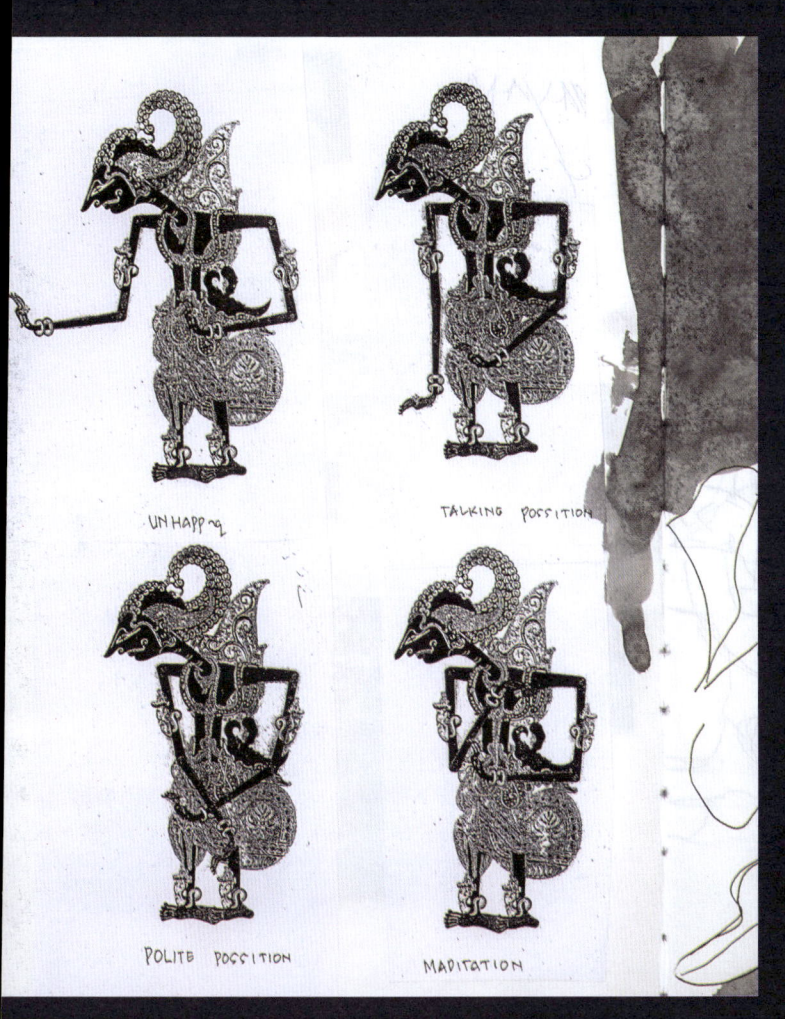

Bonecos de sombra javaneses

Pesquisa sobre os bonecos de sombra de Java, cujos delicados movimentos das mãos expressam uma emoção ou ação e serviram de inspiração para Egon Schiele. Esse estudo serviu para compreender as inspirações e referências do artista.

[Fig. 2] Ilustrações de bonecos de sombra javaneses. Colagem a partir de uma cópia do folheto do Museu Sonobudoyo, Yogyakarta, Indonésia.

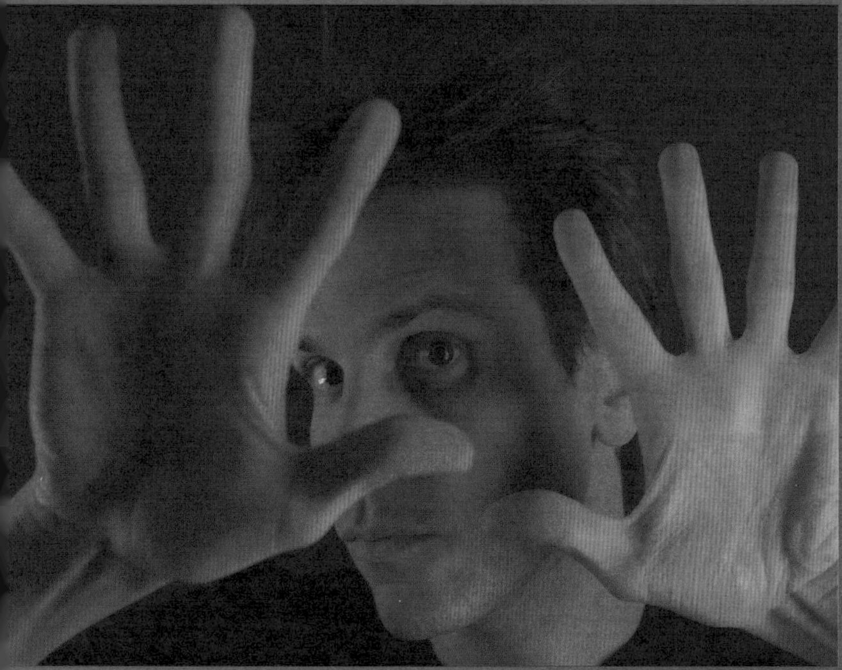

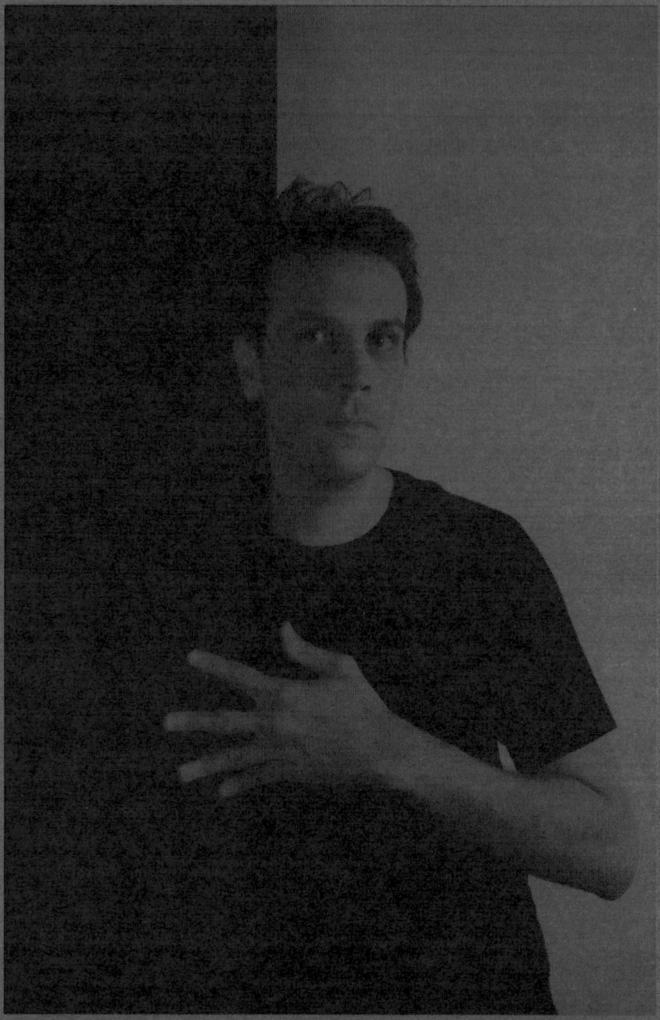

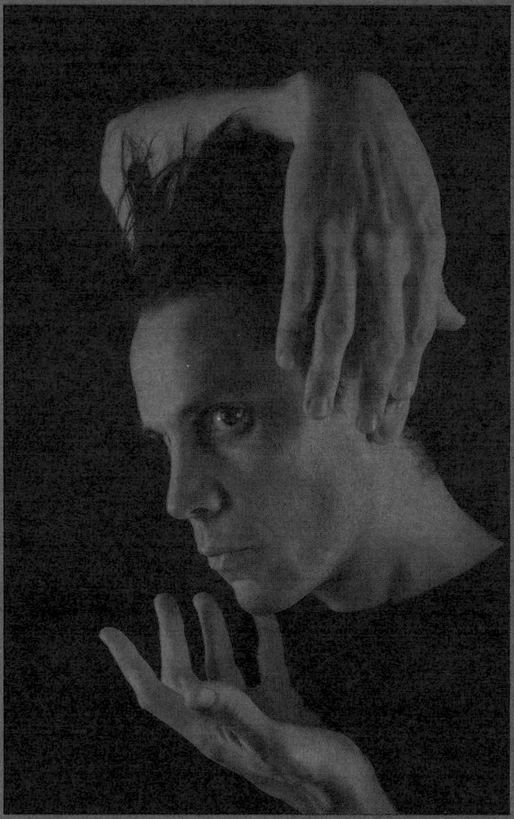

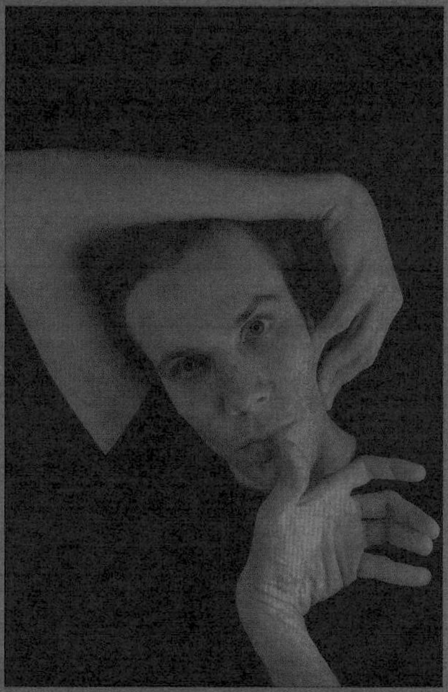

"IMITE, NÃO TENHA VERGONHA.
TENTE CHEGAR O MAIS PRÓXIMO QUE PUDER.
VOCÊ NUNCA FARÁ IDÊNTICO E A DIFERENÇA
PODE SER VERDADEIRAMENTE NOTÁVEL."

Bruce Mau
(MAU, 2010, tradução livre)

Imitar

Copiar Egon Schiele foi o início de um processo criativo que envolveu a cópia dos desenhos, o entendimento das referências do artista e a tentativa de imaginar como Schiele pensava ou imaginaria uma produção fotográfica. As fotos apresentadas não são a exatidão de suas obras, mas, na trajetória de criar algo idêntico, acabou surgindo algo novo. O ato de copiar funcionou como um processo de busca de conhecimento.

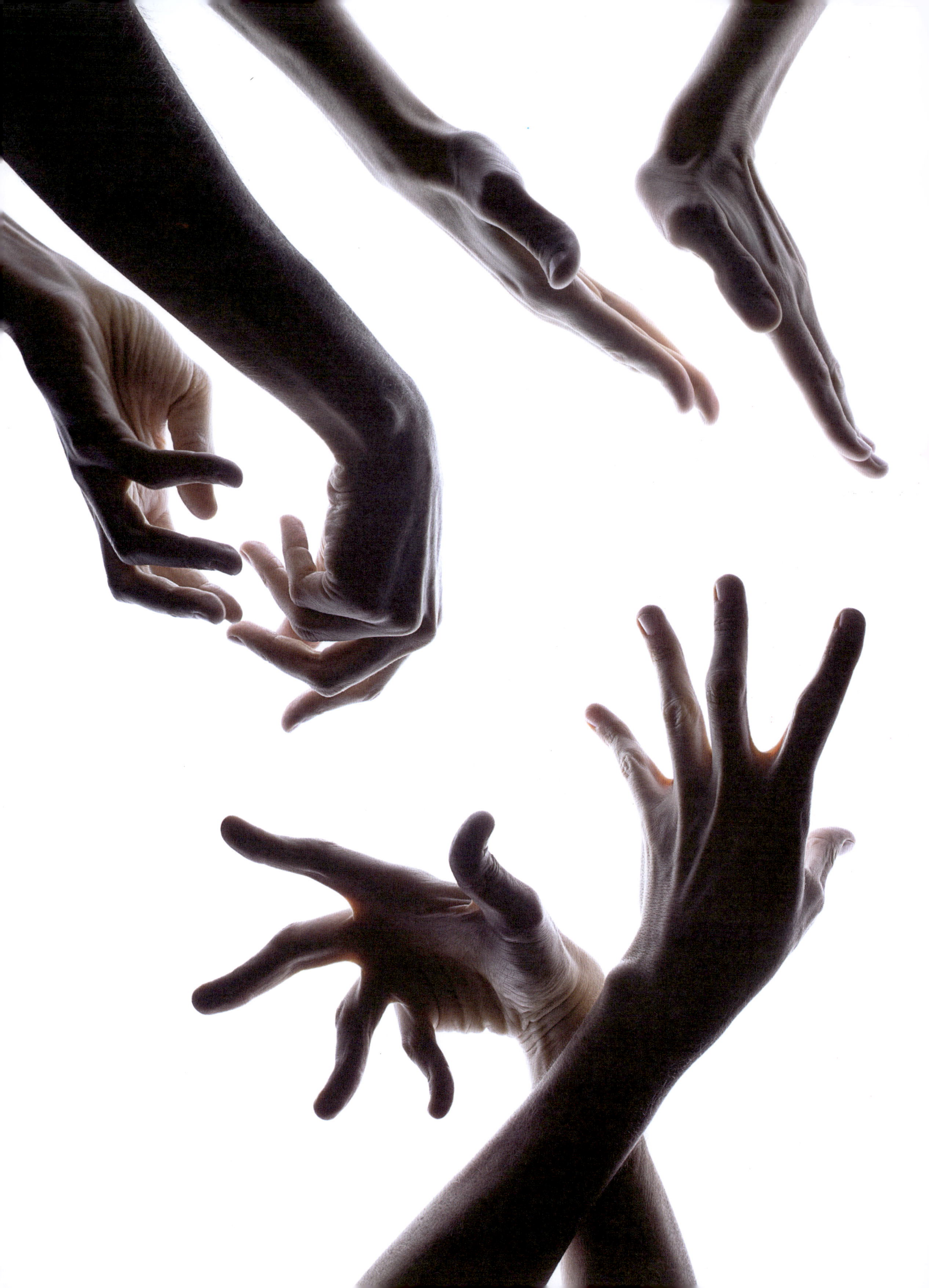

> "É possível nascer ou se tornar um especialista? Como os especialistas em diversos campos adquirem habilidades extraordinárias? Sua especialidade é fruto do talento natural ou do trabalho e do treinamento intensivo? Especialistas armazenam grandes quantidades de informações em porções significativas que podem ser recuperadas instantaneamente para uso, quando necessário. Demora cerca de dez anos de prática intensa para se tornar um especialista em qualquer campo, seja no esporte, na música ou na matemática. O fator mais importante para se tornar um especialista é a motivação. Torna-se um especialista, não se nasce um."
>
> (POWERHOUSE MUSEUM, 2018, tradução livre)

Mãos

Uma segunda produção fotográfica foi desenvolvida, desta vez focando apenas as mãos. Todo o aprendizado das etapas anteriores auxiliou esta nova produção.

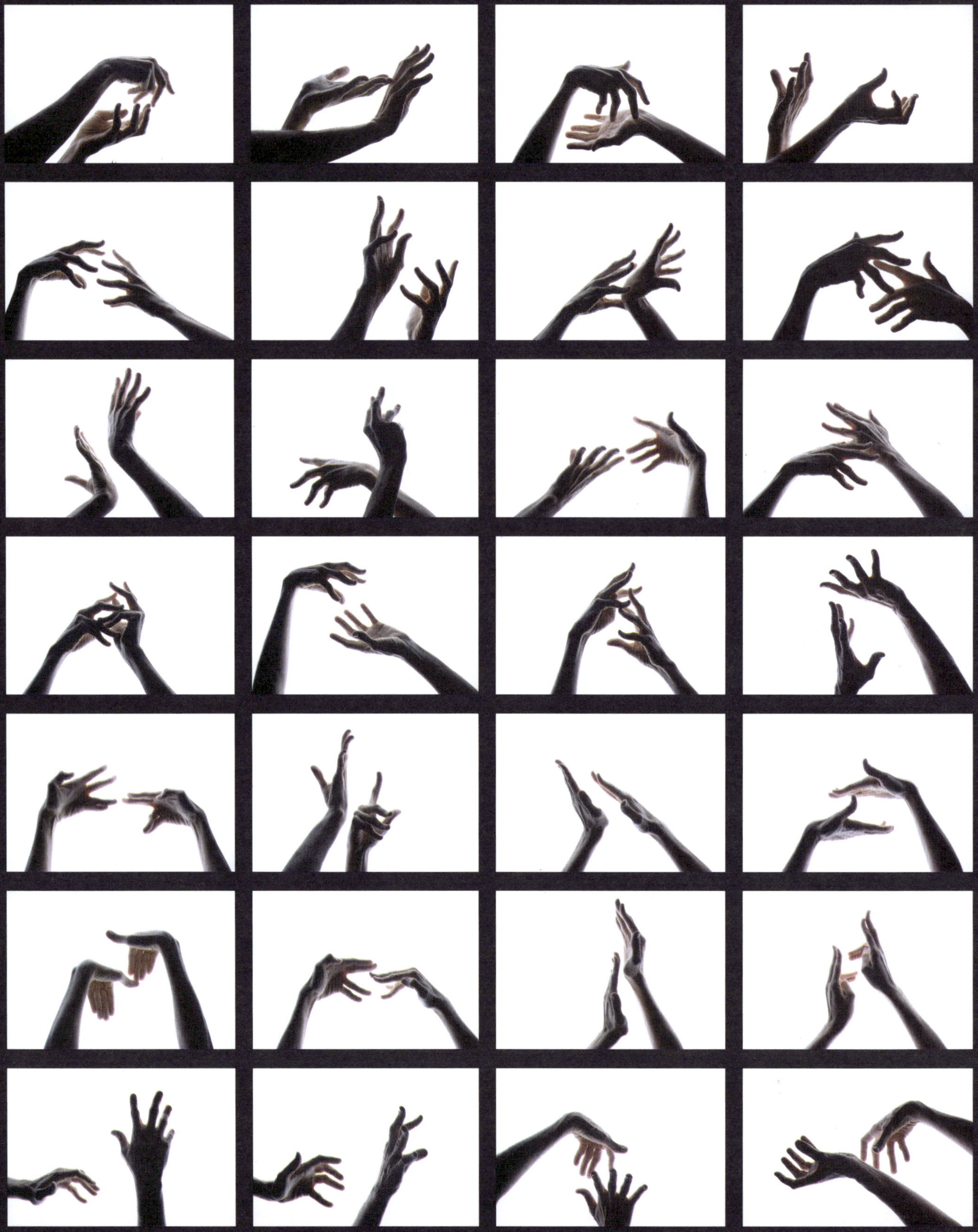

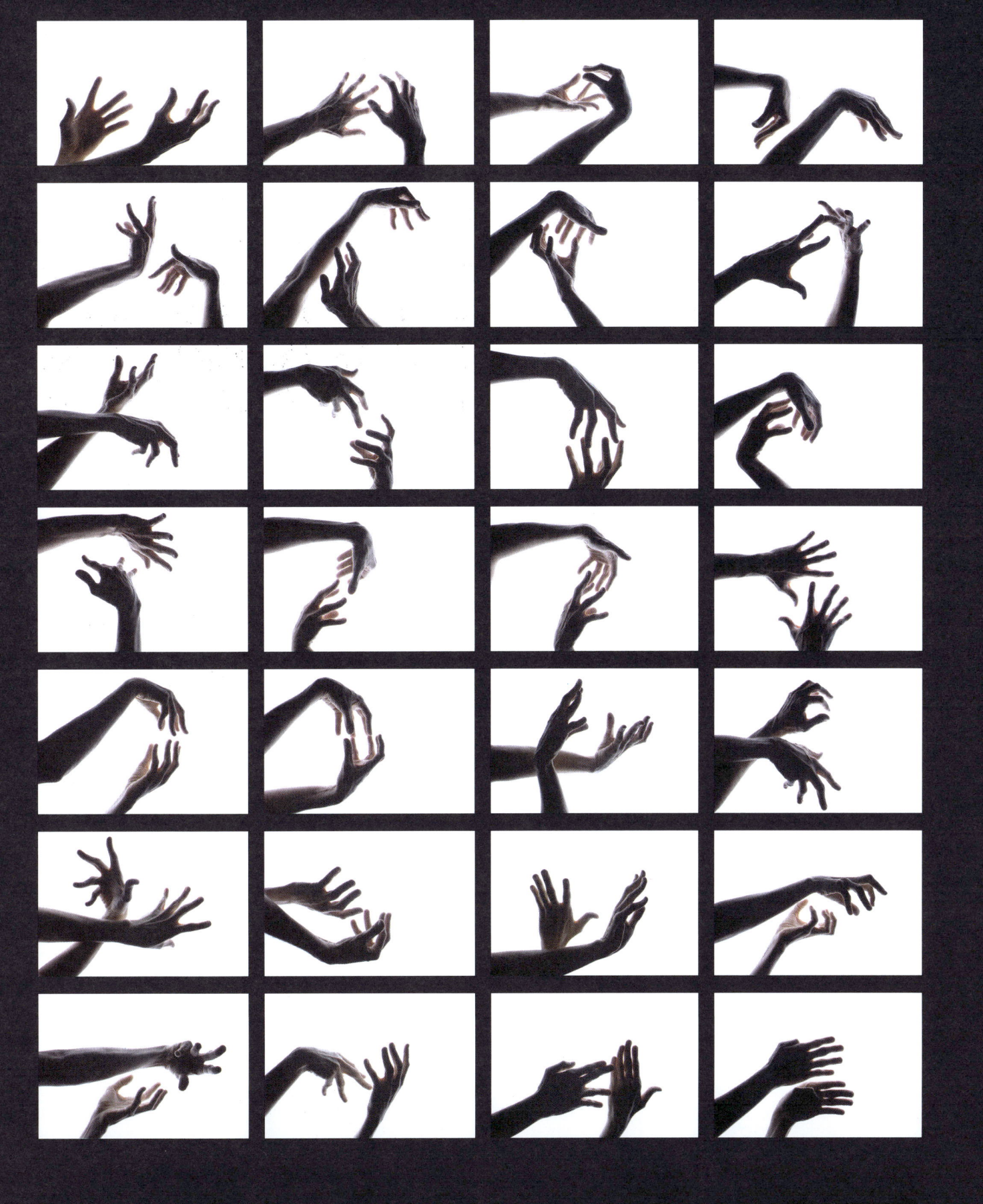

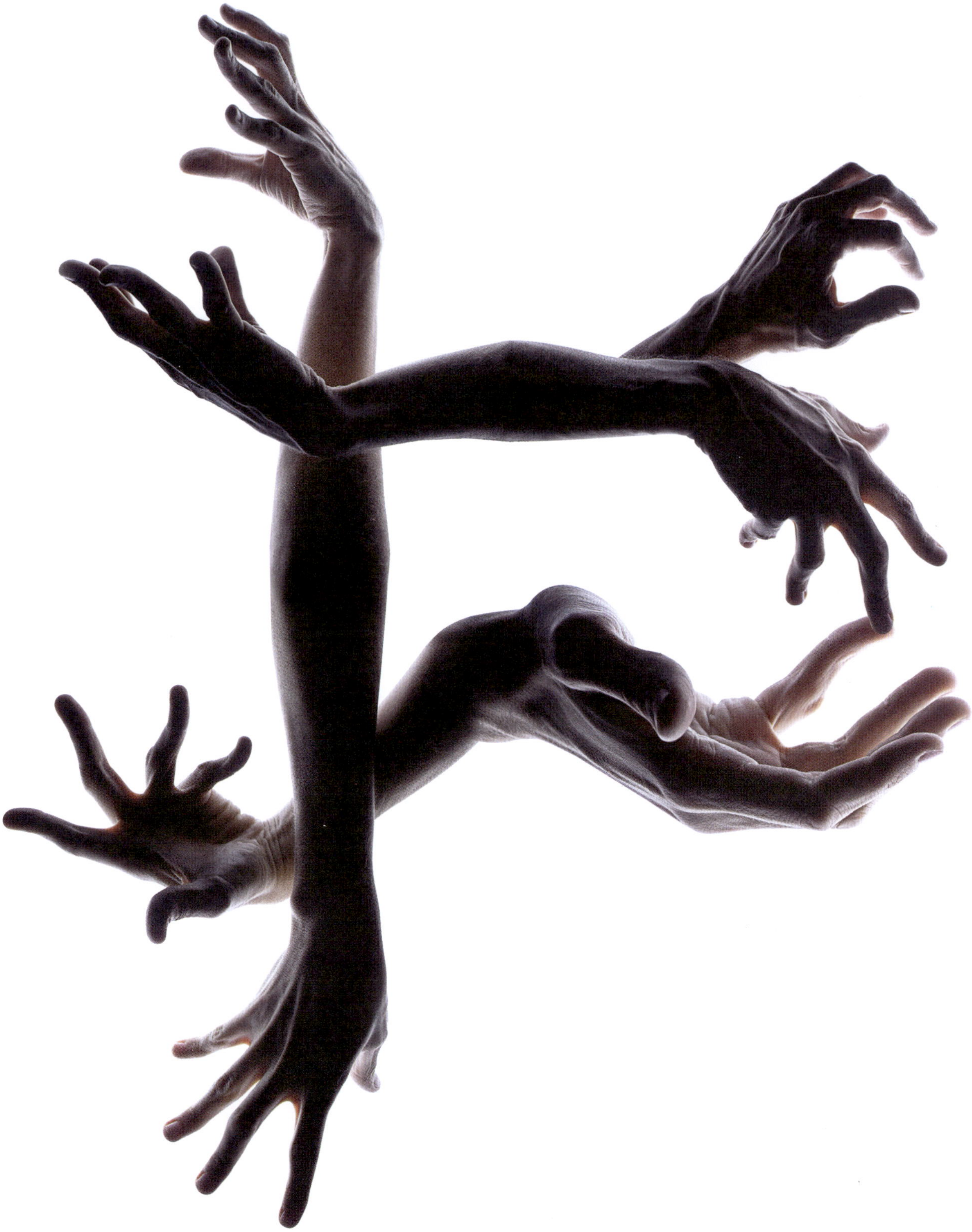

Tipografia

As fotos das mãos foram combinadas com o intuito de desenvolver as letras da palavra *pandemonium*.

PANDEMONIUM

Artistas e designers inevitavelmente se inspiram em outras pessoas. Por isso é importante educar o olhar, observando e reproduzindo trabalhos de quem já produziu algo com excelência dentro do seu campo de atuação.

"Kurt Schwitters disse que deve a Jan Tschichold seu fascínio por impressos efêmeros. Saul Steinberg escreveu que foi influenciado por pinturas egípcias, desenhos de latrina, arte insana, desenhos infantis, bordados e Paul Klee. (...) O diretor de cinema Fred Zinnemann (*Matar ou morrer*) foi influenciado pelas fotografias da Guerra Civil, de Mathew Brady. Toulouse-Lautrec tomou emprestadas as xilogravuras japonesas; Picasso, a escultura étnica; e Picabia baseou muitos de seus desenhos nos diagramas de *Motor car construction* e *Carburation in theory and practice*, de Brewer. Dizem que Alexander Calder iniciou sua carreira em escultura fazendo brinquedos para a Gould Manufacturing Company. Carl Andre, cujo destino seria ser lembrado por seus tijolos, foi influenciado pela Companhia Ferroviária da Pensilvânia. Quando trabalhou na ferrovia, ficou intrigado ao ver como os engenheiros utilizavam unidades intercambiáveis padronizadas. Salvador Dalí declarou que a estação ferroviária de Perpignan era o centro do universo. Irving Penn declarou que 'todos os designers, fotógrafos e diretores de arte, quer eles saibam ou não, são estudantes de Alexey Brodovitch'."

Alan Fletcher
(FLETCHER, 2001, p. 435, tradução livre)

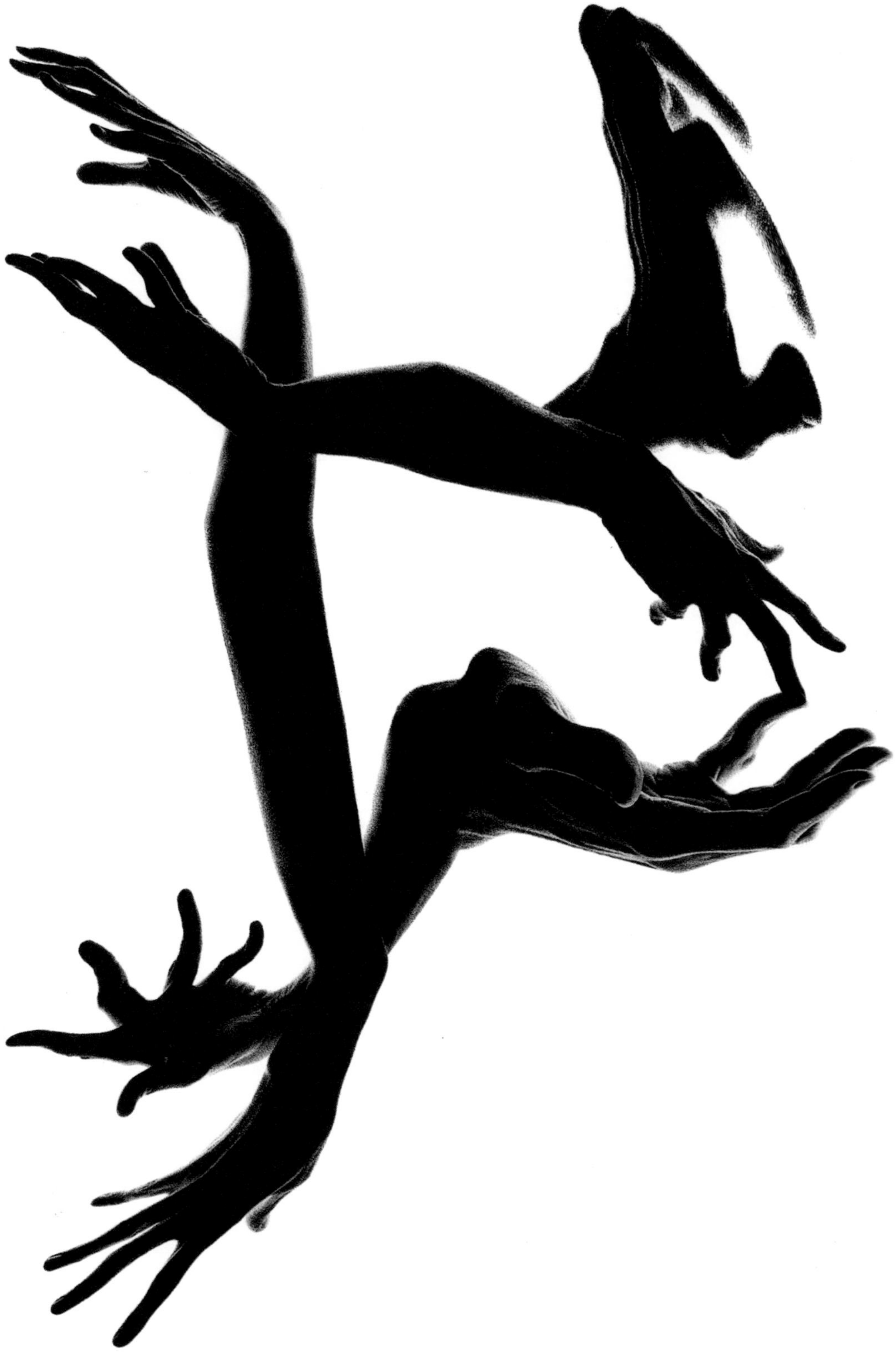

Distorção com o escâner

Nesta etapa, as letras produzidas foram digitalizadas com o auxílio de um escâner, de modo a distorcê-las. À medida que a luz do escâner era emitida, a imagem era movimentada para gerar distorção. Essa última etapa do experimento demonstra que um trabalho nunca tem fim, que é possível trabalhar nele infinitamente. Novas ideias aparecem durante o processo, guiando o designer a novas experimentações.

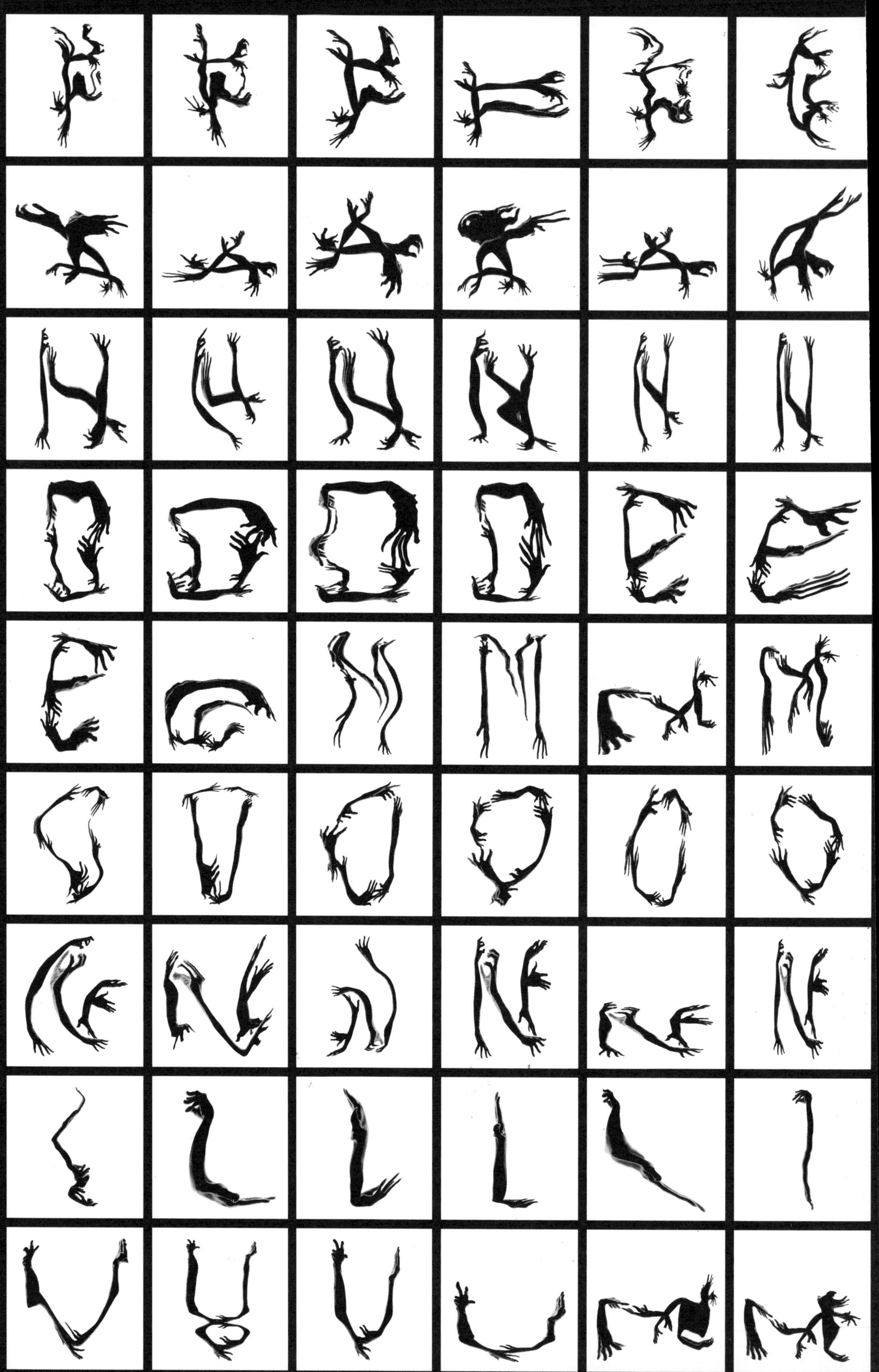

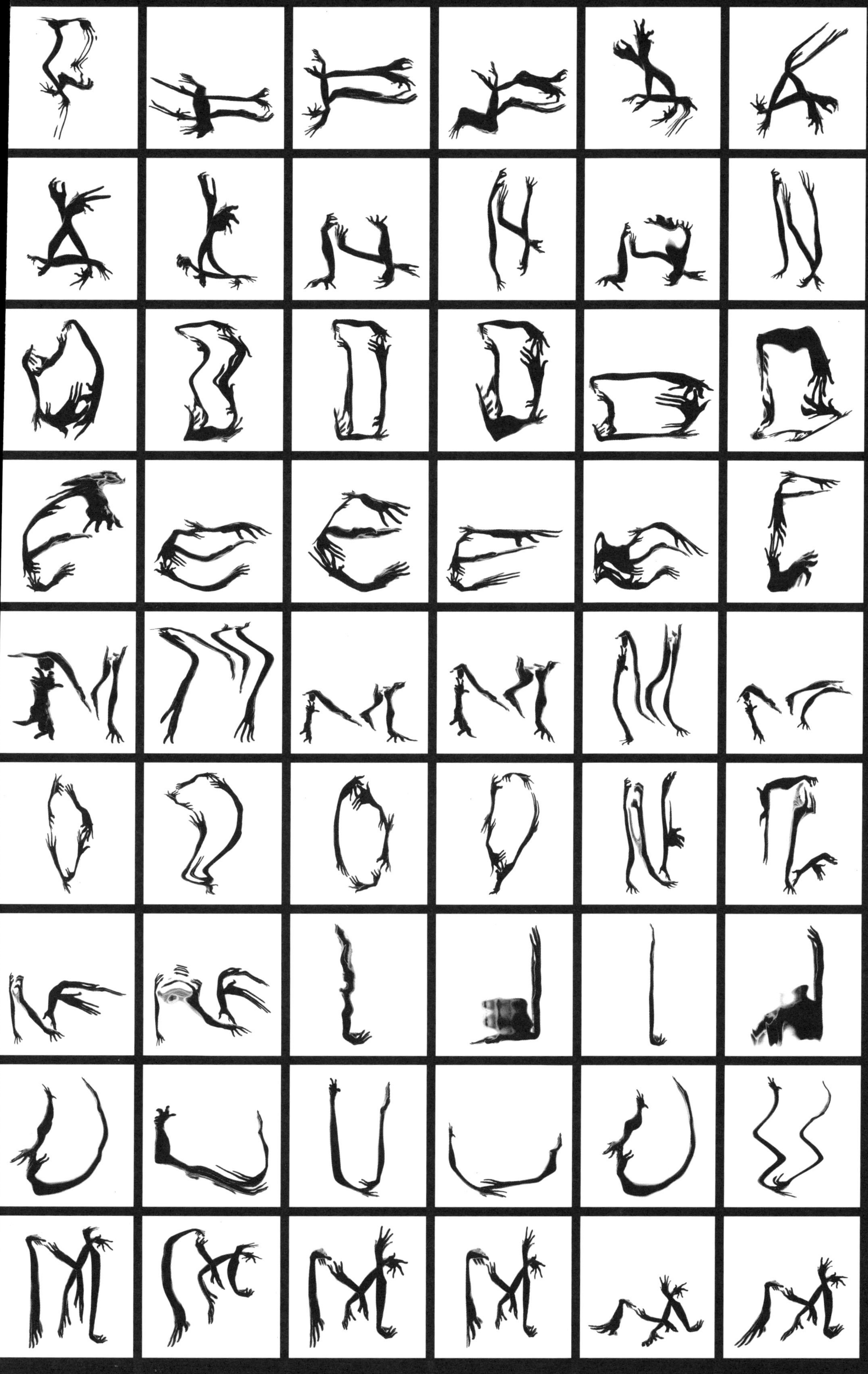

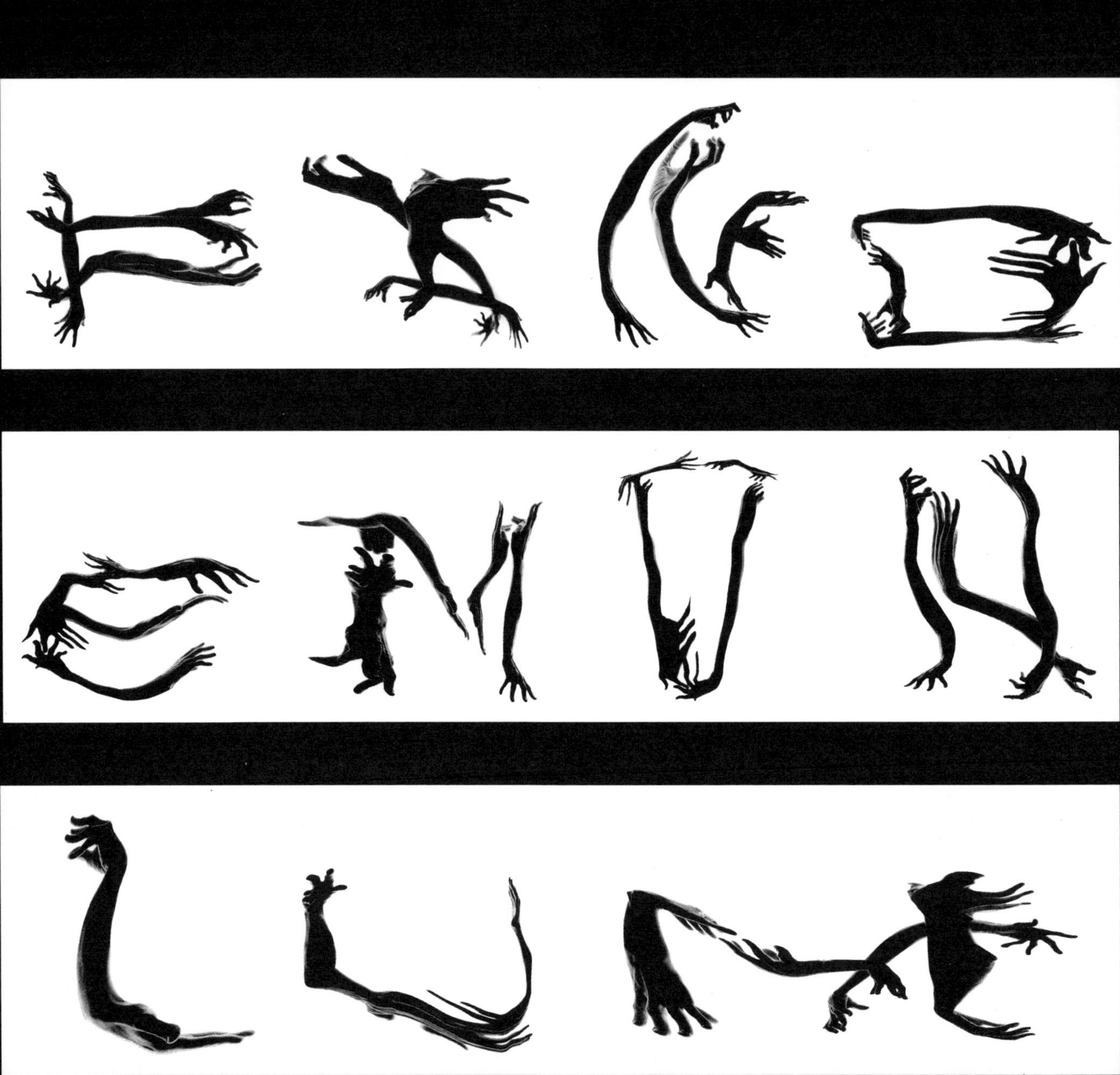

PANDEMONIUM

MEMÓRIA

"De um ponto para o outro, o observador traça uma linha imaginária. Ao observar o céu, o homem primitivo traçava linhas imaginárias entre as estrelas próximas umas das outras, e da organização dos grupos de estrelas resultaram imagens que deram origem às constelações."

Adrian Frutiger
(FRUTIGER, 1999, p. 8)

EXPERIMENTO 03
Cadernos de viagem

Pensando o projeto de design como uma jornada em que muitas ideias podem ser perdidas ou descartadas, o caderno de registro é uma ferramenta importante para guardar informações que possibilitem revisitar os pensamentos armazenados e estimular a criatividade.

OLHAR ATENTO

Durante a resolução de um problema, deparamo-nos com descobertas casuais que obedecem a leis próprias, como uma forma de inspiração imediata que surge espontaneamente e só é reconhecida por causa da nossa vivência. Pessoas que se deparam com ideias a partir de achados casuais não estão planejando conscientemente descobrir algo; elas estão simplesmente abertas, conseguindo detectar o valor das coisas que encontram (AYAN, 2001).

São gatilhos criativos que só tendem a chegar às mentes preparadas, ou seja, àqueles que se dedicaram à solução de um conjunto de problemas e possuem o domínio em determinada área a ponto de enxergar oportunidades que são apresentadas aleatoriamente (CSIKSZENTMIHALYI, 1999). O cientista francês Louis Pasteur (AYAN, 2001, p. 48) ilustra bem essa situação: "O acaso somente favorece as mentes preparadas".

Essas descobertas acenam para uma nova compreensão das coisas que, na verdade, já existiam dentro de quem as identificou, aponta a artista Fayga Ostrower (2013). A existência tem relação direta com a perspectiva da memória e da vivência. De acordo com o cientista Ilya Prigogine, "no caso do homem, uma decisão depende da memória do passado e da antecipação do futuro; é, portanto, algo muito mais complexo" (BLATTCHEN, 2002, p. 38). A memória desempenha o papel de interligar passado e presente. Aparentemente, esquecemos quase tudo, mas basta vermos uma foto antiga de alguém ou algo para começarmos a nos lembrar de fatos, nomes e detalhes que pareciam esquecidos (BAZARIAN, 1986, p. 63).

Enxergar oportunidades pode parecer simples, mas o desafio está em compreender o que se observa. Boas oportunidades podem passar despercebidas em algumas situações, mas não por pessoas com olhares atentos. É o caso do famoso *luthier* Antonio Stradivari (NACHMANOVITCH, 1993), que construiu violinos de altíssima qualidade utilizando uma pilha de remos quebrados e encharcados encontrados ao acaso em um cais de Veneza. Há também o exemplo de Michelangelo (GOMBRICH, 1993), que dizia que as figuras se encontravam ocultas no bloco de mármore, e sua tarefa era somente retirar a pedra que as cobria. É ainda o caso do designer Alan Fletcher (2006), que demonstra as oportunidades que residem em uma palavra ao posicionar palindricamente as letras da marca de água Evian e produzir a palavra *Naive* (ingênuo).

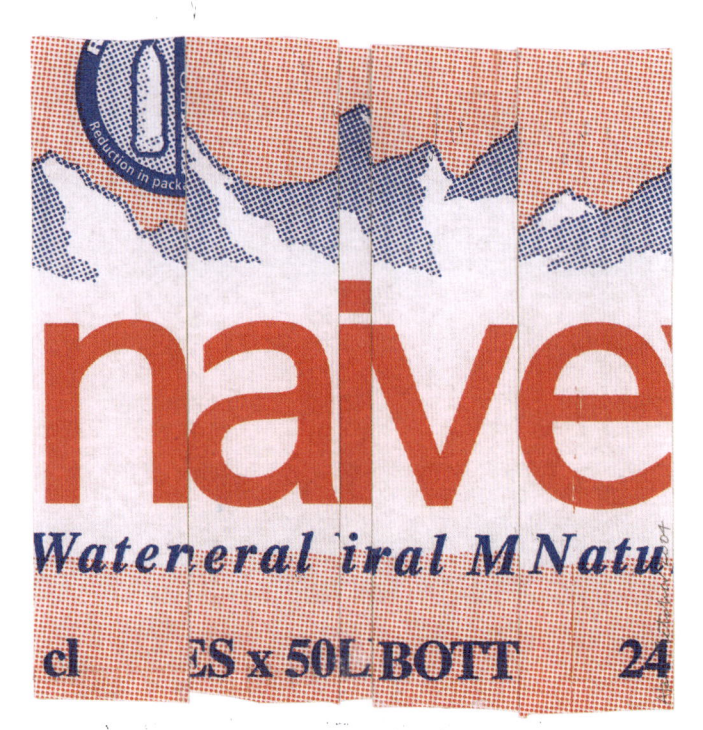

[Fig. 3] *Eviari/Naive*. Colagem utilizando papel-cartão impresso, 35 cm x 35 cm.
Alan Fletcher, 2001.
Cortesia de Raffaella Fletcher.

Quando estamos fazendo uma pesquisa para determinado projeto, elementos inesperados surgem diante dos nossos olhos. As reações quanto ao que é visto são diferentes, e esses elementos podem ser aproveitados ou não; tudo dependerá de termos ou não repertório para identificá-los. Pode ocorrer de algo maravilhoso passar pela frente e, ainda assim, ser desprezado. O designer e professor Vicente Gil (2015) explica que, durante suas aulas, às vezes os alunos estão mais preocupados com a história que querem contar e não observam o potencial dos materiais descartados. "Eles não enxergam o lixo, mas eu o enxergo e vejo que há algo melhor ali."

O olho humano é capaz de detectar padrões, como no caso de uma noite com o céu limpo e estrelado, em que se é capaz de encontrar um leão aqui, uma serpente ali e um cão acolá a partir das estrelas cintilantes dispostas de maneira aleatória (MLODINOW, 2009). Quando se está diante de um teste Rorschach,* aquelas imagens têm um significado diferente para cada um que as vê. É também com a visão que podemos juntar várias imagens em uma parede e então visualizar padrões e criar hipóteses, como em um filme policial em que é necessário descobrir um assassino. Para Andreas Rotzler (2015), chefe criativo da UMB AG, o processo de criação em design gráfico é similar a uma caça ao tesouro. O designer inicia um projeto com a coleta de muitas imagens e outras informações e depois visualiza tudo que reuniu, dispondo todas as imagens numa parede, buscando identificar alguns padrões e, assim, criar uma ideia consistente. Para isso, é preciso que haja certo distanciamento. Andreas aponta que esse processo é como entrar em um helicóptero: tentar enxergar o projeto como um todo, depois descer da aeronave e olhar para todos os detalhes.

SERENDIPIDADE

Durante a jornada para a solução de um problema, é comum ocorrer o fenômeno da serendipidade. É a descoberta fortuita de encontrar algo que não se estava procurando, ou de procurar uma coisa e achar outra que também é valiosa (KANTOROVICH, 1993). A palavra foi cunhada em 1754 pelo romancista inglês Horace Walpole em uma carta enviada ao diplomata britânico Horace Mann. Na carta, Walpole descreve que criou esse termo após a leitura do conto *Os três príncipes de Serendip*—Serendip é o antigo nome do Sri Lanka. No conto, os três príncipes estão em uma jornada, fazem uma série de descobertas acidentais de coisas que não estavam procurando e o destino deles muda de maneira inesperada (REMER, 1965).

Na história das invenções, temos alguns exemplos de serendipidade, em que acontecimentos do cotidiano são identificados como importantes para a resolução de um problema, ou quando erros que tiram o projeto da linearidade o impulsionam para novas descobertas até então não imaginadas.

Um exemplo é o descobrimento do primeiro processo fotográfico de sucesso, por Louis Daguerre, em 1938 (ROBERTS, 1989). Certo dia, em seu laboratório, Daguerre havia preparado algumas placas polidas que foram expostas ao vapor de iodo, produzindo, assim, uma camada de prata ionizada sobre a placa. Usando uma câmara escura, ele expôs essas placas à luz; porém, as imagens eram fracas. Daguerre tentou de diversas maneiras intensificar a imagem, mas não conseguiu obter mais do que simples borrões. Então, ele guardou uma placa exposta à câmara escura em um armário. Depois de alguns dias, retirou-a do abrigo e identificou que a imagem estava bem sólida na superfície da placa. Ele observou atentamente o que continha no armário e identificou que havia um termômetro quebrado. Concluiu que o vapor de mercúrio foi o elemento que o auxiliou na fixação da imagem na placa.

---

* Teste psicológico criado pelo suíço Hermann Rorschach em 1921, em que o paciente responde o que vê nas dez lâminas com borrões de tinta preta, com o intuito de analisar sua personalidade (MOIÓLI, 2018).

No design gráfico, vários acasos ocorreram no processo de produção da tese *A revolução dos tipos*, de autoria de Vicente Gil (2015). Ele relata que, quando terminou a tese, ainda não existia CTP (*computer to plate*, um processo em que se produz a chapa para impressão *offset* a partir de um arquivo digital, não sendo necessária a produção de fotolitos). A ideia era que a tese fosse impressa em três cores (preto, vermelho e prata), mas Gil cometeu um erro e não notou que havia duas camadas de prata, uma por baixo e outra por cima. Foram produzidos quatro fotolitos e, consequentemente, quatro chapas.

A tese foi impressa em uma máquina de quatro cores, tendo prata no primeiro e no útimo tinteiro. A solução da gráfica, que nem sequer tinha sido pensada por Gil, resultou em uma impressão muito superior à que ele havia planejado. A mesma tese deveria ter sido impressa em um papel italiano de alta qualidade que Gil comprou separadamente e entregou à gráfica; porém, para tristeza do designer, o papel foi usado equivocadamente nos testes iniciais de impressão, gerando um descarte volumoso de folhas de papel de excelente qualidade. Ao ver a pilha de papéis sobrepostos descartada, Gil identificou que ali havia uma boa oportunidade e decidiu usar essas folhas como sobrecapa. Escolheu mil folhas e imprimiu em cima delas o título da tese.

Descobertas assim ocorrem quando se trabalha de maneira aberta, e o caminho traçado nas fases preliminares pode ser adaptado ao surgirem novas rotas. A historiadora da arte Susan Laxton (2009) conta que artistas surrealistas, como André Breton e Philippe Soupault, defendiam a produção de textos e desenhos de maneira espontânea e que o conteúdo emergisse do inconsciente, sem o filtro da razão. O artista Paul Klee (GOMBRICH, 2012, p. 219) descreveu que relaxava ao controle consciente para produzir suas fantasias visuais: "Longe de começar com uma intenção firme, ele deixava as formas crescerem sob sua mão, seguindo-as aonde quer que o levassem". Depois desse processo de fazer sem pensar, esses artistas avaliavam o que tinham feito e ali conseguiam identificar boas oportunidades que talvez intencionalmente nunca conseguiriam.

Quando perguntado sobre onde busca inspiração, o arquiteto Frank Gehry (ESBOÇOS DE FRANK GEHRY, 2005) relata que as coisas acontecem de maneira intuitiva. Ele simplesmente olha ao redor, onde quer que esteja, e procura detalhes que normalmente passariam despercebidos, como olhar para o lixo e ver cavernas, espaços, texturas.

Na década de 1960, Gehry ganhou notoriedade com a criação das peças de mobiliário Easy Edges, rompendo com a tradição da simetria e trazendo emoção a partir de formas sinuosas do papelão ondulado. Ele descreve como descobriu esse material: "Um dia eu vi uma pilha de papelão ondulado—o material que prefiro para a construção de maquetes—do lado de fora do meu escritório e comecei a brincar com ele, colá-lo e cortá-lo em peças com um serrote e uma faca de bolso" (VITRA EASY EDGES, tradução livre).

O designer Fábio Prata (2015) descreve o processo de criação da identidade visual do MIS (Museu da Imagem e do Som) do Rio de Janeiro. Nas reuniões de *briefing*, foi solicitado que as imagens fossem respeitadas como conteúdos originais. Assim, a escolha da tipografia seria primordial, pois representaria a voz do museu e estabeleceria um diálogo entre a instituição e o público. Como se destinava ao Rio de Janeiro, esse diálogo deveria ser irreverente, informal e criativo.

Inicialmente, foram feitos diversos testes usando músicas, poemas, cenas de novela e comédias. Depois, mais pesquisas tipográficas, até que Flávia Nalon, esposa e sócia de Fábio Prata, encontrou a família tipográfica LL Brown, desenhada por Aurèle Sack. A tipografia solucionou o desenho do logo e de toda a identidade, além de ter a irreverência que eles queriam transmitir por conter versões itálicas inclinadas para a direita e para a esquerda. Usando fragmentos de textos de letras de música, poemas, novelas e filmes, a tipografia foi utilizada em zigue-zague, representando as formas inclinadas do novo edifício do MIS. Nas palavras de Prata: "Se tivéssemos achado essa tipografia antes de ter pensado em trabalhar com textos e com essas frases, não teria feito sentido".

Já o designer gráfico Ruben Martins (MELLO, 2006), fundador da Forminform, era um profissional muito exigente e acompanhava de perto todos os projetos do escritório num ritmo de trabalho exaustivo. Carlos Alberto Montoro, que trabalhou com Ruben na Forminform (CARTUM, 1986), relata que a equipe estava trabalhando no sistema de identidade visual para a rede de hotéis Tropical, mas, como o prazo para a apresentação estava próximo, a equipe decidiu dar uma pausa após o dia intenso de trabalho. Ao retornar, ainda à noite, Ruben viu que a luz da área de serviço estava acesa, iluminando as folhas da planta costela-de-adão e produzindo formas interessantes a partir da projeção da sombra. O designer imediatamente identificou que ali havia uma excelente oportunidade para explorar. Montoro descreve que a equipe

"ONDE QUER QUE EU OLHASSE, TUDO QUE EU VIA SE TORNAVA ALGO A SER FEITO, E TINHA QUE SER EXATAMENTE COMO ERA, SEM ACRESCENTAR NADA. ERA UMA NOVA LIBERDADE; NÃO HAVIA MAIS A NECESSIDADE DE COMPOR. O MATERIAL JÁ ESTAVA LÁ E EU PODIA USAR DE TUDO. TUDO ME PERTENCIA: UM TELHADO DE VIDRO DE UMA FÁBRICA COM SEUS PAINÉIS QUEBRADOS E REMENDADOS, LINHAS EM UM MAPA DE ESTRADAS, UM CANTO DE UMA PINTURA DE BRAQUE, FRAGMENTOS DE PAPEL NA RUA. TUDO ERA A MESMA COISA E VALIA TUDO."

Ellsworth Kelly
(STILES; SELZ, 1996, p. 92, tradução livre)

Cadernos

Este experimento contemplou a criação de cadernos que contêm anotações de ideias, desenhos, colagens, experimentos gráficos e coleta de materiais. Nesses cadernos, não há projetos prontos, mas ideias que poderão gerar futuros projetos. Ao lado, algumas páginas selecionadas dos cadernos contendo materiais coletados em viagens, anotações e desenhos.

0218

BKK EK 0350/20
DXB EK 0262/19
EK 267388

الرجاء ايقاظي عند
Wake me up for

الرجاء ايقاظي عند
Wake me up for

LEAL/LEOPOLDOAUGUSTO GRU
NZLRHJ 1/15 19DEC16

BKK EK 0350 20DEC
BANGKOK

DXB EK 0262 19DEC

BT3

Duty Free

فندق المطار
دبي
أنت محور عالمنا

الرجاء عدم الإزعاج
Do not disturb

Duty Free

Wake me up for

EK 267388

Do not disturb

PAPER HQ MAKER.

Kenji Owaki
Managing Director

HQ PAPERMAKER
is a trademark of
HQ Group Co., Ltd.

3/31 Samlan Road. Tambon Phasing.
Amphur Muang. Chiangmai 50200 Thailand
Tel. 66(0)53814717 Fax. 66(0)53814719

E-mail: sales@hqpapermaker.com
www.hqpapermaker.com
www.hqartgallery.com

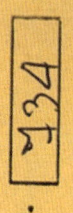

Next fights : Wed' 11th Jan'17

No. 134

Muay Thai Organization Garantee
Thaphae Boxing Stadium
The First Standard Stadium in Chiangmai
Start 09.00 p.m.   400 B

MUAY THAI FIGHT

Wat Chedi Luang Worawihan
契迪龙寺
วัดเจดีย์หลวงวรวิหาร
40 B.
Welcome to...

BẢO TÀNG LỊCH SỬ QUỐC GIA
(Vietnam National Museum of History)

1 Phạm Ngũ Lão, Hoàn Kiếm, Hà Nội
Mã số thuế: 0102379059

VÉ THAM QUAN
(Admission Ticket)

Giá vé:
(Admission): **40.000 đồng**

Bốn mươi nghìn đồng (Forty thousand Vietnam dong)

Liên 4: Kiểm soát

Mẫu số: **02BLP4-003**
Ký hiệu: **BT-14P**

Số: **0162924**

**QUYẾT THẮNG
LŨ GIẶC TRỜI HUÊ KỲ**

THANH NIÊN tăng cao

thanhnien.vn

Số 364 (7677)
THỨ NĂM
29.12.2016
1,12 BÍNH THÂN
3.700 ĐỒNG

càfê **RuNam**
ORIGINALLY FROM VIETNAM

Arabica & Robusta
CÀ PHÊ NGUYÊN CHẤT
100% PURE COFFEE
オリジナルコーヒー

HỘI AN

Hoi An Roastery
ESPRESSO & COFFEE HOUSE

Mai Thi Thu Muoi
Manager

135 Tran Phu Street
Hoi An

M 090 67
T 0510
E muoi@
W hoianro

The Cargo Club restaurant and Hội An Patisserie

Brown Sugar

107-109 Nguyễn Thái Học, Hội An
0510.3910489

LARUE
DEPUIS 1909
QUALITÉ D'ORIGINE

GRAND-PLACE
GARDENER OF CHOCOLATE

BELGIAN KNOW HOW — UNIQUE VIETNAMESE TASTE

107-109 Nguyen Thai Hoc St, Hoi An
Tel: 0510.3 911227
Email: info@cargo-hoian.com

THE CARGO CLUB RESTAURANT

LEAL/LEOPOLDO AUGU
BAGS 1/17 BN 059

DA NANG TO DAD
VN 824 29DEC

KIỂM SOÁT ENTRANCE
KIỂM SOÁT HOA HUE
KEPT BY ENTRANCE GUARD

PREMIUM
DANISH TECHNOLOGY
huda
GOLD

WATER PUPPET SHOW

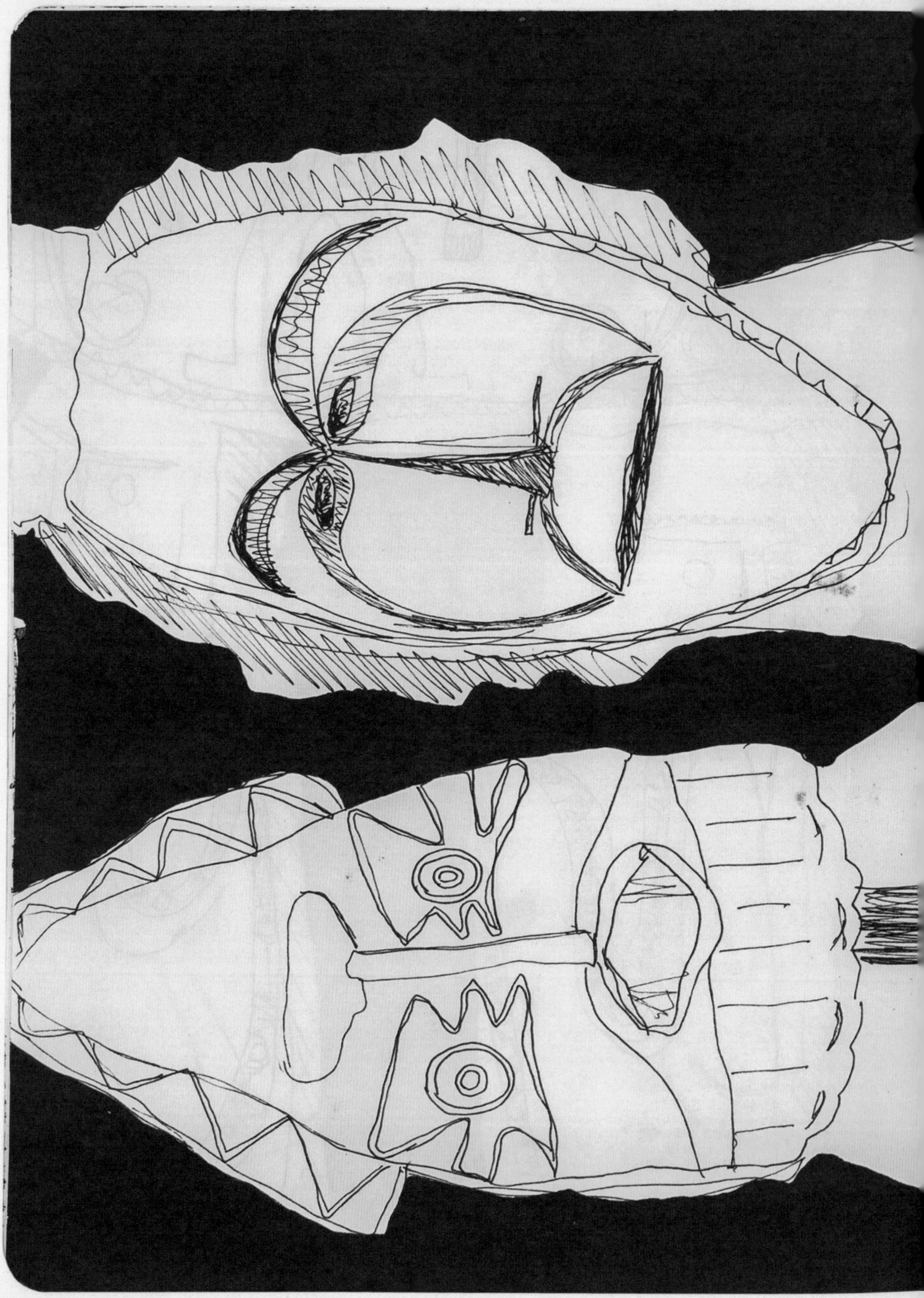

Jovo door post
New Caledonia

Papua New Guine

500 6386290

REP 08074187884
24DEC16
FLT NO :
FLT NO : FD 610 TO
REP
SIEM-RÉA

03 pax (Paid) កាត់

WAR MUSEUM

RAFFLES

Angkor National Museum
No. G 178198 Date:
Angkor National Museum, Siem Reap, Kingdom of Cambodia
Tel: +855 (0)63 966 601 www.angkornationalmuseum.com
Condition:
1. This ticket is valid for entry on the specified date only. 2. This ticket is neither refundable nor transferable.

AND HOTEL
D'ANGKOR
CONCESSIONNAIRE
CAMBODGE
ERNANDO DUARTE
807418784
FLT NO : FD
FLT NO :
24DEC16
TO : REP FD 610
VIA :
IGRE Hotel
No. G 178199 Date:
Angkor National Museum, Siem Reap, Kingdom of Cambodia
Tel: +855 (0)63 966 601 www.angkornationalmuseum.com
Condition:
1. This ticket is valid for entry on the specified date only. 2. This ticket is neither refundable nor transferable.
www.letigrehotel.com
Le Tigre
Siem Reap, Cambodia

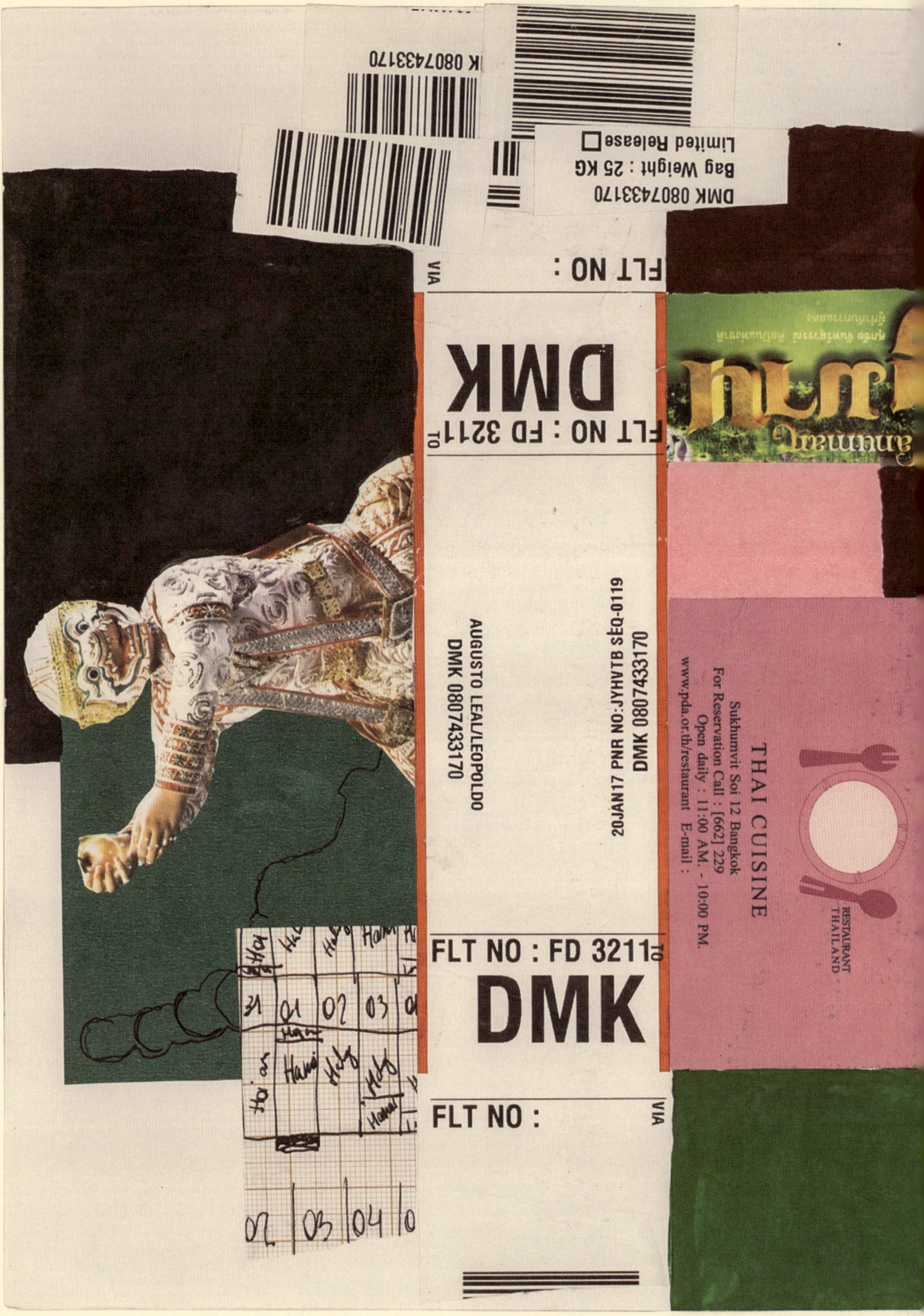

FLT NO : FD 3211
TO
DMK
VIA
FLT NO :
AUGUSTO LEAL/LEOPOLDO
DMK 0807433170
20JAN17 PNR NO:JYHVTB SEQ-0119
DMK 0807433170
FLT NO : FD 3211
TO
DMK
FLT NO :
VIA
DMK 0807433170
Bag Weight : 25 KG
Limited Release
K 0807433170
THAI CUISINE
Sukhumvit Soi 12 Bangkok
For Reservation Call : [662] 229
Open daily : 11:00 AM. - 10:00 PM.
www.pda.or.th/restaurant E-mail :
RESTAURANT
THAILAND

"SEU TRABALHO É COLECIONAR BOAS IDEIAS. QUANTO MAIS IDEIAS BOAS VOCÊ TIVER COLETADO, MAIS FONTES TERÁ PARA PODER ESCOLHER QUAIS IRÃO TE INFLUENCIAR."

Austin Kleon
(KLEON, 2013, p. 22)

fez cópias em vegetal da sombra da planta projetada na parede e posteriormente trabalhou a partir dessas formas, buscando equilíbrio e simetria para a construção da marca. Essa visualização da projeção da costela-de-adão possibilitou que Ruben e a equipe da Forminform criassem a marca e todo o sistema de identidade visual para o hotel; porém, vale salientar que não foi somente a visualização que culminou na criação do projeto completo. Esse processo iniciou-se antes, na formulação de um problema e na construção de um repertório amplo que possibilitou a identificação de que naquela imagem havia algo interessante que mereceria ser investigado. Posteriormente, foram horas de trabalho para experimentar e verificar se realmente aquelas formas resultariam em um projeto instigante.

Isso não tem nada a ver com sorte, mas com estar pronto para uma oportunidade e ter competência para conseguir agarrá-la. O designer italiano Germano Facetti foi descoberto e contratado por Allen Lane, fundador da Penguin Books, após Germano ter criado o forro da livraria de um amigo em Londres (SHAUGHNESSY, 2010, p. 55). Esse exemplo sinaliza que acontecimentos fortuitos ocorrem sem uma causa ou razão. Germano fez um bom trabalho e foi descoberto por Lane, que estava procurando alguém para a vaga, porém ele se tornou famoso pela sua competência e por produzir excelentes trabalhos na Penguin Books.

COLECIONAR, GUARDAR, REGISTRAR E ACUMULAR

Pensando o projeto de design como uma jornada em que um conceito pode levar a outro, muitas ideias podem ser perdidas ou descartadas. Por isso é importante registrar todos os pensamentos, sem rigidez, mas de maneira que possibilite revisitar as ideias. Da mesma forma, colecionar coisas e acumular referências estimulam a criatividade. Leonardo da Vinci (ISAACSON, 2017, p. 128) deixou mais de 7.200 páginas registradas com desenhos e textos. Acredita-se que esse volume seja somente metade do que ele deixou antes de morrer, sendo descrito como "o mais espetacular tributo aos poderes humanos de observação e imaginação já documentados em papel".

É possível rastrear a evolução das ideias de Charles Darwin com tremenda precisão a partir de seus cadernos, que continham citações, diagramas, questionamentos e novas ideias (JOHNSON, 2011). Os cadernos de Darwin não eram uma simples transcrição dos pensamentos, mas um meio de não perder aquilo que ele estava pensando. Ao reler as próprias anotações, Darwin descobria novas ideias. Era comum os intelectuais da Europa dos séculos XVII e XVIII manterem esse tipo de caderno de anotações, que era visto como uma ferramenta importante para avivar a memória, trazendo à tona conhecimentos anotados no passado, mas que no presente poderiam fazer mais sentido (JOHNSON, 2011).

Artistas e designers são bons colecionadores, guardando e registrando coisas de maneira seletiva, geralmente com algum valor emocional sobre aquele material coletado (KLEON, 2013). Com essas referências à mão, tais como livros, revistas e experimentos gráficos passados, os designers revisitam esses materiais, assim identificando ideias ou possibilidades a serem trilhadas.

[Fig. 4] Imagem conceitual para explicar a ideia a partir da planta costela-de-adão. Ruben Martins, 1966. Cortesia de Fernanda Martins.

[Fig. 5] Marca para a rede de hotéis Tropical. Ruben Martins, 1966. Cortesia de Fernanda Martins.

Códigos de barras

A página eleita para o experimento é uma coleção de códigos de barras de bagagens. A escolha foi feita por apresentar uma grande variação gráfica a partir de um mesmo elemento e também por proporcionar ambiguidade visual entre o que seria figura ou fundo. Um material descartado que iria para o lixo, mas que foi guardado até a conclusão da página.

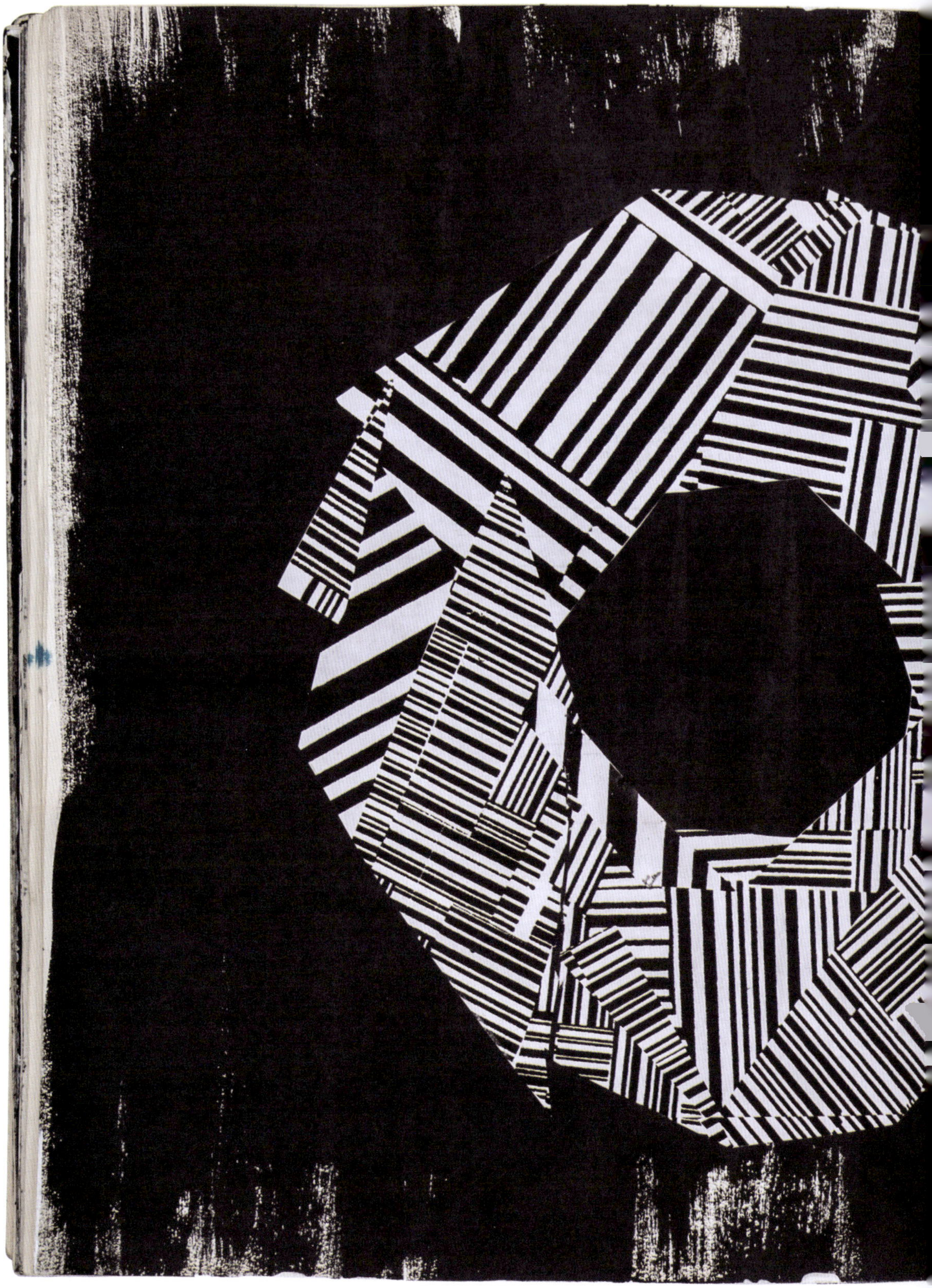

Letras

Desenvolver as letras da palavra *pandemonium*, utilizando a coleção de códigos de barras. As letras foram feitas manualmente, a partir da página digitalizada, impressa e recortada em pequenos pedaços. A junção dessas partes resultou nas letras.

PANDEMONIUM

PANDEMONIUM

PANDEMONI

> "UMA MULHER DECRETOU A MORTE DE UM IPÊ PORQUE ELE SUJAVA O CHÃO, DAVA MUITO TRABALHO PARA A SUA VASSOURA. SEUS OLHOS NÃO VIAM A BELEZA. SÓ VIAM O LIXO."
>
> Rubem Alves
> (ALVES, 2004)

Repetição

A partir dos códigos de barras, letras foram criadas. A experiência no olhar possibilitou a identificação de algo naquilo que seria descartado. Com essas letras, uma série de experimentos foi criada, iniciando pela repetição das letras, na tentativa de produzir uma trajetória para a escrita da palavra *pandemonium*.

PAN
DEM
ONI
UM

PAN
DEM
ONI
UM

Expansão tipográfica

As letras foram cortadas digitalmente em pequenos pedaços no sentido vertical, repetidas vezes, o que proporcionou expansão e movimento.

PANDEMONIUM

PANDEMONIUM
PANDEMONIUM
PANDEMONIUM
PANDEMONIUM
PANDEMONIUM
PANDEMONIUM

Identificação

Nesse experimento, a identificação de oportunidades a serem exploradas ocorreu em várias etapas do processo criativo, desde a página com códigos de barras até os testes com as letras em movimento. As identificações foram ocorrendo no processo, e não antes da experimentação. A visualização de ideias nos materiais surge a partir da manipulação da forma.

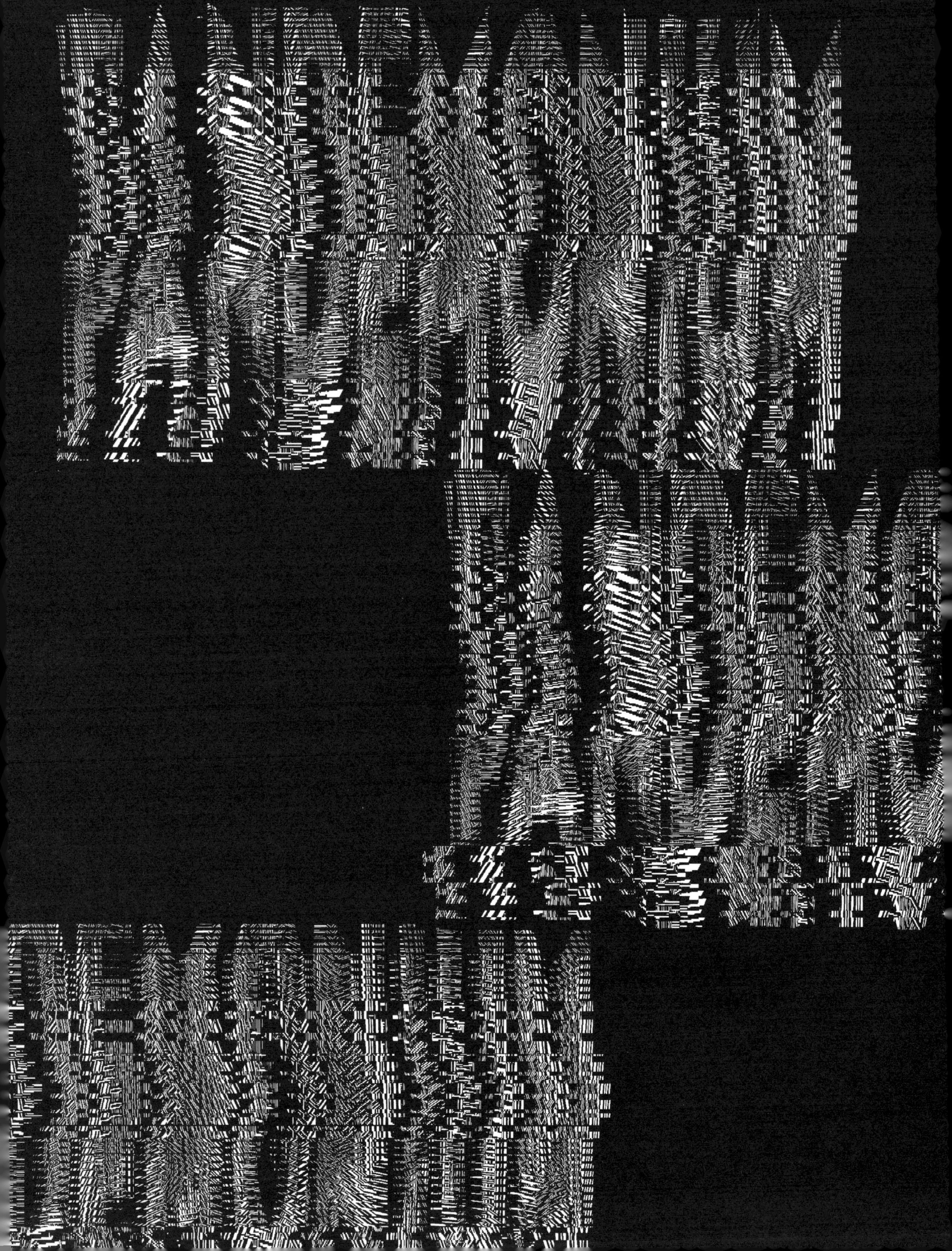

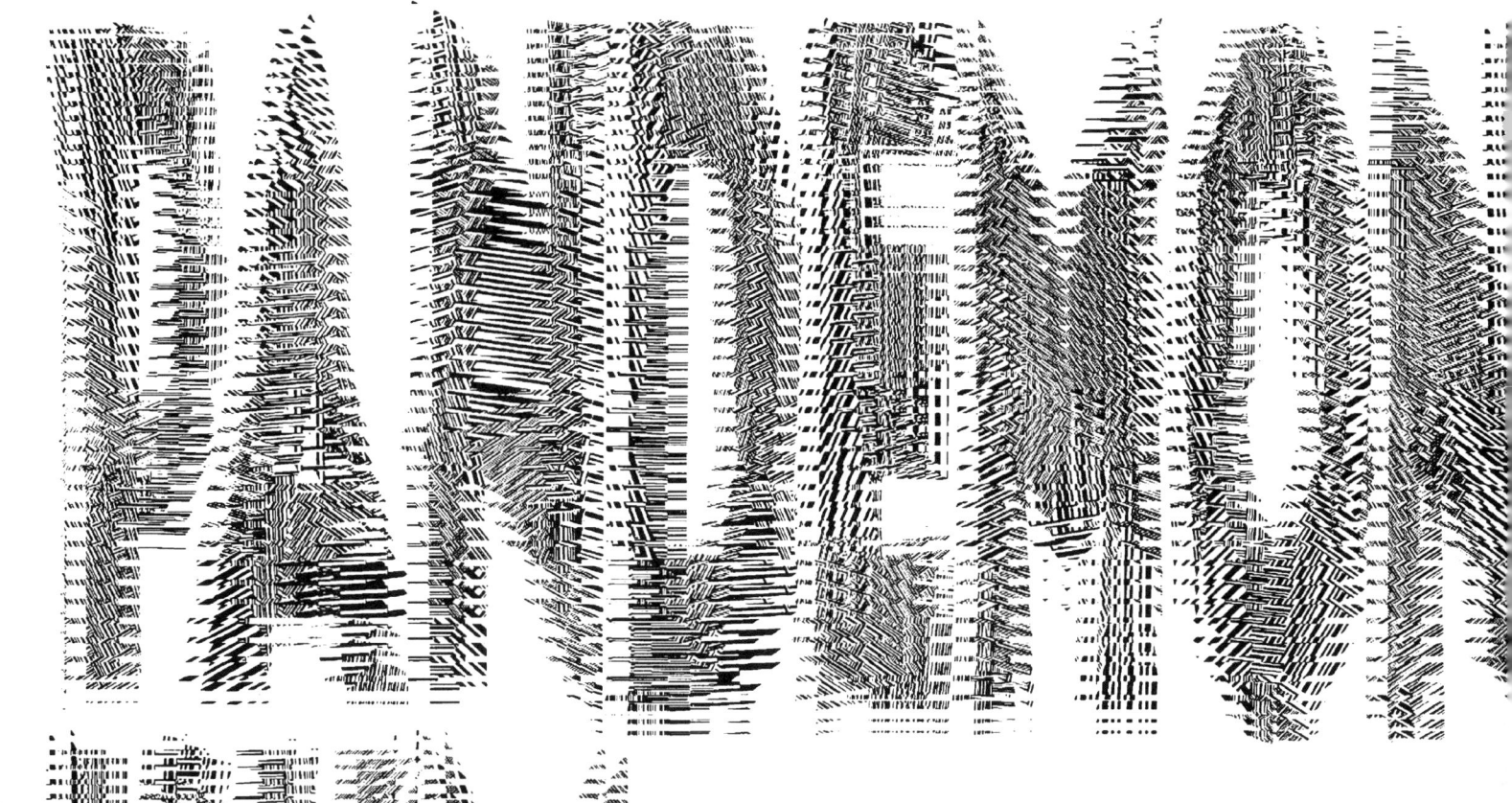

PANDEMON
IUM

TEMPO

"Ideias brilhantes são como trufas: raras e somente encontradas em condições especiais."

Alan Fletcher
(FLETCHER, 2001, p. 73, tradução livre)

EXPERIMENTO 04
Palitos ao acaso

O desafio deste experimento foi gerar composições aleatórias sobre fundos nas cores vermelha, preta e branca, utilizando seis palitos pintados nas cores vermelha e branca; preta e branca; e preta e vermelha. Cada jogo de palitos foi jogado cem vezes de maneira aleatória sobre cinco fundos diferentes, em um total de quinhentas imagens.

INCUBAÇÃO

No campo da arte e da ciência, existem diversos relatos de que a solução de problemas apareceu de maneira súbita e inesperada após um período de descanso ou lazer, deixando o problema central um pouco de lado. Essa etapa do processo criativo se chama incubação, não tem um tempo determinado e pode ocorrer em vários estágios da criação. Enquanto a identificação de oportunidades na resolução de problemas depende de um olhar atento e da relação com a memória para capturar as descobertas casuais, a incubação tem relação com a saturação das ideias e a pausa. Segundo o escritor Steven Johnson (2011), o descanso ou outra atividade prazerosa nos tiram do foco central do problema e nos inserem em um estado mais associativo, ou seja, dando tempo suficiente para a mente se deparar com alguma velha conexão que não havíamos notado.

Uma solução intuitiva acontece quando se deixa de pensar sobre um problema. Einstein comentava: "Eu penso 99 vezes e nada descubro; deixo de pensar e eis que a verdade me é revelada por intuição" (BAZARIAN, 1986, p. 25). Bazarian (1986) explica que tal solução não se manifesta em um cérebro cansado ou tenso, fixado em resolver o problema, pois é formada uma espécie de couraça que não deixa aflorar no consciente uma solução intuitiva que está pronta no inconsciente. Ele completa dizendo que, no momento em que essa tensão é atenuada, ocorre a conexão entre o consciente e o inconsciente e a solução se manifesta, repentinamente.

O designer Paul Rand (1993) descreve que as ideias são a força vital de qualquer forma de comunicação significativa, mas elas só se materializam quando e onde elas escolherem, seja no banho, no metrô ou no meio da noite. A designer Paula Scher (LUPTON, 2013) reforça dizendo que suas melhores ideias surgem quando ela não está tentando ter ideias, como dentro de um táxi, durante uma conversa ou em um museu, quando está totalmente envolvida com outros afazeres que não o problema em si.

Difícil não pensarmos no caso do matemático grego Arquimedes (ROBERTS, 1989), que vivia em Siracusa, no século III antes de Cristo. O rei Hiero era um grande amigo e estava com um problema, pois havia encomendado uma nova coroa para um ourives e lhe forneceu uma boa quantidade de ouro para fazê-la. Porém, o rei queria saber como poderia identificar com precisão se o ourives havia utilizado todo o material fornecido ou se havia feito uma liga com metais menos nobres e ficado com uma parte do ouro. Arquimedes tinha conhecimento de como calcular os volumes de formas regulares, como esferas e cilindros, mas nunca havia pensado em como poderia calcular o volume de uma peça irregular.

Após diversas tentativas infrutíferas e prestes a desistir da tarefa, o matemático decidiu tomar um banho. Conforme entrava na banheira, ele percebia que o volume de água que transbordava era igual ao volume de seu corpo. Nesse momento, veio a iluminação. A informação sobre o transbordamento da água encontrou terreno fértil na cabeça de um grande matemático que havia trabalhado arduamente. A felicidade dele era tamanha que ele saiu correndo nu pelas ruas de Siracusa.

A etapa seguinte foi colocar a coroa dentro de uma bacia cheia de água até a borda, pois assim ele saberia que o volume de água que transbordasse da bacia seria exatamente o volume da coroa. Tendo conhecimento de que a densidade do ouro é superior à dos outros materiais, ele conseguiria identificar se o ourives tinha feito uma liga com volume maior de outros metais e uma quantidade menor de ouro. Foi exatamente isso que aconteceu: o ourives não utilizou todo o ouro e estava tentando enganar o rei. Assim que o monarca descobriu que tinha sido enganado, mandou executar o ourives desonesto.

Sem a sagacidade para identificar essas felizes oportunidades, algumas respostas passariam despercebidas por nós. Csikszentmihalyi (1999, p. 104) explica: "Se ao entrar na banheira Arquimedes tivesse apenas pensado: 'Droga, molhei o chão de novo, o que a patroa vai dizer?', a humanidade poderia ter precisado esperar mais algumas centenas de anos para compreender o princípio do deslocamento dos fluidos".

Logo, a etapa de incubação pode ser compreendida em dois momentos. O primeiro, em que se deixa o problema um pouco de lado, é o que ocorreu com Arquimedes ao tomar um banho. Já o segundo momento, nomeado de iluminação ou revelação, aconteceu quando o cérebro de Arquimedes juntou as peças do quebra-cabeça e a resposta emergiu de maneira súbita, dando origem ao célebre grito "Eureka!". Durante a incubação, o cérebro continua trabalhando inconscientemente, formando associações imprevisíveis que possivelmente farão emergir uma solução.

É interessante compreender que, conscientemente, processamos as informações de maneira linear e lógica, mas, quando damos tempo para que elas trilhem diferentes caminhos, combinações inesperadas podem ocorrer (CSIKSZENTMIHALYI, 1999). O período de descanso fornece a oportunidade para que as pessoas fiquem menos presas a soluções incorretas, dando o tempo necessário para que o inconsciente trabalhe de maneira livre e não linear (SAWYER, 2012).

Os sonhos também propiciam descobertas fortuitas a partir de questionamentos internalizados. Stephen Nachmanovitch (1993, p. 143) explica: "Existe dentro de nós algo que está sempre querendo aflorar e que parece emergir mais facilmente quando nos livramos das censuras (esperança e medo) da consciência". Sonhar é pensar sem preconceitos, facilitando assim choques aleatórios que, quando ocorrem, trazem à tona novas ideias. Johnson (2011, p. 88) descreve a atividade de sonhar como "um caldeirão fervilhante de ideias, em que tudo está chiando e se agitando em um estado de desnorteante atividade, em que parcerias podem ser estabelecidas ou rompidas em um instante, a rotina monótona é desconhecida e o inesperado parece ser a única lei". Para Johnson, não há nada de místico nos sonhos, pois lembranças e associações são desencadeadas de maneira livre e algo valioso pode brotar dos choques e associações que a mente inconsciente permite.

O químico alemão Friedrich August Kekulé von Stradonitz (JOHNSON, 2011, p. 86) teve uma iluminação a partir de um sonho. Ele passou dez anos de sua vida estudando as ligações das moléculas de carbono. Dormindo em frente à lareira, apareceu em seu sonho a imagem clássica do Uróboro, a serpente que come o próprio rabo. Essa visão desencadeou a compreensão de que "a molécula de benzeno era um anel de carbono perfeito, com átomos de hidrogênio circundando em suas bordas externas". Por meio da compreensão estrutural do benzeno, foi possível a sintetização de vários compostos orgânicos. A descoberta de Kekulé abriu novos entendimentos para a química orgânica. Segundo o próprio autor: "Foi necessária a serendipidade combinatória de um devaneio—todos aqueles neurônios acendendo em novas e improváveis configurações—para nos ajudar a entender o poder combinatório do carbono".

Paul Rand (KRUEGER, 2010) descreve o processo de incubação como informações cozinhando em fogo brando na mente. Ele afirma que, quando faz algo e está com dificuldade, deixa um pouco de lado esse problema por um dia ou uma semana, e após esse tempo alguma coisa acontece em sua mente quando retorna ao trabalho, conseguindo visualizar possíveis soluções que anteriormente não eram imaginadas. Em conversa com um aluno, Rand (KRUEGER, 2010, p. 62) é questionado se a solução simplesmente não

"'ONDE É QUE VOCÊ COSTUMA TER SUAS MELHORES IDEIAS?', PERGUNTA O REPÓRTER AO ESCRITOR MINEIRO FERNANDO SABINO, QUE RESPONDE: 'ULTIMAMENTE, NA PRAIA. É UMA LOUCURA. BASTA EU COMEÇAR A ANDAR PELO CALÇADÃO, NO RIO, E ME SURGEM DEZENAS DE IDEIAS. ÀS VEZES, TENHO DE VOLTAR CORRENDO PARA CASA SÓ PARA NÃO ESQUECER NADA. MINHA MULHER DIZ QUE SERIA MELHOR EU LEVAR JUNTO UMA MÁQUINA DE ESCREVER. NO CHUVEIRO TAMBÉM APARECEM BOAS IDEIAS. ACONTECE MUITO DE EU SAIR MOLHADO SÓ PARA ESCREVER UMA IDEIA. JURO QUE NÃO SEI A RAZÃO DISSO. O CHICO BUARQUE ME CONTOU QUE COM ELE É A MESMA COISA. ELE TEM VONTADE DE LEVAR O VIOLÃO COM ELE PARA O CHUVEIRO. ACHO QUE É POR CAUSA DA ÁGUA CAINDO NA CABEÇA, VOCÊ FICANDO MAIS RELAXADO, VAI VER É ISSO'."

Fernando Sabino
(SABINO, 1985)

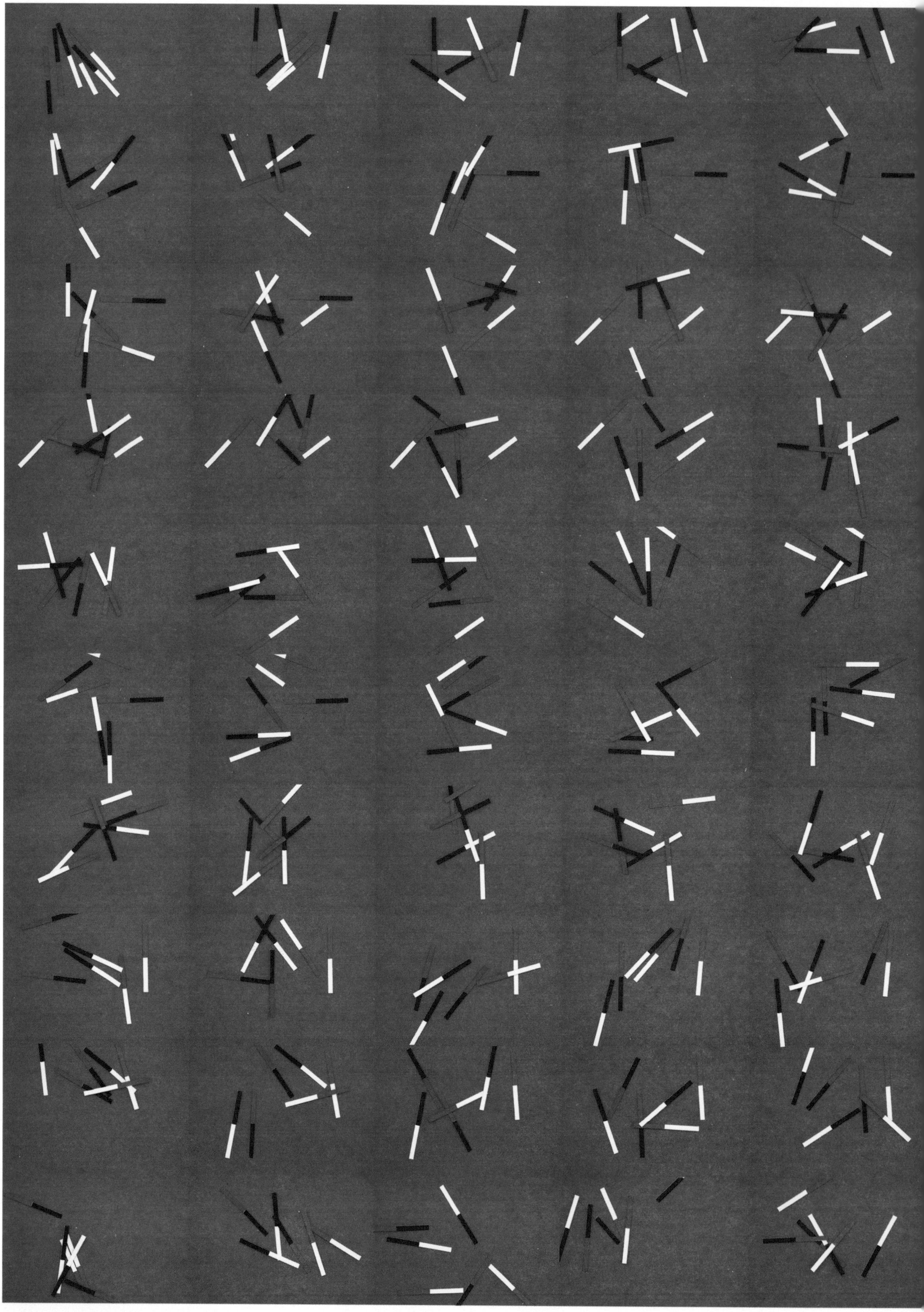

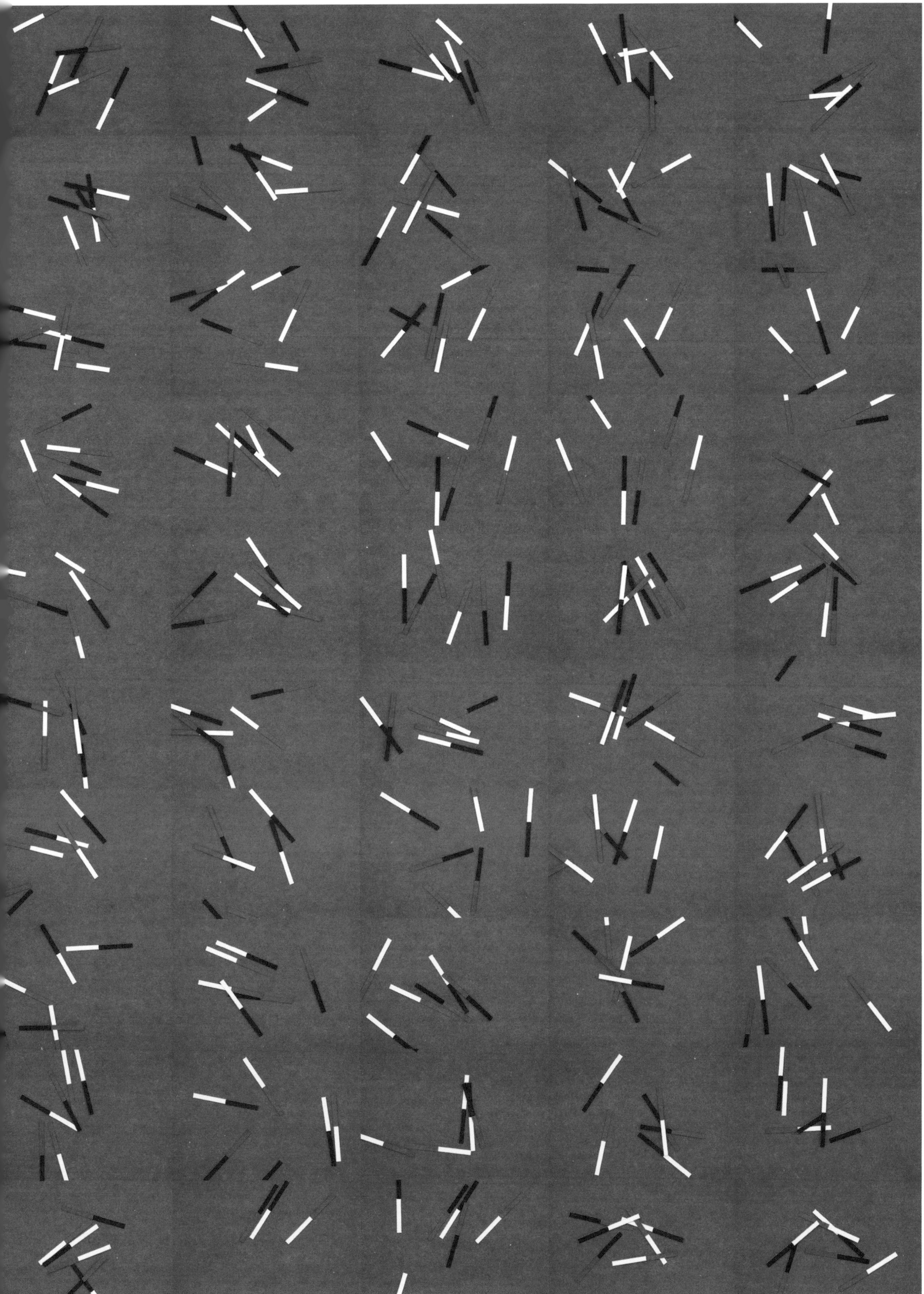

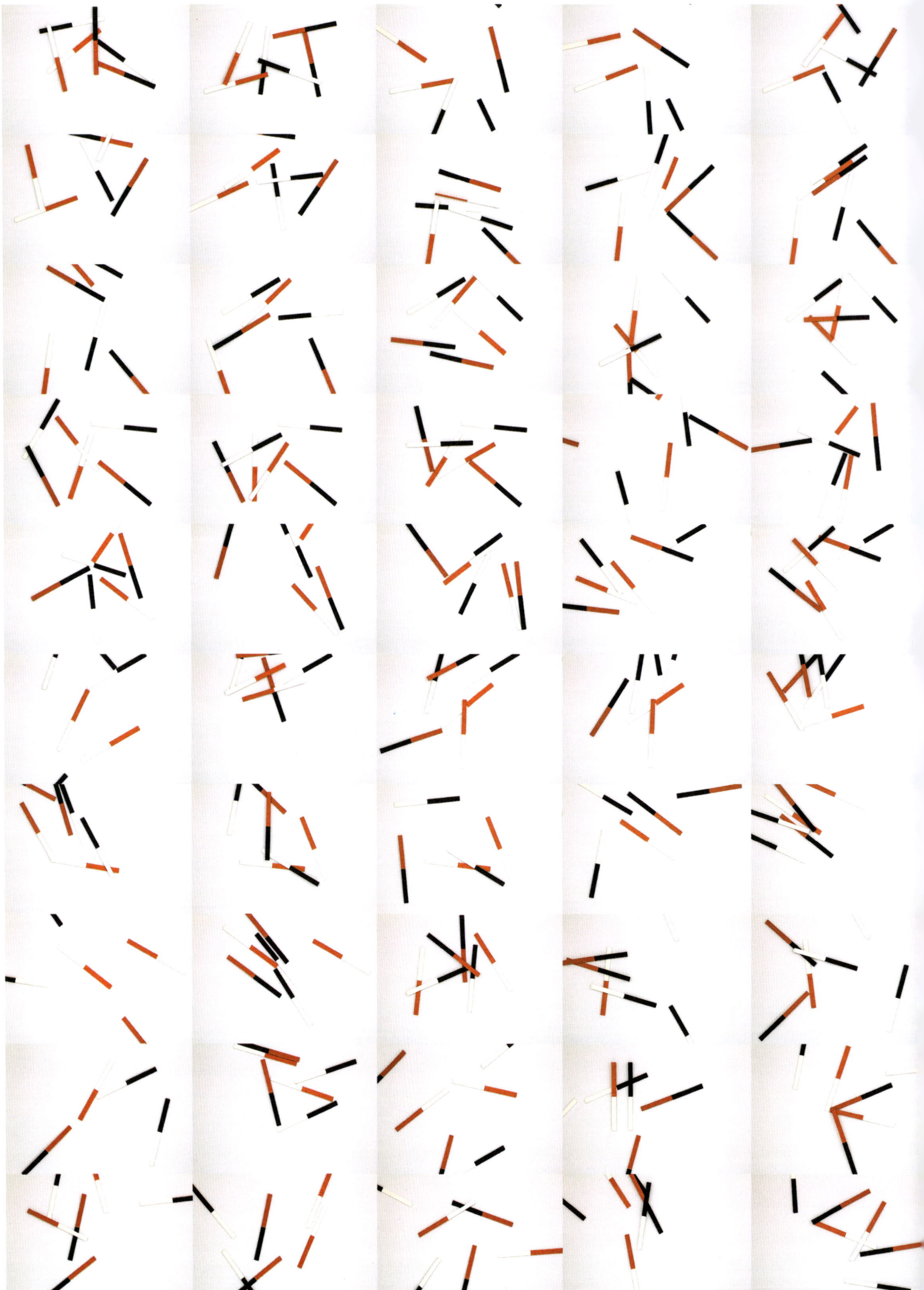

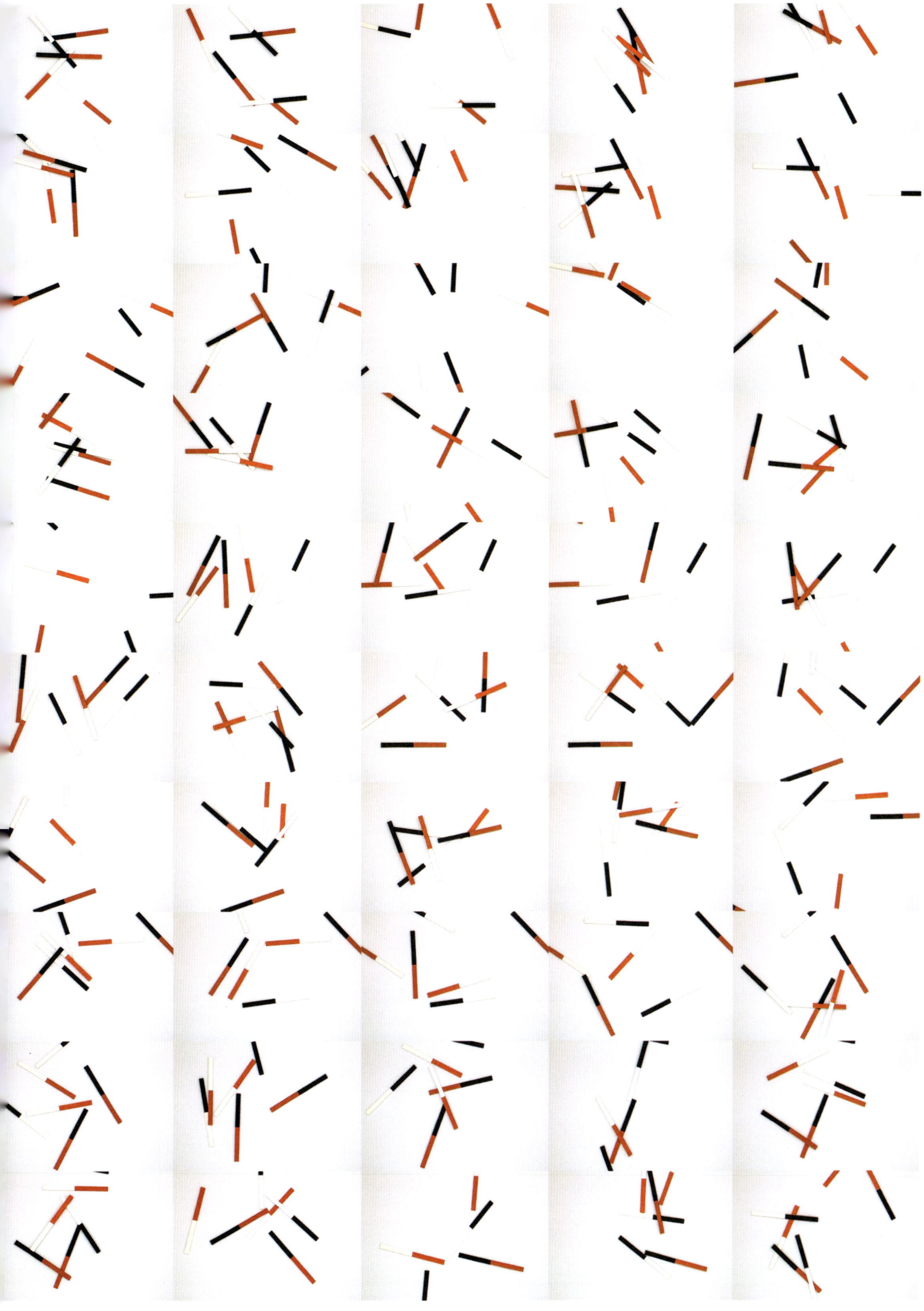

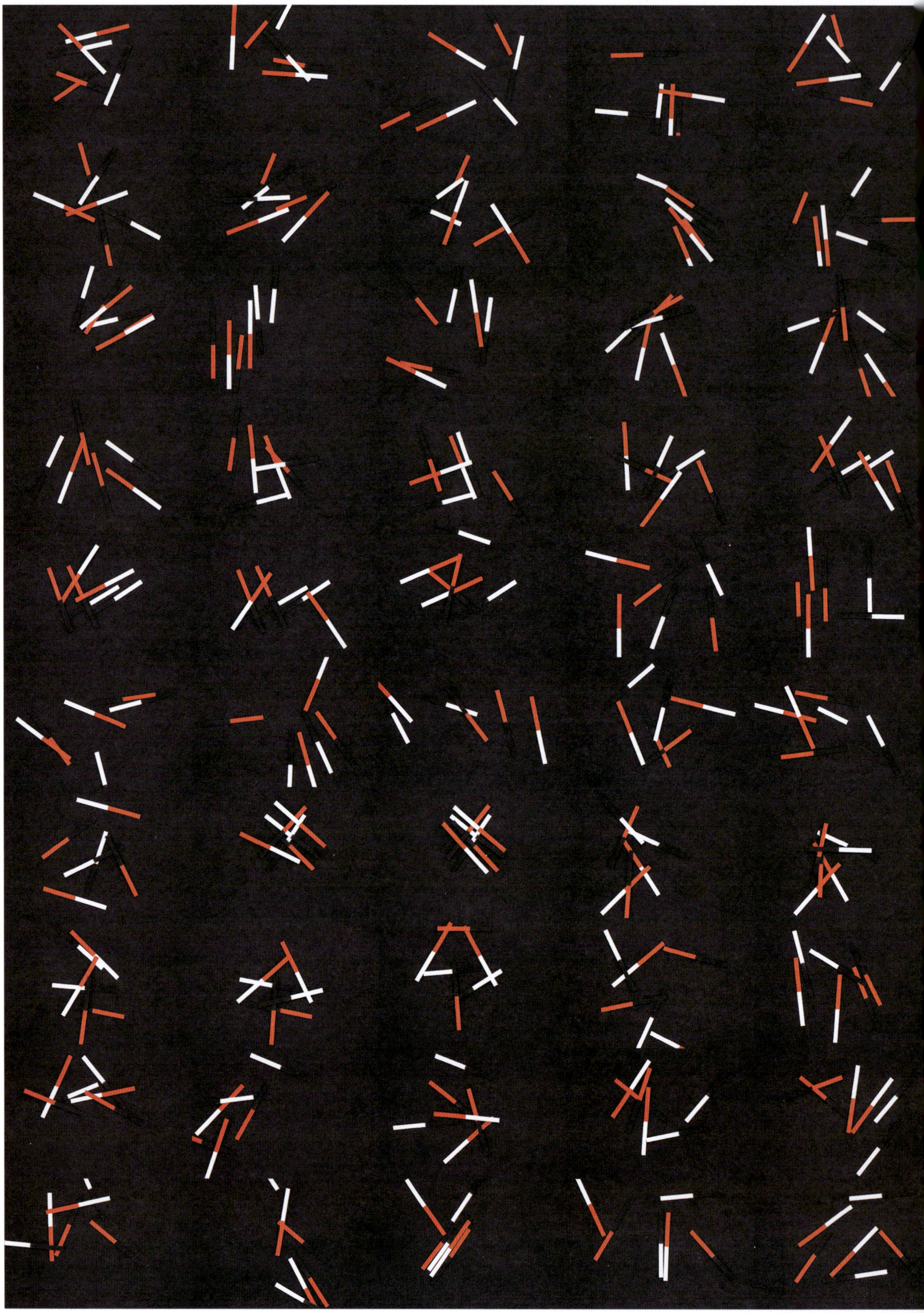

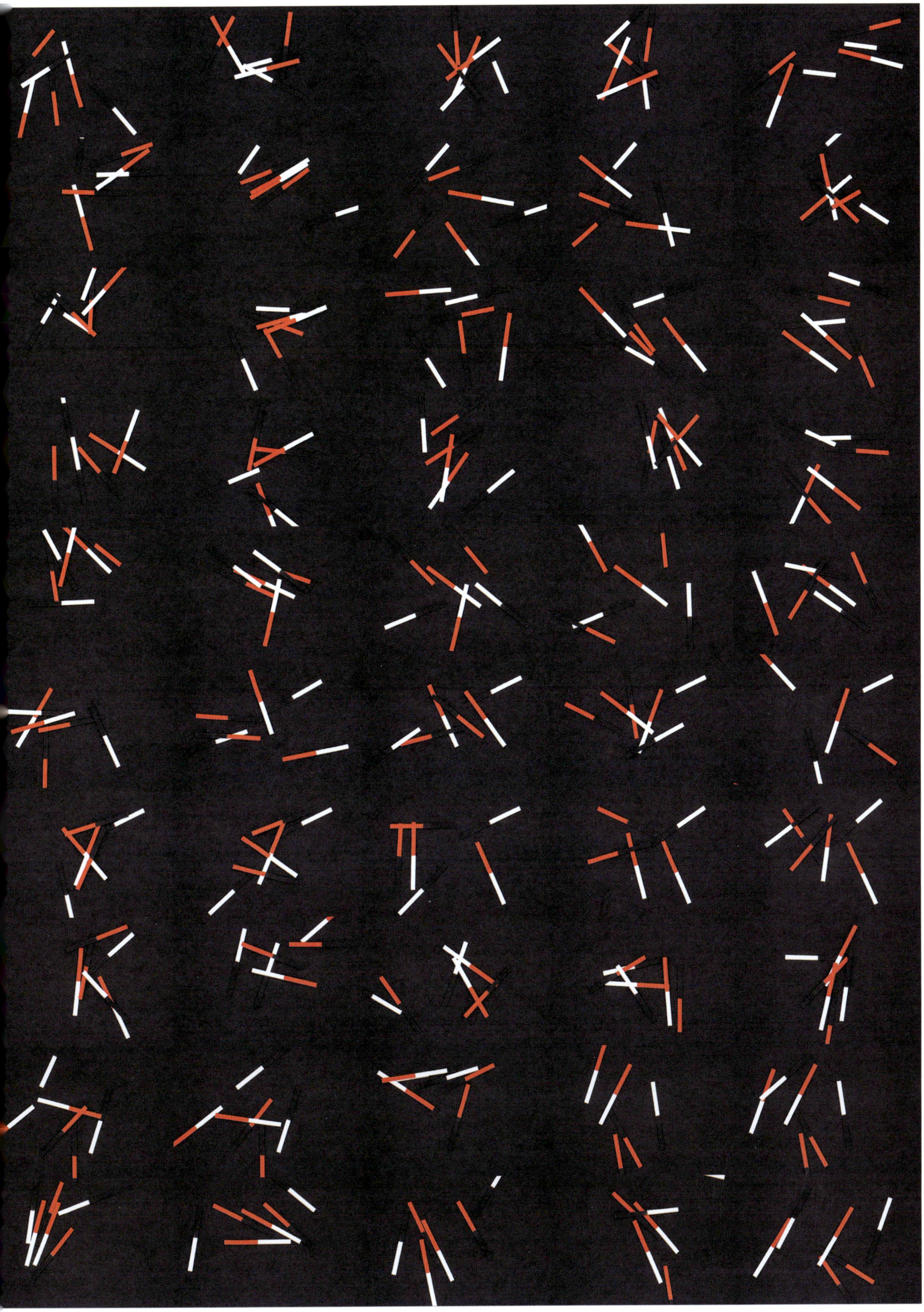

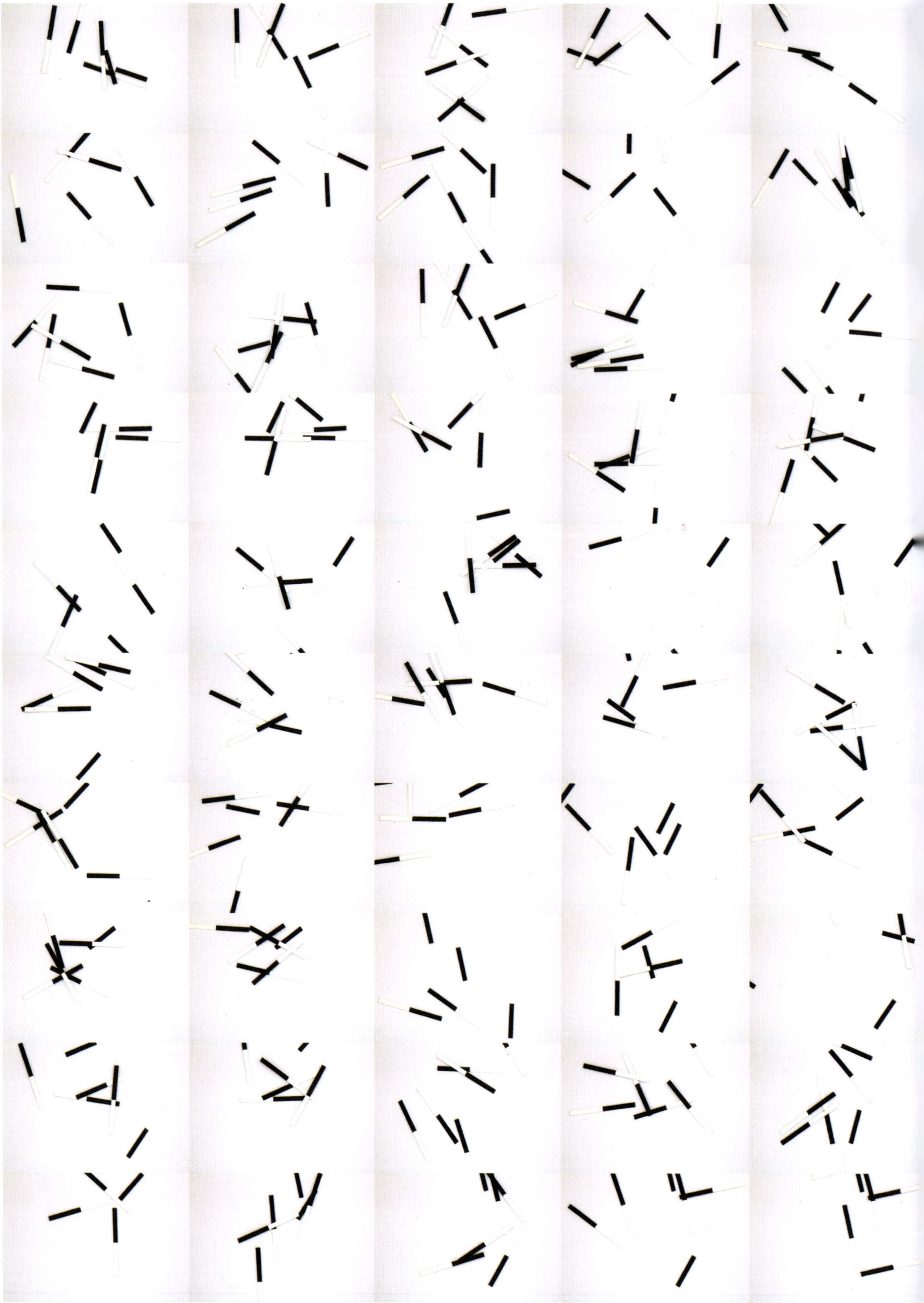

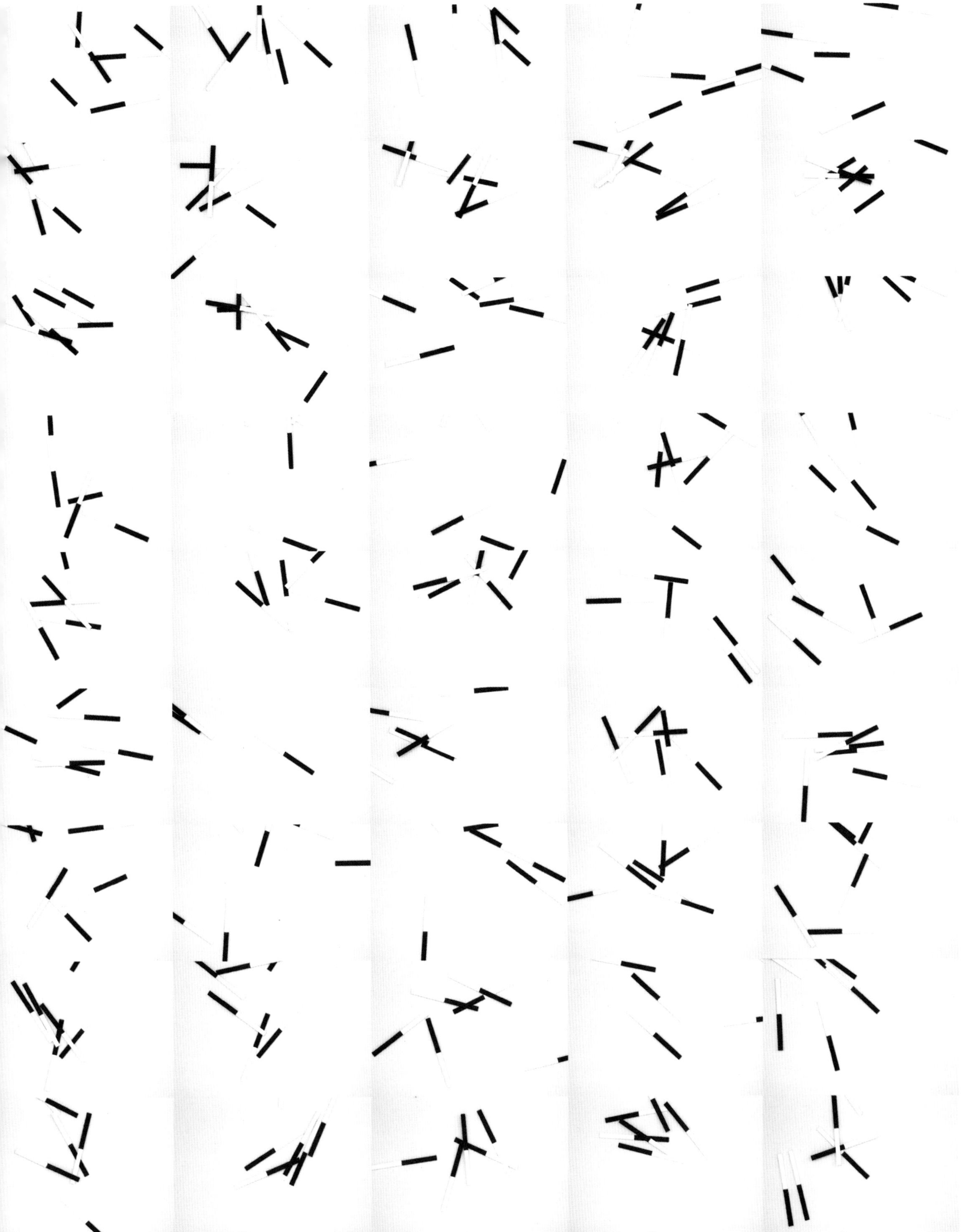

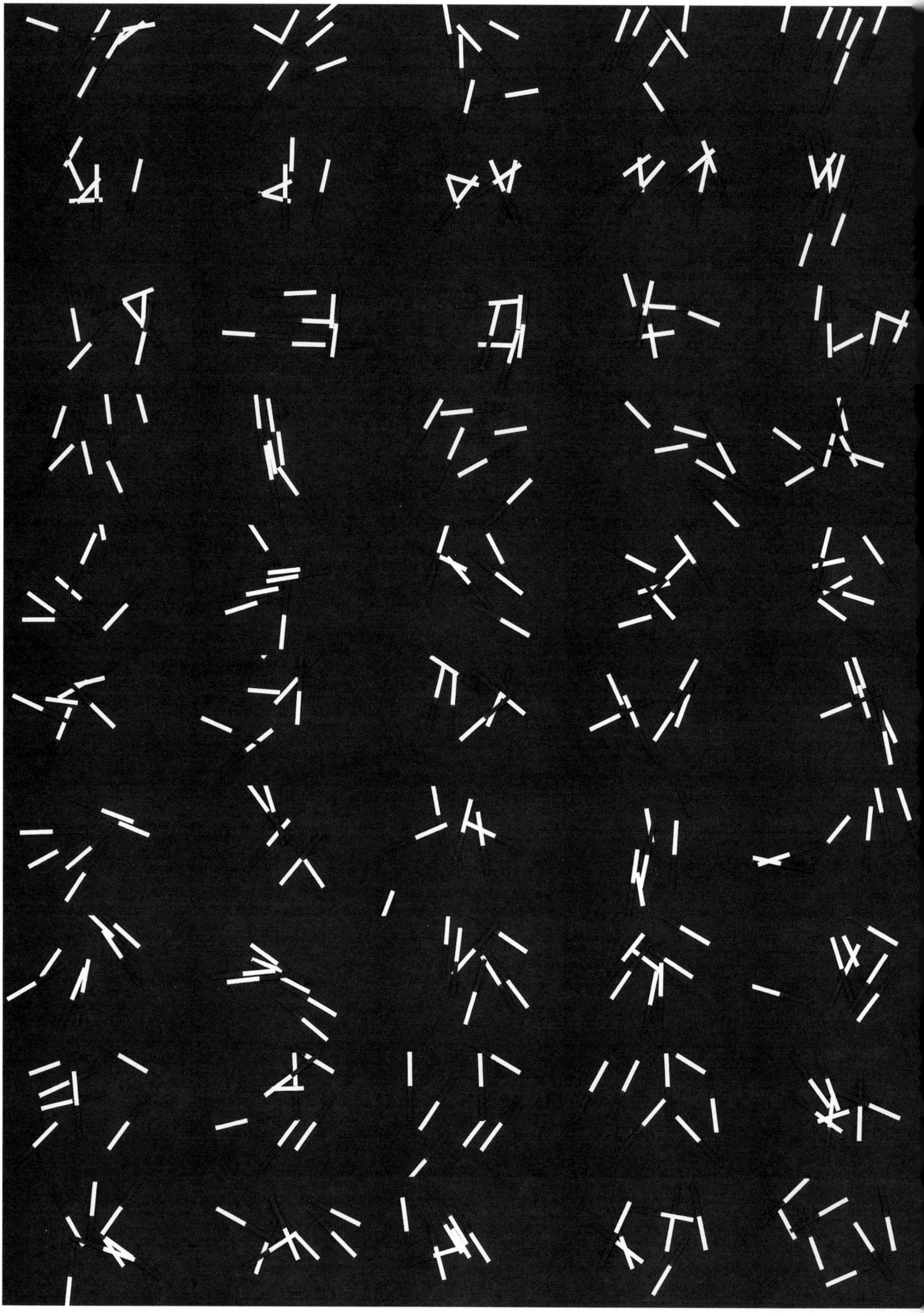

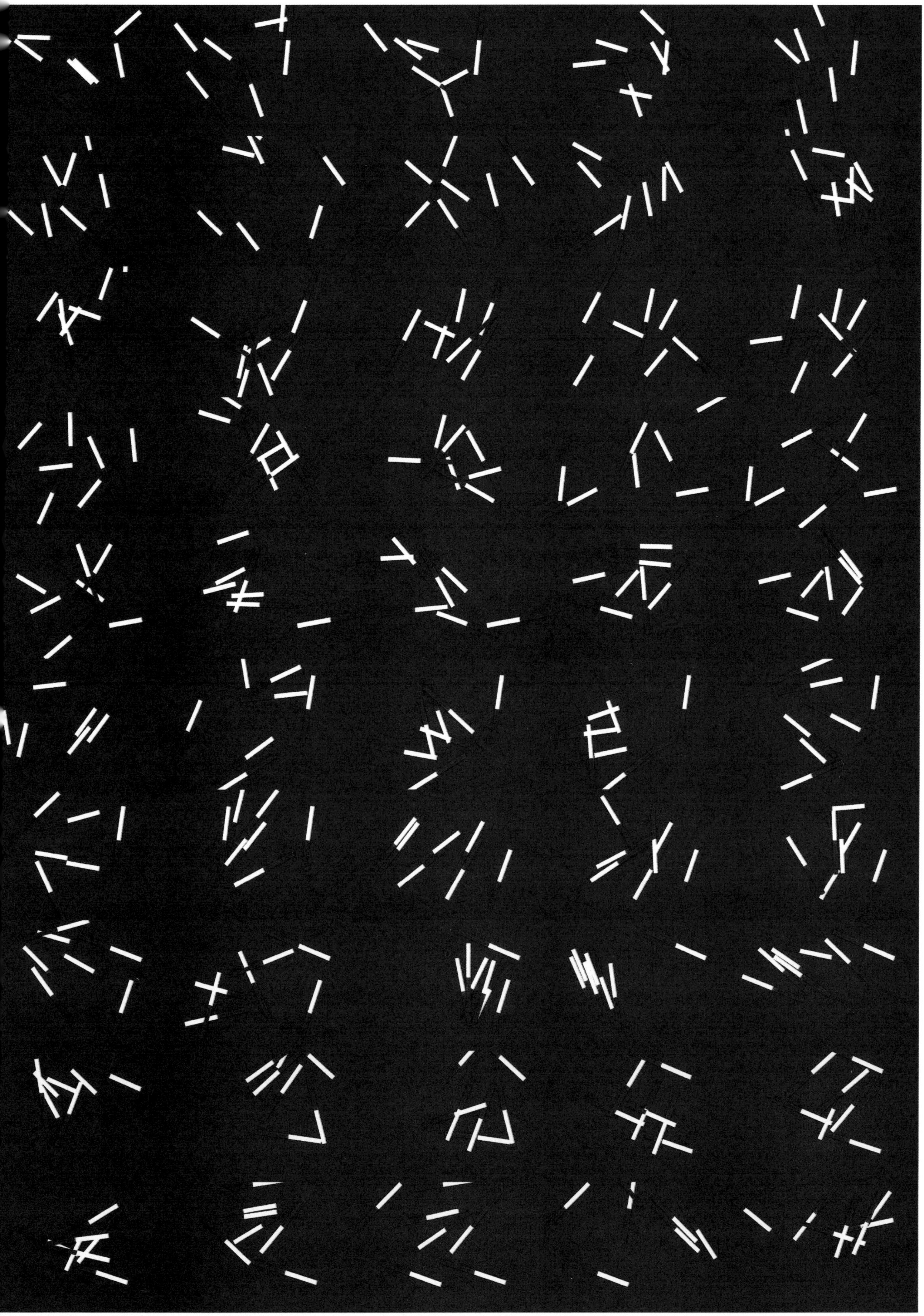

lhe aparece, e ele explica que esta é uma situação rara. Às vezes, o designer chega a pensar que tem uma ótima ideia, mas descobre que ela não é tão boa assim. Assim é o processo criativo em design: "Se você for talentoso e honesto, você olha e diz: 'isso é péssimo, esqueça!', e começa tudo de novo. Isso acontece o tempo todo—eu raramente fiz um trabalho que não tivesse de refazer umas dez vezes".

PROCESSANDO INFORMAÇÕES

Quando estava na escola, Bazarian (1986) conta que recorria ao Todo-Poderoso para que o ajudasse a passar nos exames, mas ao sair da igreja corria para casa e estudava até a madrugada. Certo dia, ele se perguntou se passaria nos exames somente com a proteção divina, sem estudar. Obviamente, sem estudo não há força divina que ajude a passar em nenhum exame. Bazarian completa explicando que fazer um pedido de ajuda a qualquer ser sobrenatural nada mais é do que apelar para si mesmo, ou seja, a pergunta ou o pedido é dirigido ao subconsciente, que poderá dar a resposta de imediato ou muito tempo depois.

Quando temos um problema de difícil resolução, o consciente envia ao subconsciente uma ordem para que ele tente encontrar alguma solução (BAZARIAN, 1986). Isso é possível porque o subconsciente é muito mais rico de informações. Nele estão contidas informações desconhecidas ou esquecidas pelo consciente. É também onde ficam registradas as informações que o cérebro recebe do mundo exterior pelos órgãos sensoriais desde o nascimento. Não é só por sua capacidade de arquivamento que o subconsciente consegue resolver alguns problemas que o consciente não dá conta; também é pela maior capacidade de processamento desse número extraordinário de dados, buscando soluções a partir da combinação, da associação e da sintetização dessas informações (BAZARIAN, 1986).

Definir bem o problema, deixando-o claro, preciso e isento de ambiguidade é importantíssimo para que o subconsciente possa auxiliar na resolução, pois não se consegue uma resposta clara para uma pergunta obscura, assim como não se pode obter uma resposta científica para uma pergunta anticientífica (BAZARIAN, 1986). Esse processo não é mecânico, como se bastasse formular um problema e esperar que o subconsciente fizesse o resto. Não há espaço para a apatia: o processo só funciona se existir uma forte motivação para a solução desse problema. Se o subconsciente tiver os elementos fundamentais para a solução, ele dará a resposta o mais breve possível. A resposta só virá quando todos os elementos estiverem disponíveis (BAZARIAN, 1986). Por isso a importância da formação de um repertório amplo, construído a partir de informações diversas e até mesmo daquelas que aparentemente parecem ser inúteis, pois no futuro elas poderão ser muito importantes para o desenvolvimento de uma ideia ou de uma descoberta.

INTUIÇÃO LENTA

Grandes ideias vêm ao mundo ainda incompletas, assumindo mais uma forma de intuição do que de uma grande revelação. Essa intuição é a semente de algo profundo, mas com alguma tendência a se transformar em algo poderoso. Johnson (2011) relata que a maioria das inovações importantes começou como uma intuição lenta, ou seja, iniciou como uma sensação vaga ainda com uma impossibilidade de ser descrita, mas se desenvolveu por longos intervalos de tempo e poderia ser a solução para um problema ainda não formulado. Esse tipo de intuição fica vagando na mente por anos, ganhando cada vez mais força conforme vai se chocando com novas informações, novas vivências, novos aprendizados e até mesmo outra intuição presente no cérebro de outra pessoa. Até que um dia se transforma em algo substancial.

A diferença entre a incubação clássica e a intuição lenta descrita por Johnson é que, na primeira, o problema já está formulado e a mente inconsciente trabalha para chegar à solução. Já na intuição lenta, o problema ainda não existe. O que se tem são informações que vão se conectando e formando, em conjunto, a solução e o problema.

A criação da internet é um exemplo de como uma intuição lenta perdurou no cérebro de seu criador Timothy John Berners-Lee, que não inventou a internet a partir de um problema definido (JOHNSON, 2011). A criação foi desenvolvida em um processo de somatórias, tomando forma pouco a pouco, desde o interesse de Timothy, durante a infância, pela enciclopédia *Enquire within upon everything*, que catalogava ensinamentos diversos, como modelar uma flor em cera ou fazer um testamento.

Já adulto, Timothy manteve esse interesse de tentar organizar e compartilhar informações. Enquanto trabalhava em um laboratório de pesquisa na Suíça, ele se sentia perdido com a quantidade de projetos e a rotatividade de pessoas, e de maneira independente desenvolveu um aplicativo para organizar e interligar pequenos blocos de informações de pessoas e projetos. Porém, Timothy abandonou a ideia, tentou reativá-la anos depois, mas desistiu novamente. Dez anos depois, esse conceito ainda

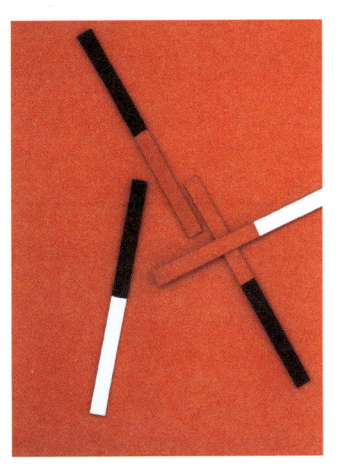

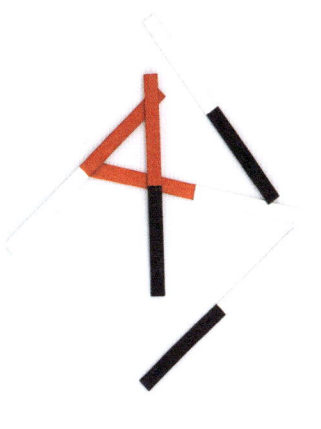

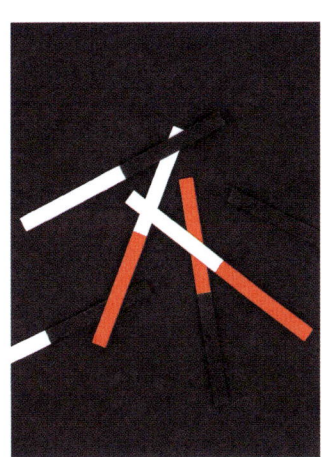

Pausas

Após essa etapa, não se sabia claramente o que fazer com essas imagens. Ao colocar todas juntas, foi possível identificar que algumas se assemelhavam a letras e poderiam ser utilizadas para construir a palavra *pandemonium*. Esse processo de fotografar as imagens, tratá-las e posicioná-las todas juntas levou algumas semanas; as pausas entre cada atividade não significaram o término do projeto, mas sim a continuidade de uma nova etapa de experimentação.

Identificação

Foram escolhidas as imagens em preto e branco para seguir para a próxima etapa, que era compor a palavra *pandemonium* com as imagens dos palitinhos dispostos aleatoriamente. As letras foram compostas buscando alinhamento entre os palitos diferentes de cada imagem, facilitando assim a leitura da palavra *pandemonium*.

estava em sua cabeça, mas desta vez ele enxergava a ideia de maneira mais ampla, estabelecendo conexões entre documentos armazenados em computadores distintos. Assim, conseguiu criar o que viria ser a World Wide Web. Foi uma criação que não nasceu de maneira linear nem de uma epifania, mas de um interesse pessoal de Timothy em acreditar que havia algo poderoso em organizar ideias de maneira livre como uma teia. A internet não nasceu de um problema formulado de antemão, foi um processo de acréscimo, que foi tomando forma com a ajuda do tempo e descobertas que vieram de todos os lados.

NÃO É DIVINO

Existe uma visão romântica de que as ideias que se manifestam na incubação são fruto de manifestações divinas. Essa é uma visão equivocada que deve ser combatida; porém, as histórias das grandes criações artísticas ou científicas estão repletas de versões românticas em que epifanias, estalos repentinos ou lâmpadas se acendem e resolvem inteiramente um problema. Criar essas narrativas emocionantes é muito mais divertido do que relatar todas as horas despendidas em pesquisa e experimentos. Devemos compreender esses estalos como momentos de iluminação, que desatam amarras de uma prática que emperrou, mas estão incorporadas à rotina de pesquisa e trabalho (SENNETT, 2012, p. 49).

Desvincular o momento de inspiração de todo o processo criativo, tomando-o como um momento mágico, é reduzi-lo a algo simples ou divino. Essas inspirações só aparecem depois de dias de esforço voluntário. Não adianta ficar sentado esperando por uma boa ideia que certamente não aparecerá; na verdade, essa postura pode até prejudicar o processo de criação, pois grandes expectativas tratadas de maneira passiva podem bloquear uma iluminação (BERZBACH, 2013, p. 13). Bazarian (1986) lembra que, se uma ideia é encontrada, é porque foi longamente procurada. Boas ideias são fruto de pessoas que investiram tempo e esforço intenso até encontrarem o que desejavam.

A incubação não deve ser entendida como uma etapa de vadiagem ou preguiça. Trata-se de um descanso em que a mente consciente não está fixa em determinado problema. A pausa não precisa vir necessariamente de uma noite de sono ou de um bom banho; ela pode vir de mais trabalho. Além disso, a intersecção de duas atividades diferentes permite um revezamento das atividades, em que uma pode ser teórica e outra prática.

Esse revezamento é altamente fértil para o processo criativo, conforme relatado pelo cientista e professor norte-americano William Lipscomb (BAZARIAN, 1986), da Universidade de Harvard, ganhador do prêmio Nobel de Química em 1976. Lipscomb afirmou que novas ideias podem vir de todos os lados, até dos seus alunos mais novos, e a atividade docente é muito importante para ele, pois mantém sua pesquisa arejada.

A substituição de uma atividade por outra tem o mesmo efeito que algumas horas de descanso, pois nos desligamos momentaneamente do que nos preocupa, deixando, assim, que o inconsciente trabalhe livremente. Atuando em mais de um projeto, a mente reúne informações dos projetos distintos, promovendo uma combinação que não se conhecia conscientemente. Além disso, como nos lembra Sawyer (2012), a mente inconsciente consegue operar um número maior de informações, ao contrário da mente consciente, que funciona com um número menor de dados e, por isso, demanda muita concentração para desenvolver uma ideia e/ou um projeto por vez.

PANDEM

ANIMA

Incubação

A incubação não é uma etapa de preguiça ou inércia. É um processo ativo, ou seja, o surgimento das ideias de um dia para o outro não ocorreu porque se estava parado esperando que as coisas se resolvessem; pelo contrário, as invenções iam acontecendo conforme alguma coisa era feita, mesmo que não fosse relacionada diretamente com o experimento.

PENSAMENTO

"Nada é mais perigoso do que ter apenas uma ideia."

Émile-Auguste Chartier
(CHARTIER, 1930, p. 196, tradução livre)

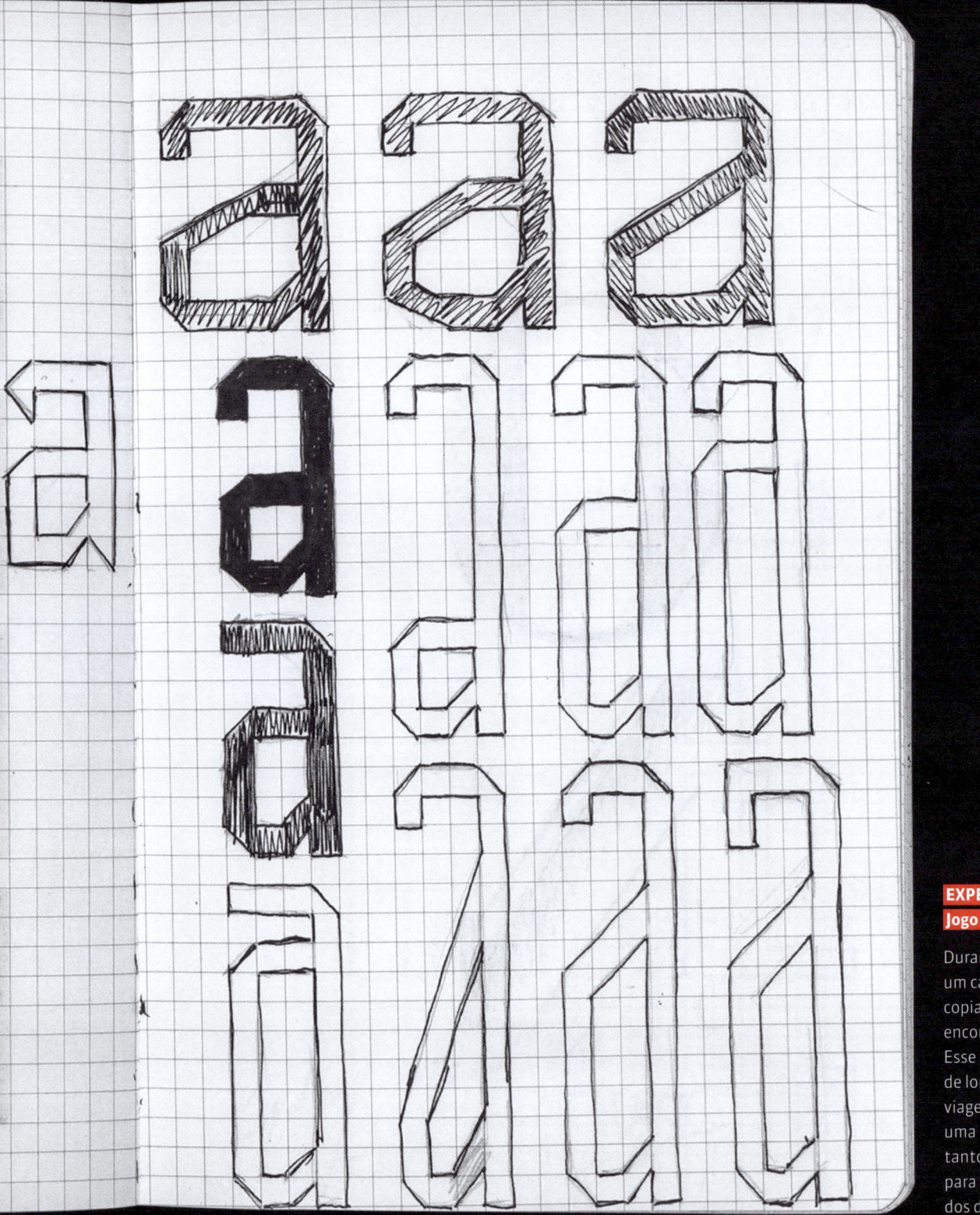

EXPERIMENTO 05
Jogo tipográfico

Durante dois anos foi mantido um caderno em que foram copiadas letras interessantes encontradas em locais diversos. Esse caderno foi companheiro de longos períodos de espera e viagens. O ato de copiar letras foi uma atitude divertida, que servia tanto para passar o tempo como para aprender sobre o desenho dos diferentes tipos de letras.

PENSAMENTO DIVERGENTE E CONVERGENTE

Todo processo de criação envolve o desenvolvimento de uma gama de soluções para um problema. Nessa produção de possíveis respostas, o pensamento se desdobra em dois caminhos. O primeiro é o convergente, que busca respostas racionais, certas ou erradas, a partir de problemas bem-definidos. Nele, as possibilidades surgem a partir de informações e estratégias gravadas na memória e um processo de afunilamento que leva à produção de uma única resposta. Parte-se de muitas hipóteses para chegar a uma resposta. Já o pensamento divergente é uma maneira abrangente de criar um volume grande de possíveis respostas e envolve flexibilidade, pois mudanças de rotas ou perspectivas podem ocorrer no processo. Parte-se de uma hipótese para chegar a várias respostas.

Os dois pensamentos podem parecer antagônicos, mas a verdade é que um não existe sem o outro. Sem o convergente, o pensamento divergente provoca a incapacidade de identificar se uma ideia é boa ou não; sem o divergente, a abordagem convergente resulta em escolhas feitas racionalmente, sem um olhar amplo para além do problema (CSIKSZENTMIHALYI, 2007). Não existe uma receita para determinar qual é o melhor método para conseguir uma excelente ideia. Às vezes, surge rapidamente; outras vezes, requer mais tempo de dedicação.

FIXAÇÃO

É comum ficar preso a uma solução durante a geração de ideias. É o que o pesquisador em criatividade Robert Keith Sawyer (2012) chama de "fixação" ou "impasse", pois geralmente as pessoas ficam cegas nesta situação, acreditando que haja somente uma resposta, ou ficam presas a informações irrelevantes ao problema. A fixação interfere na geração de soluções incomuns e originais, o que demonstra seu efeito paralisante e revela a necessidade de se desapegar de algumas ideias. Outra saída possível desse impasse ocorre pela presença de um elemento externo, o que desencadeia um novo olhar. Um computador emperrado, cujo sistema operacional não inicia e fica rodando de maneira circular, sem iniciar corretamente, só volta a funcionar quando é inserido um disco de inicialização, ou seja, uma informação externa que faz com que o sistema saia dessa circularidade. Situação similar ocorre no processo de criação, quando a fixação leva a acreditar em determinada resposta, mas, na verdade, é uma informação irrelevante ao problema, ou mesmo ordinária.

[Fig. 6] Colagem sem título, contendo a inscrição *TO A+D XMAS*, '62, 50,8 cm x 35,56 cm. Norman Ives, 1960. Norman Ives Foundation.

[Fig. 7] *Reconstrução: vermelha e branca: iônica*. Acrílica e pigmento seco sobre tela em chapa de fibra de madeira, 180,2 cm x 142,9 cm. Norman Ives, 1965. Yale University Art Gallery— Bruce B. Dayton, B.A. 1940, Fund.

Ter o olhar externo de um profissional experiente pode auxiliar a sair desse impasse, ou mesmo introduzir algum elemento aleatório ao projeto para que assim se descubra o que até então não se imaginava. Meredith Malone, no livro *Chance aesthetics* (2009), exemplifica as estratégias que alguns artistas das décadas de 1950 e 1960 desenvolveram para fugir de ideias deterministas e, assim, introduzir o aleatório e o acaso em seus projetos. Foram empregadas estratégias que envolviam procedimentos mecânicos, sistemas generativos e leis da probabilidade. O artista visual e músico John Cage utilizava dados e o I Ching para determinar a ordem dos elementos em uma composição músical ou gráfica. O artista visual Ellsworth Kelly, por sua vez, utilizava sistemas rígidos, grades, números aleatórios e dados para produzir suas obras.

O designer norte-americano Norman Ives produziu uma série de colagens nos anos 1960 a partir de letras de materiais gráficos efêmeros, que eram cortados em pequenos pedaços e depois justapostos em grades desenhadas por Ives (MEGGS, 2009). Esses experimentos com colagens serviam como investigações iniciais para as pinturas que Ives posteriormente desenvolveria, pois ao analisar a colagem ele reproduzia de maneira precisa os encontros de cada pedaço de letra.

QUANTO MAIS, MELHOR

Conseguir atingir originalidade é, na verdade, uma tarefa de geração de um número grande de ideias distintas. Com uma grande lista de ideias se ultrapassa o óbvio (SAWYER, 2013). Quando o químico Linus Pauling (HAGER, p. 87, 1998), duas vezes ganhador do prêmio Nobel, foi questionado sobre como fazia para ter tantas boas ideias, respondeu: "Eu tenho um monte de ideias e jogo fora as ruins" (tradução livre). Quanto maior for o número de ideias, maior será a probabilidade de ter desenvolvido algo realmente inovador.

Sawyer (2013) demonstra isso com um experimento que se inicia com a seleção de um objeto qualquer e depois, dentro de um tempo determinado, é feita uma longa lista com todos os usos possíveis para esse objeto. Se o objeto for um tijolo, as ideias relacionadas à construção serão as mais básicas. Já as ideias mais incomuns e originais serão aquelas que saírem do universo de uso do objeto, como o tijolo sendo usado como peso de papel ou como batedor de carne. A criatividade não é medida somente pelo tamanho da lista, pois, se a maioria das ideias for comum, óbvia, ou variações de uma mesma ideia, ali não vai se encontrar nada inovador. Uma boa lista é aquela que vai além das ideias óbvias, apresentando uma variação de ideias realmente diferentes entre si. Quanto maior a lista, maior a probabilidade de uma ideia realmente inovadora estar ali.

Gerar ideias leva à produtividade, o que é um indicador de qualidade. Os grandes gênios da humanidade trabalharam muito para conseguir produzir algo primoroso, lembra o professor Dean Keith Simonton (KALB, 2017, p. 38), especialista em genialidade: "A maioria dos artigos publicados na área científica nunca é citada. (...) Thomas Edison inventou o fonógrafo e a primeira lâmpada comercialmente viável, mas estas são apenas duas das mais de mil patentes que registrou".

Após criar a famosa escultura *Pietà*, em 1499, quando tinha 24 anos, Michelangelo (COYLE, 2009) foi aclamado como gênio. Porém, ele pensava diferente e afirmava: "Se as pessoas soubessem quão duro trabalhei para obter a minha habilidade, ela não pareceria tão bela depois de tudo" (tradução livre). Não se produz algo realmente inovador sem esforço e dedicação. As ideias surgem de um processo de trabalho contínuo, e não de inspirações divinas. O educador Charles Watson (2016) declara: "Inspiração não produz trabalho, mas trabalho produz inspiração", e completa explicando que o que bloqueia o processo de criação é a preguiça.

Ideias todos nós podemos ter, mas a grande diferença está em quem tem uma ideia e decide concretizá-la, pois para isso será necessário trabalhar intensamente. O artista plástico Chuck Close (KLEIN, 2015, p. 120) complementa: "Inspiração é para amadores, o resto de nós apenas aparece e começa a trabalhar" (tradução livre). Ficar sentado à espera de uma divindade que sopre uma ideia ou que uma ideia apareça do nada é algo que não gera nenhum resultado. Ao contrário, gera apenas ansiedade e frustração por algo que não virá; já o trabalho gera resultados imediatos, pois, à medida que ele é realizado, aprende-se e novos experimentos e resultados são apresentados.

O professor Vicente Gil é categórico com seus alunos: "Se você não faz, não aprende. Se não faz hoje, esquece amanhã" (GIL, 2015). Fazer é pensar e pôr em prática algumas ideias, pois não adianta discursar e teorizar sem fazer. Uma teoria sem a prática é estéril, enquanto a prática sem a teoria é pobre (BAZARIAN, 1986). É o fazer que nos leva a caminhos incertos e inovadores, além de auxiliar a sair da inércia e comprovar que o pensamento não nasce somente de palavras.

PROJETAR É JOGAR

O psicólogo húngaro Mihaly Csikszentmihalyi (1999) descreve o trabalho como algo muito parecido com os jogos, pois geralmente tem metas claras, regras e *feedback*. Todos esses elementos também são encontrados nos esportes, na música, na arte e no design gráfico. Projetar em design gráfico é como um jogo, pois os limites são estabelecidos por indagações: o que seria este projeto? Para quem seria? Qual a verba? Quais materiais ou ferramentas serão usados? Dessa maneira, reconhecer e estabelecer limites para gerar ideias é, na prática, criar as regras do jogo. O historiador Johan Huizinga (2014, p. 14) afirma que todo jogo tem suas regras: "São estas que determinam aquilo que 'vale' dentro do mundo temporário por ele circunscrito". E, dentro dessas regras, algo surpreendente poderá acontecer a partir da prática intensiva.

Em entrevista concedida a Steven Heller (HELLER; ELIONOR, 1998), o designer gráfico Paul Rand concorda com Huizinga ao afirmar que o jogo é um instinto de ordem e que seguir as regras se faz necessário, pois se elas forem quebradas, estraga-se o jogo. Ele explica que para jogar é necessário criar regras customizadas e adequadas para cada tipo de proposta. Rand relata ainda que não existe fórmula no trabalho criativo e que, ao criar, ele faz diversas variações por causa da curiosidade, o que o leva a passar por configurações diferentes, sendo algumas pequenas e outras mais radicais, até chegar a uma ideia original. Rand define que esse processo não seria nada mais que um jogo de evolução, pois as ideias melhoram conforme são manipuladas e ajustadas. Sem esse processo, "não há motivação, teste de habilidade, ou recompensa final—em suma, nenhum jogo" (HELLER; ELIONOR, 1998, p. 105, tradução livre).

As ferramentas têm papel fundamental nesse jogo de manipulação, pois oferecem resultados diferentes. Uma ferramenta desenvolvida sob medida para determinada tarefa pode auxiliar a gerar muito mais ideias; porém, como observado pela designer gráfica e escritora Ellen Lupton (2013, p. 148), as ferramentas padrão muitas vezes produzem resultados padrão. Lupton explica que a utilização de ferramentas diferentes ou que não são adequadas a determinada tarefa, ou mesmo difíceis de usar, ajuda a soltar algumas amarras e ideias preestabelecidas que estão fixas em nossa mente. Ferramentas limitadas ou de uso difícil podem ser úteis no desenvolvimento de ideias inusitadas e nos brindar com o acaso, apresentando-nos pensamentos que não estavam predeterminados em nossa mente.

"DE ONDE VÊM AS IDEIAS?
A QUESTÃO É DIFÍCIL DE RESPONDER.
PRÁTICA E EXPERIÊNCIA PODEM COLOCAR
O DESIGNER NO ESTADO DE ESPÍRITO
CERTO PARA GERAR IDEIAS, MAS EM ALGUM
MOMENTO A INTUIÇÃO ASSUME O CONTROLE.
AS IDEIAS SURGEM DE TODAS AS FORMAS
DIFERENTES, MUITAS VEZES POR ACASO."

Alan Fletcher
(FLETCHER, 1996, p. 15, tradução livre)

ABC
DEF G
HKL
OPR

PL
GZ

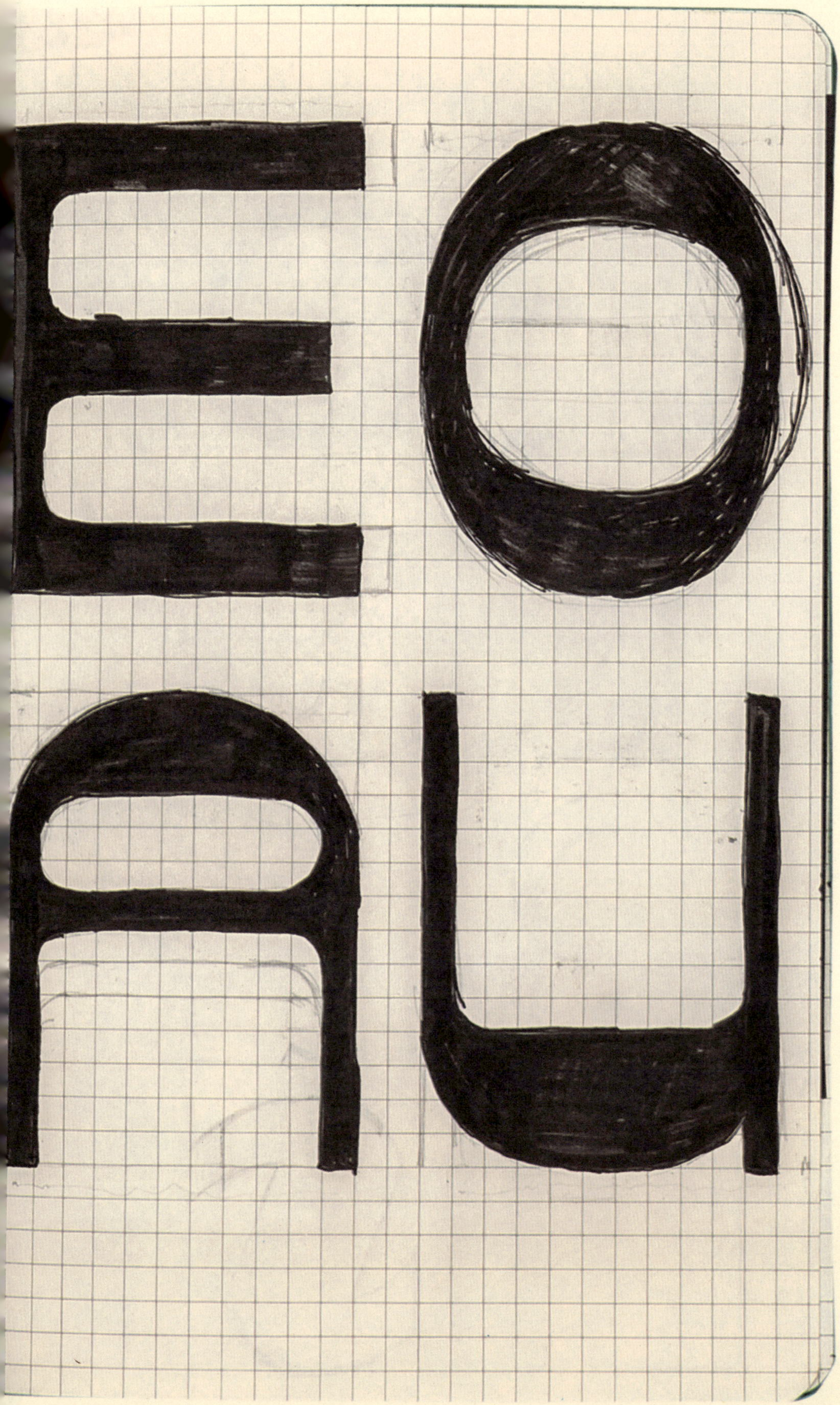

REDUCED
R 15
12/01/2019   10/32/08/01
1097245   13:48

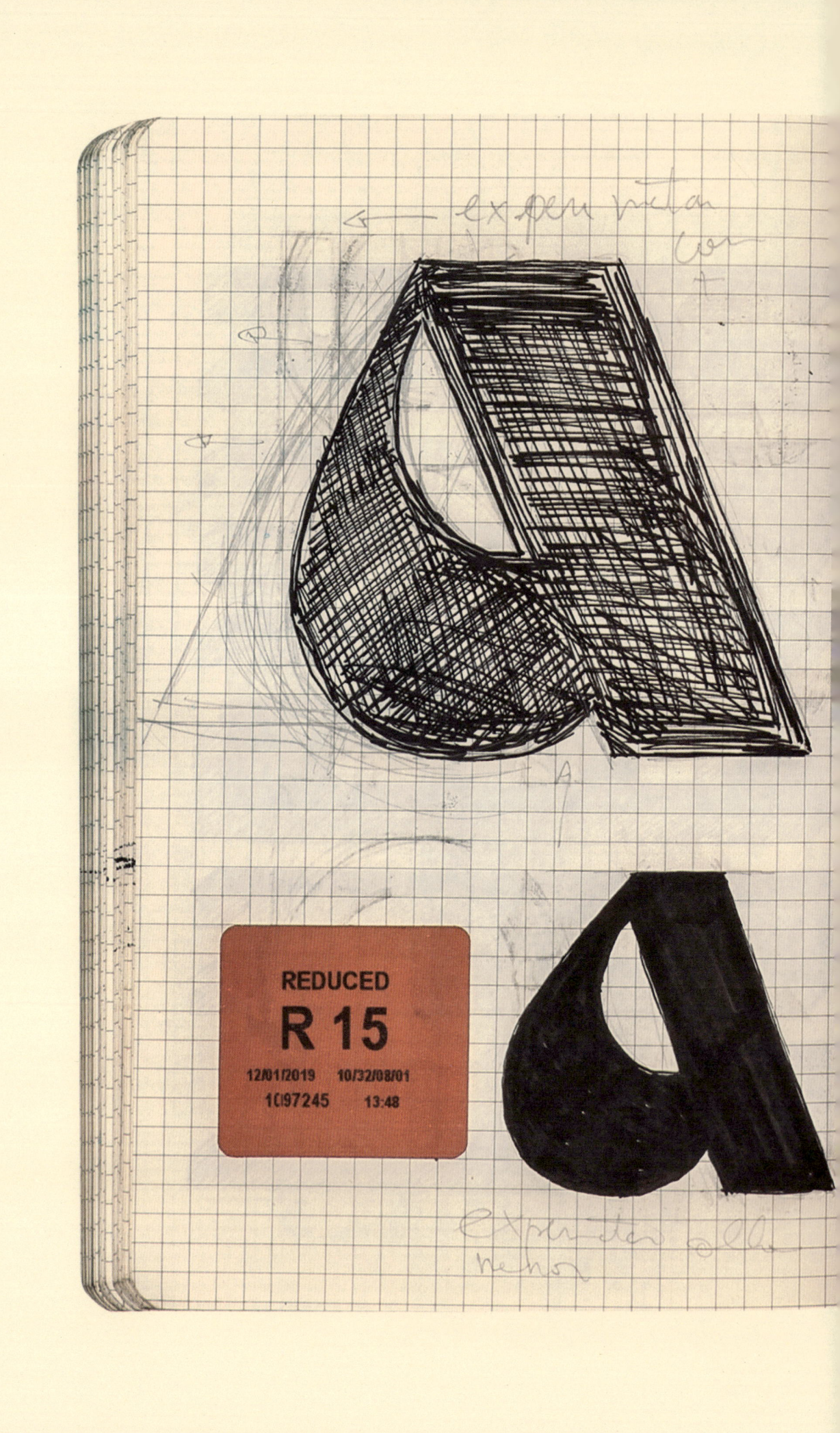

galpão em
Cape Town

Casa in shoemaker shop

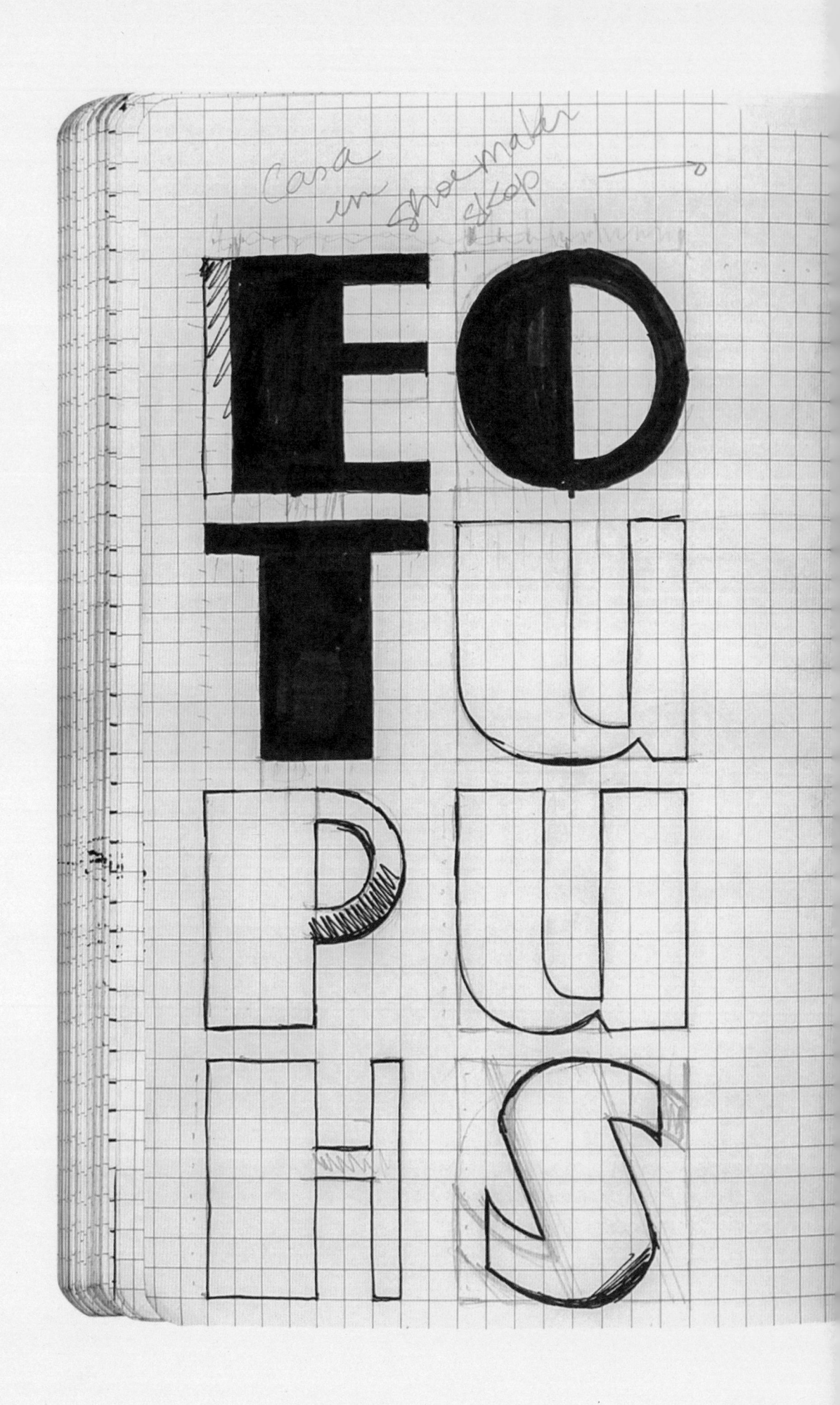

LEO
ETO
TU
PU
PU
HS

W
G
G
G
H

SOU - WEST

Café
Floresta
Copan SP

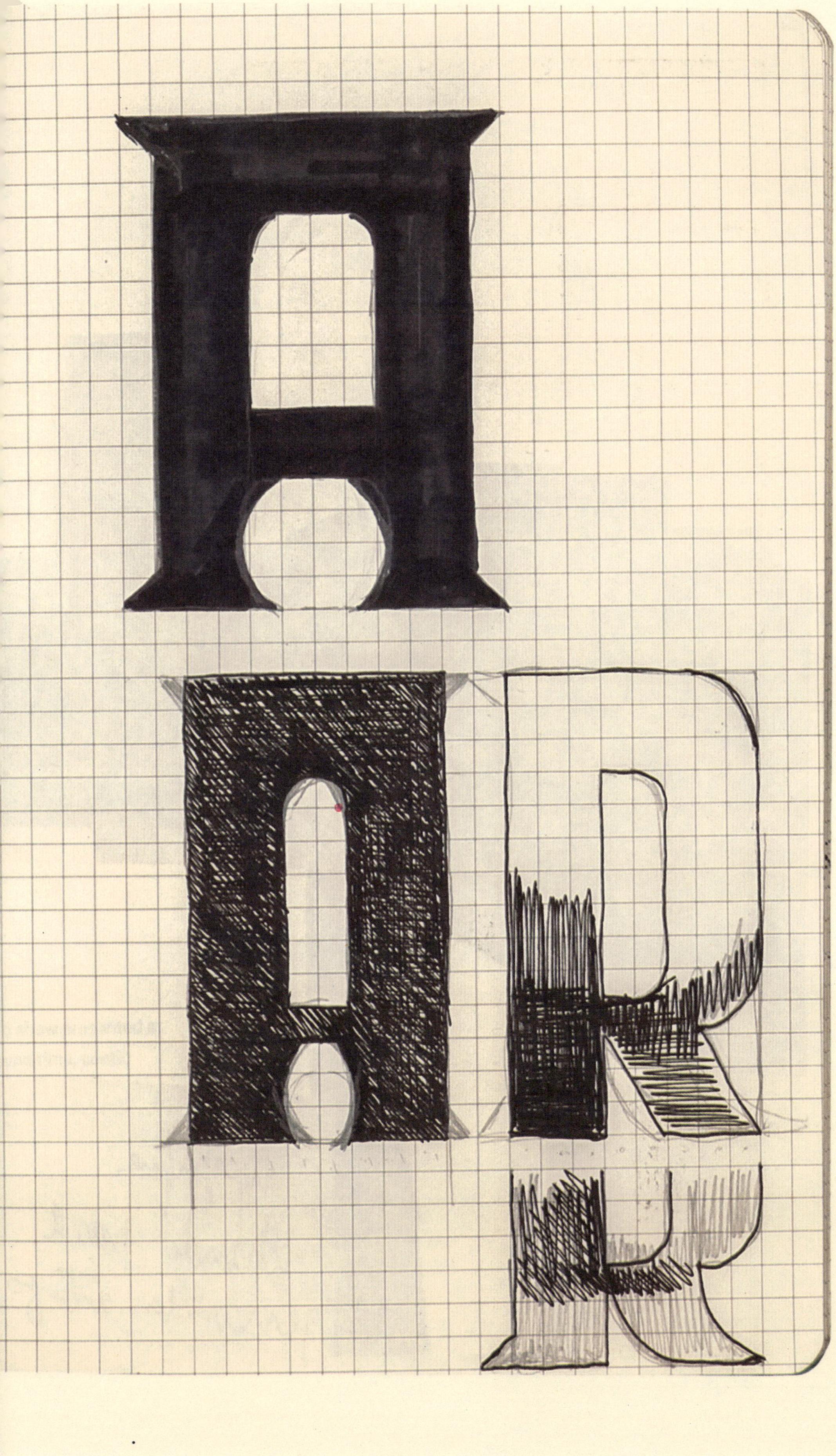

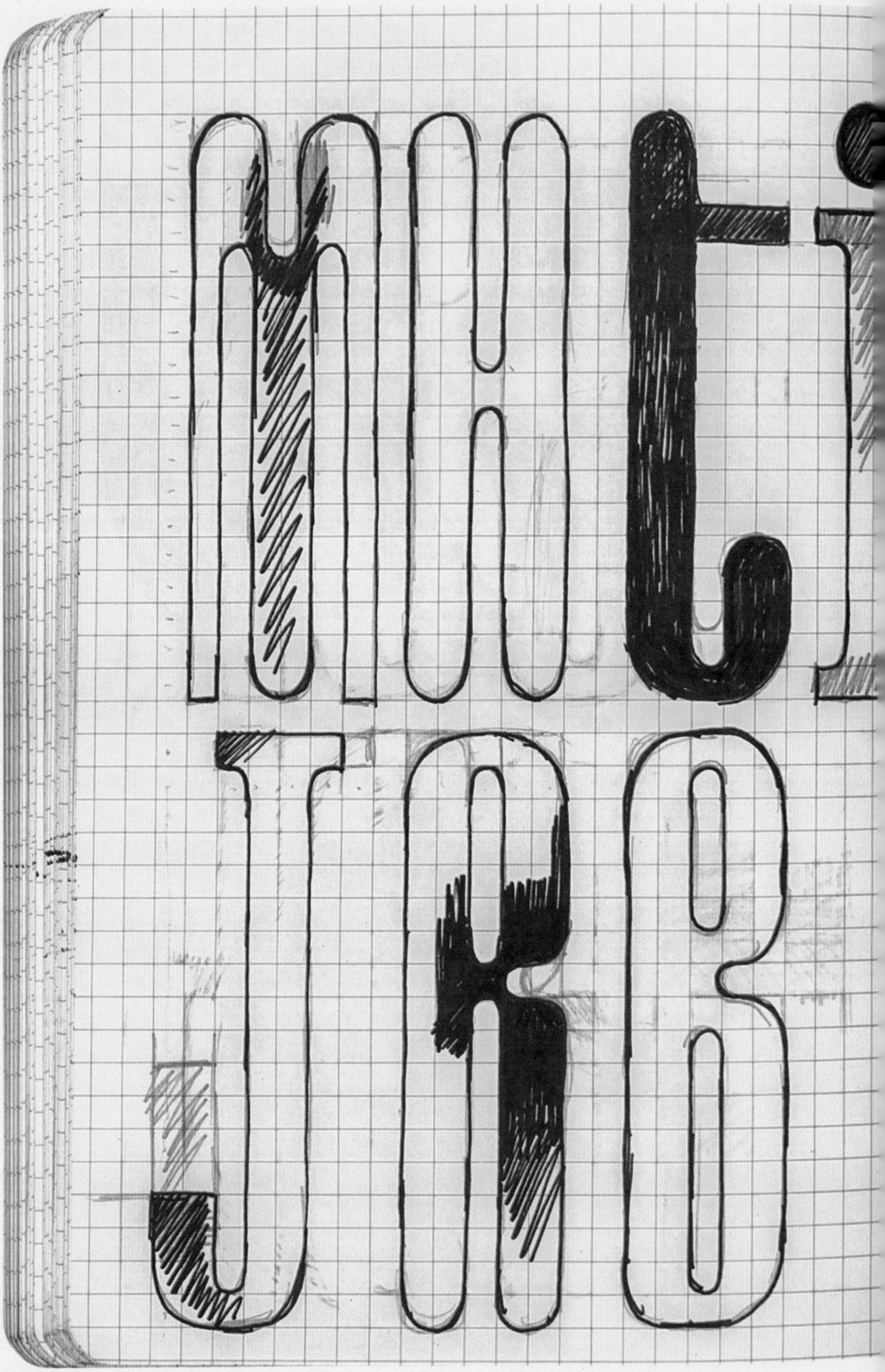

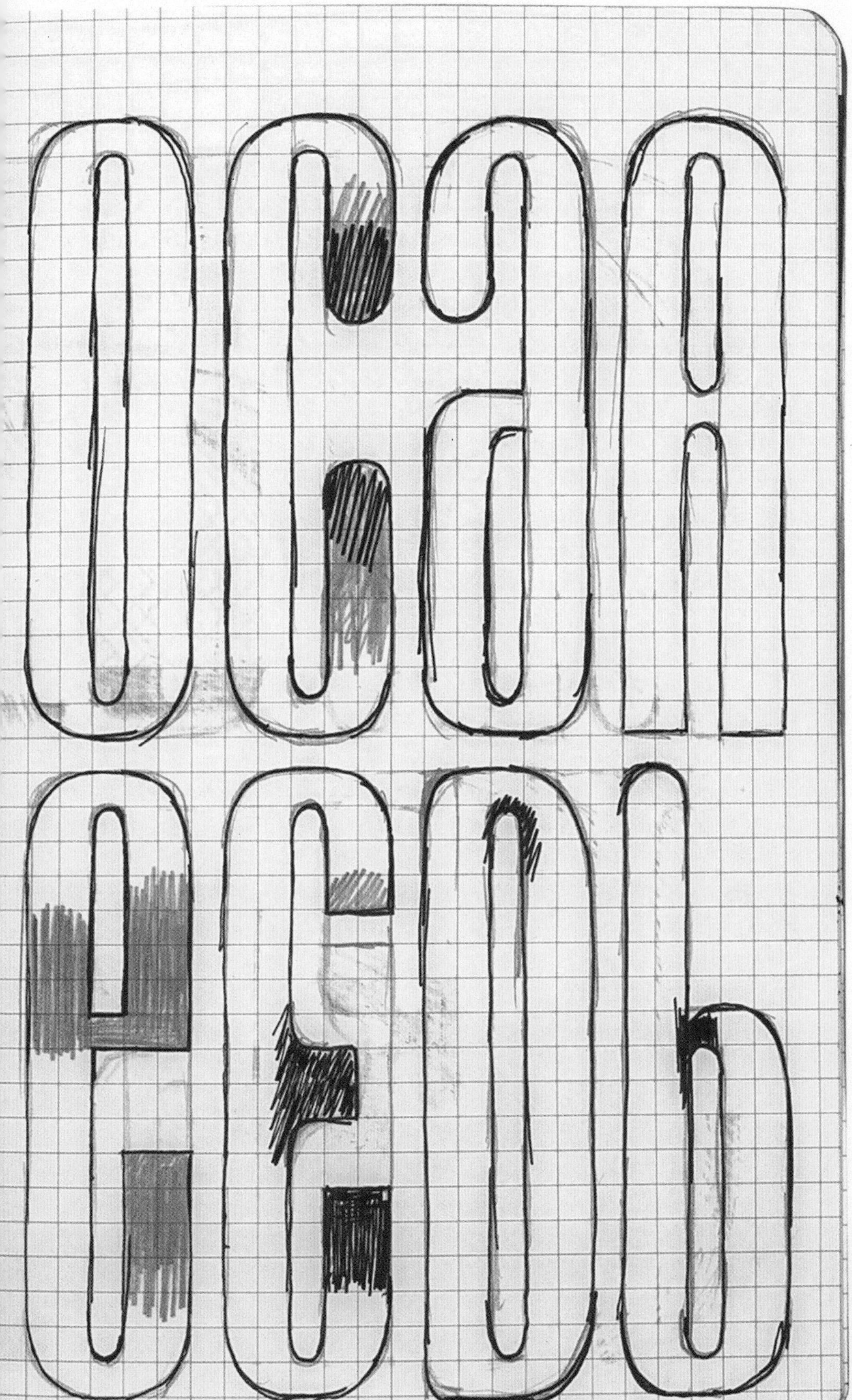

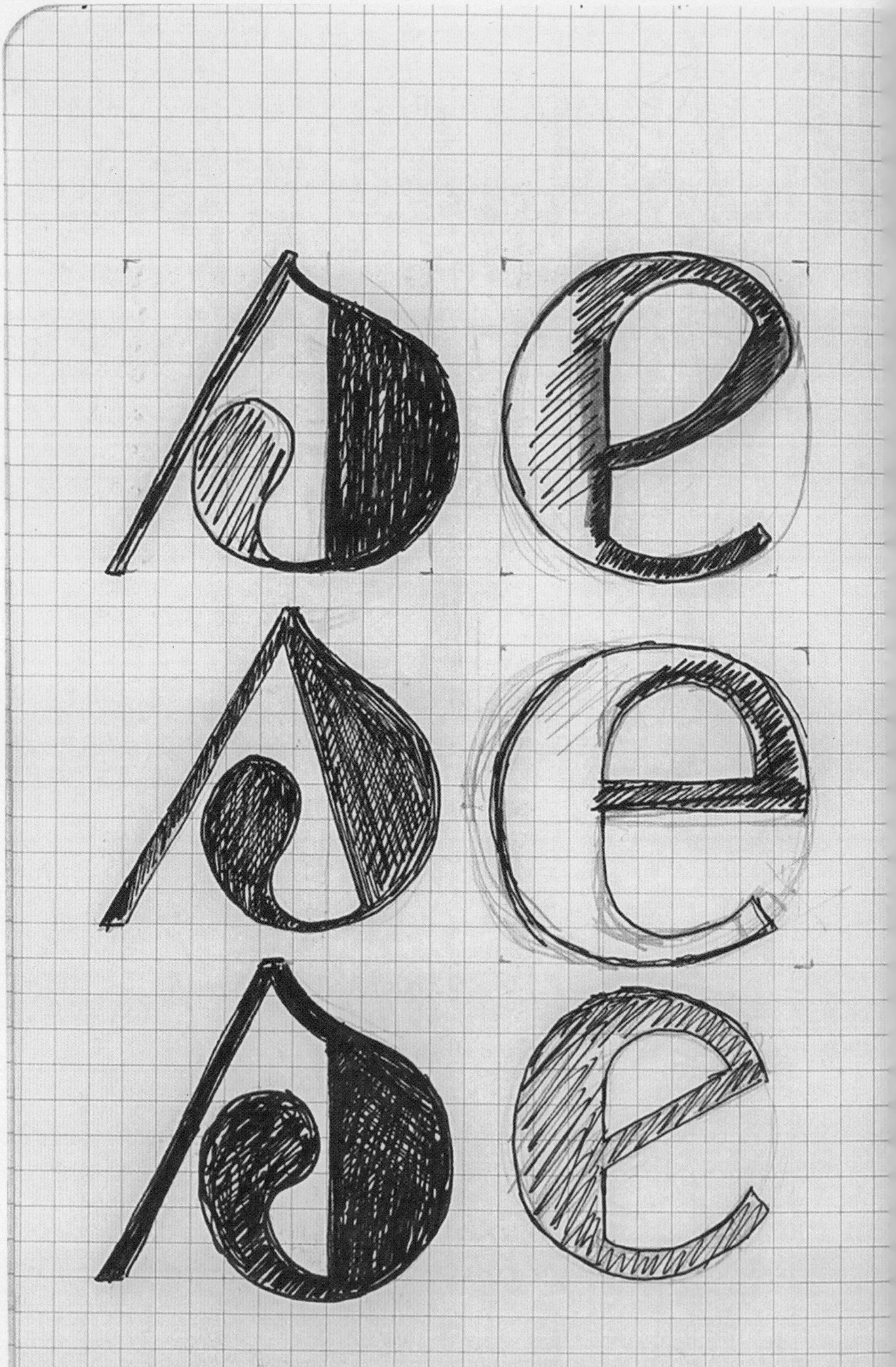

Caderno de letras

Entre as letras desenhadas no caderno, foram identificadas aquelas que compõem a palavra *pandemonium*. Essas letras foram digitalizadas, aplicadas em fundo branco em alto contraste e posicionadas lado a lado para saber a dimensão do que havia sido desenvolvido durante os dois anos de trabalho. O caderno de desenho de letras não foi iniciado para este exercício ou mesmo a partir de um problema já definido; ele nasceu com o intuito de fazer algo durante períodos de espera.

P

O artista norte-americano Brice Marden (O'BRIEN, 2012) expandiu sua criação ao usar ferramentas incomuns. Para desenhar, ele usou pincéis embebidos em tinta amarrados em alguns longos gravetos. O propósito era explorar um obstáculo adicional ao abrir mão do controle total do processo; com isso, Marden obtinha alguns acidentes, como respingos e deslizes. Essa ferramenta, por não permitir que Marden ficasse próximo ao papel, auxiliou-o a visualizar a criação como um todo, pois, para o artista, o desenho tem mais a ver com o movimento do corpo do que com o movimento do pulso.

Atualmente, o computador é a principal ferramenta do designer gráfico, sendo utilizado por todos os profissionais da área. Este pode parecer um grande problema se o designer utilizar somente os elementos padrões ali dispostos, mas, se souber adequá-lo à sua necessidade e fazer ajustes diferenciadores, o computador auxiliará na geração de ideias únicas.

No início dos anos 1990, o designer norte-americano David Carson (MEGGS, 2009) começou a produzir revistas sem saber muito sobre as regras do design gráfico e sem conhecer profundamente o computador como uma ferramenta de trabalho. Carson trabalhava pensando o espaço dentro das páginas duplas e ali fazia diversos experimentos que contrariavam as regras de legibilidade, usando entrelinhas negativas para que o texto se sobrepusesse. Muito do que Carson produziu foi por pura experimentação, por não dominar perfeitamente a ferramenta e não ter cristalizado em sua mente todos os conceitos básicos do design gráfico. Gil (1999) explica que o computador provocou uma grande transformação ao facilitar a produção de um número infinito de experimentos que anteriormente não era possível realizar, além de ter trazido a possibilidade de desenvolver novas linguagens que não eram produzidas com ferramentas manuais. Trata-se de um recurso que agilizou processos, pois com o seu uso são experimentados e testados imediatamente diferentes tipografias, cores e formas, trazendo uma nova interação no processo de desenvolvimento do projeto e propiciando ao designer iniciar a ideia com uma forma que, passo a passo, modifica-se progressivamente.

Nessa prática discursiva entre ferramentas, materiais e mãos, o projeto ocorre no fazer, em que o desafio de superar as habilidades gera uma recompensa ao jogador. "Em suma, o jogo inaugura a prática, e a prática é uma questão ao mesmo tempo de repetição e modulação" (SENNETT, 2012, p. 304). O designer gráfico Alan Fletcher mantinha uma rotina disciplinada de trabalho, como se constata em entrevista para Rick Poynor (FLETCHER, 1996, tradução livre): "Faço o mesmo na segunda-feira ou na quarta-feira, assim como no sábado ou no domingo". Para Fletcher, a vida não era dividida em trabalho e prazer, porque trabalhar era um grande prazer.

Esse prazer de trabalhar ou de desempenhar qualquer atividade desafiadora é descrito por Csikszentmihalyi (2007) como o momento em que uma pessoa está em estado de fluxo. Ele explica (1999, p. 38) que, no momento em que as metas são claras e há regras que meçam o desempenho, a atenção recebe total investimento, o que promove uma concentração completa. Pensamentos que distraem e sentimentos coerentes ficam sem espaço na consciência, e a pessoa se sente mais forte do que de costume. A percepção do tempo se modifica e as horas passam em segundos. "Quando todo o ser de uma pessoa é levado ao funcionamento total do corpo e da mente, o que quer que se faça torna-se digno de ser feito por seu próprio valor; viver se torna sua própria justificativa." Dessa maneira, para Csikszentmihalyi, a harmonia entre as energias físicas e psíquicas faz com que a vida se torne realmente significativa.

Identificar o design gráfico como um jogo é pensar que a disciplina ou as regras não restringem a criatividade, pois todo jogo tem regras; elas auxiliam na criação de limites que proporcionam a visualização clara do que se pode ou não fazer, e a ter objetivos claros. Alcançar um nível ótimo em um tipo específico de jogo leva tempo, pois o desenvolvimento de determinada prática se instaura no fazer sucessivo e consciente, e que haja *feedback* para que a cada etapa do jogo seja possível analisar se houve melhora na prática ou não. Não se joga porque é fácil, mas porque é difícil e desafiador (DESIGN TO PLAY, 2013). Só assim a motivação de jogar é garantida, e consequentemente uma contínua evolução nessa prática ocorre a partir das horas de dedicação e aprendizados.

Ann Charlotte Thorsted (DESIGN TO PLAY, 2013) explica que o jogo funciona como uma plataforma de lançamento para a inventividade e para a criação de soluções originais. Pensar a geração de ideias como um jogo é algo desafiador e que eleva a motivação do designer de maneira intrínseca, mobilizando o prazer de trabalhar de maneira inventiva e inusual, de desenvolver uma tarefa bem-feita e ainda poder se divertir com o que está em desenvolvimento.

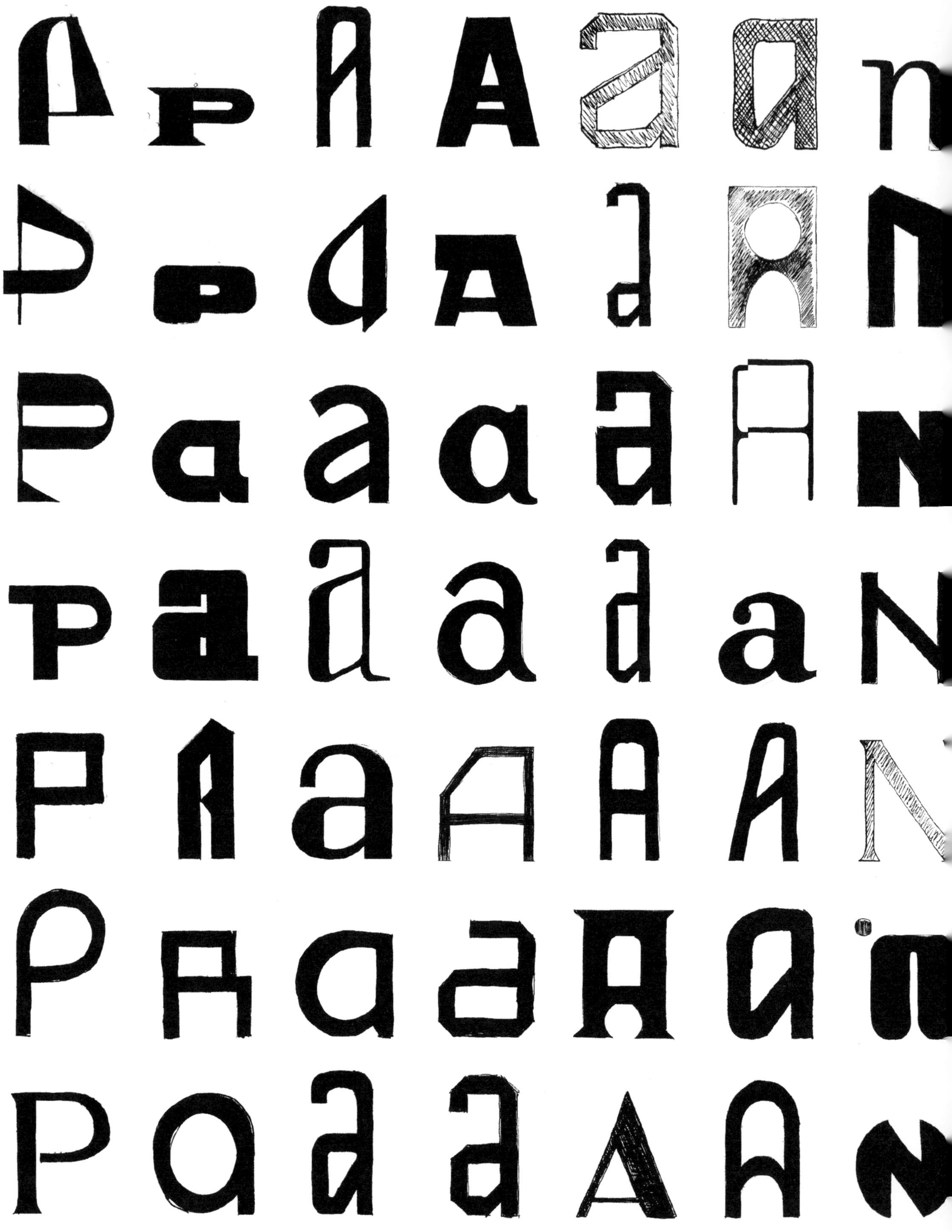

DDEmoNU
DDEmoNU
DdEMOIU
DdEIoiu
DeeOOim
DEeOOim
DEeOOvm

a

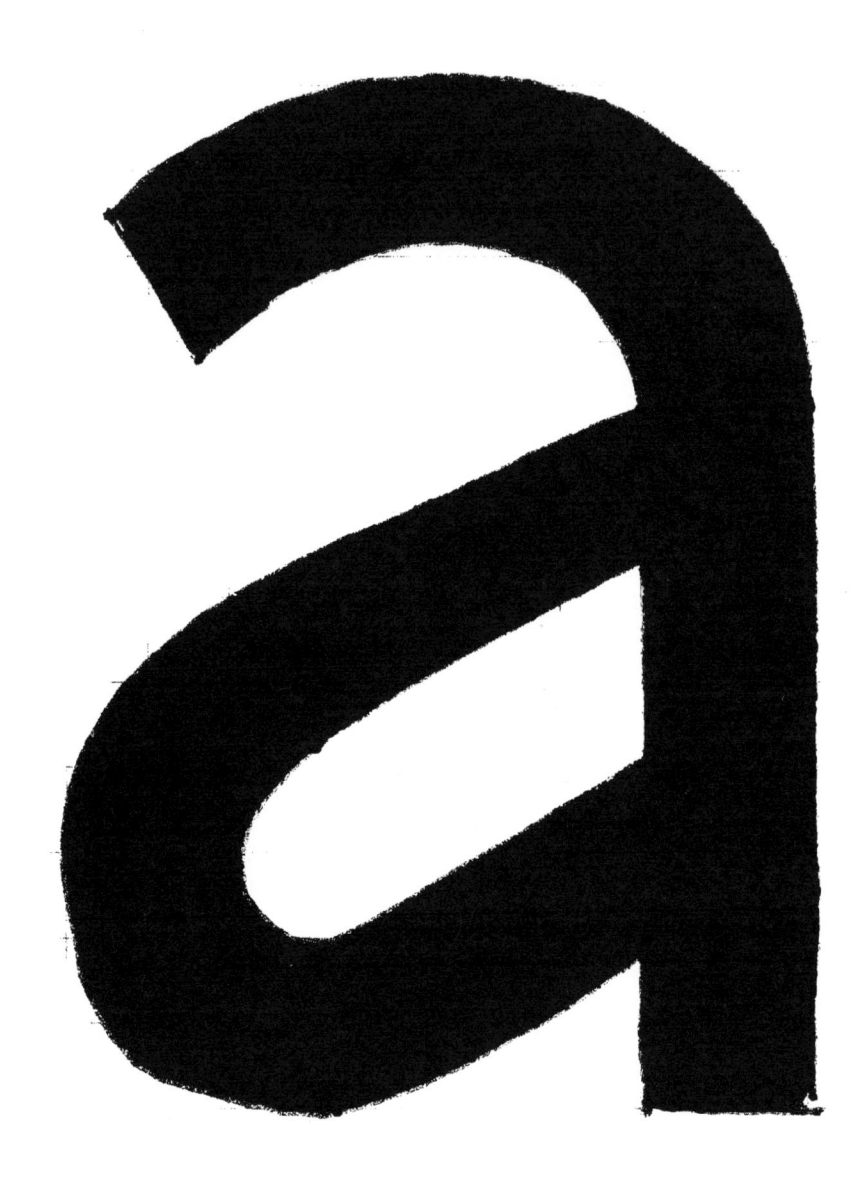

Ellsworth Kelly

Pan
mon
um

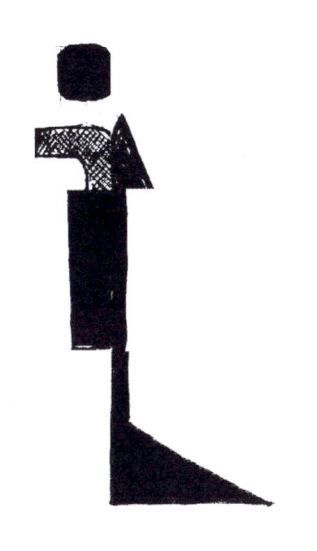

"MEU TRABALHO É BRINCAR. E EU BRINCO QUANDO FAÇO DESIGN. ATÉ PROCUREI NO DICIONÁRIO, PARA TER CERTEZA DE QUE REALMENTE FAÇO ISSO, E A DEFINIÇÃO NÚMERO UM DE 'BRINCAR' ERA 'ENGAJAR-SE EM UMA ATIVIDADE OU ESFORÇO INFANTIL', E A DE NÚMERO DOIS ERA 'JOGO'. PERCEBO QUE FAÇO AS DUAS COISAS QUANDO ESTOU PROJETANDO."

Paula Scher
(BADER, 2013, p. 52, tradução livre)

Cortando em pedaços

A partir dos pedaços de cada letra, buscou-se criar novos desenhos de letras para a palavra *pandemonium*. A junção obedeceu aos limites dos seis pedaços.

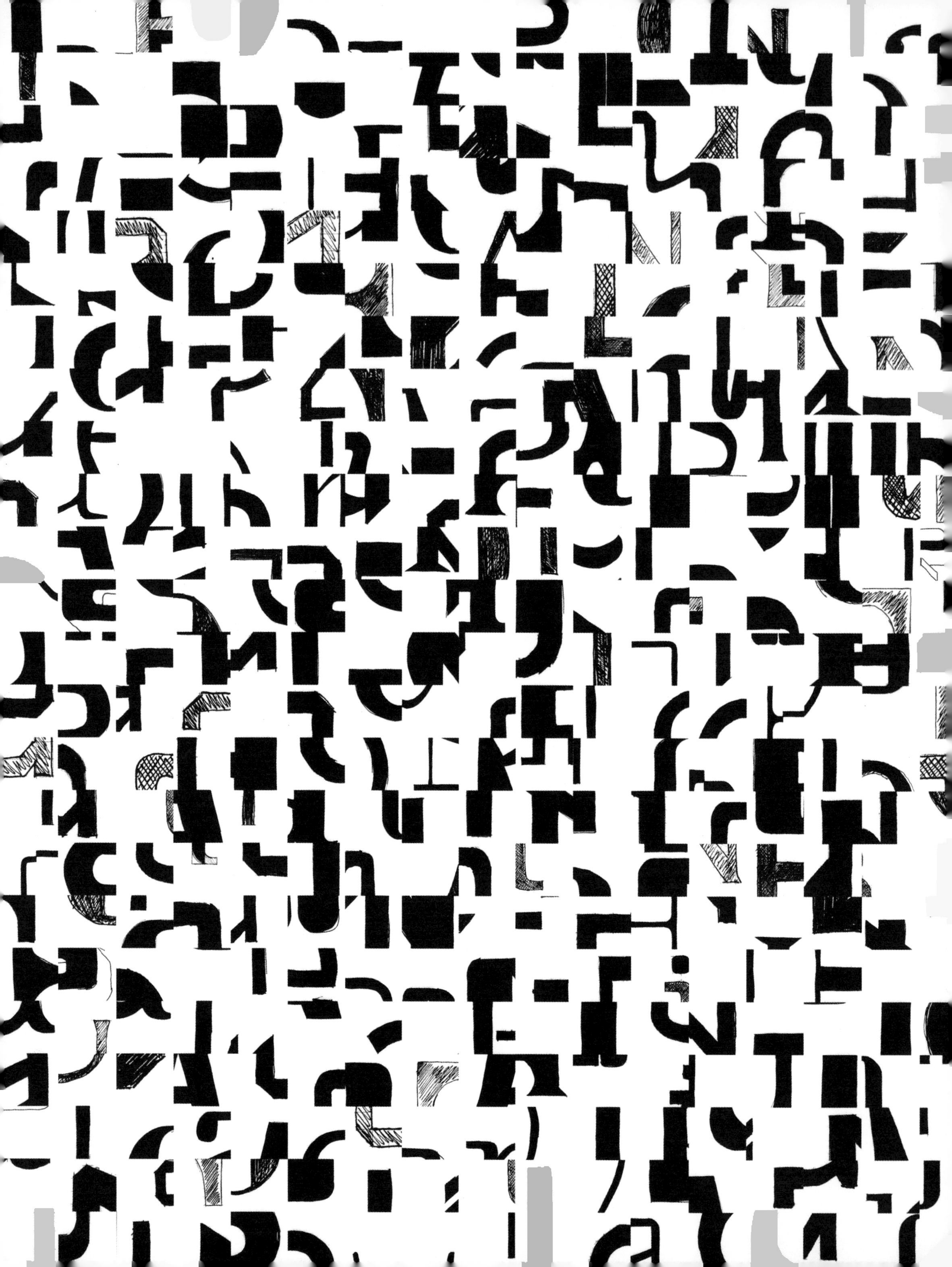

> "JOGAR MOEDAS, DADOS, CARTAS, SORTEAR E USAR NÚMEROS ALEATÓRIOS PARA DETERMINAR AS ESCOLHAS DE UMA COMPOSIÇÃO SÃO APENAS ALGUMAS DAS TÉCNICAS QUE OS ARTISTAS EMPREGARAM PARA DIMINUIR O VIÉS PESSOAL NA SELEÇÃO E NO POSICIONAMENTO DE ELEMENTOS FORMAIS. ESSAS PRÁTICAS NÃO DEPENDEM DO PURO ACASO (UMA COMPLETA AUSÊNCIA DE INTENÇÃO OU CAUSA), MAS DE PROCEDIMENTOS MECÂNICOS E DAS LEIS DA PROBABILIDADE PARA GARANTIR A PRODUÇÃO DE RESULTADOS IMPREVISTOS."

Meredith Malone
(MALONE, 2009, p. 124, tradução livre)

Ellsworth Kelly

Os trabalhos do artista Ellsworth Kelly, que produziu algumas obras a partir de pequenos pedaços arranjados ao acaso, motivou a produção de painéis a partir da composição dos 576 pedaços de letras, organizados pela ordem em que os arquivos estavam nomeados.

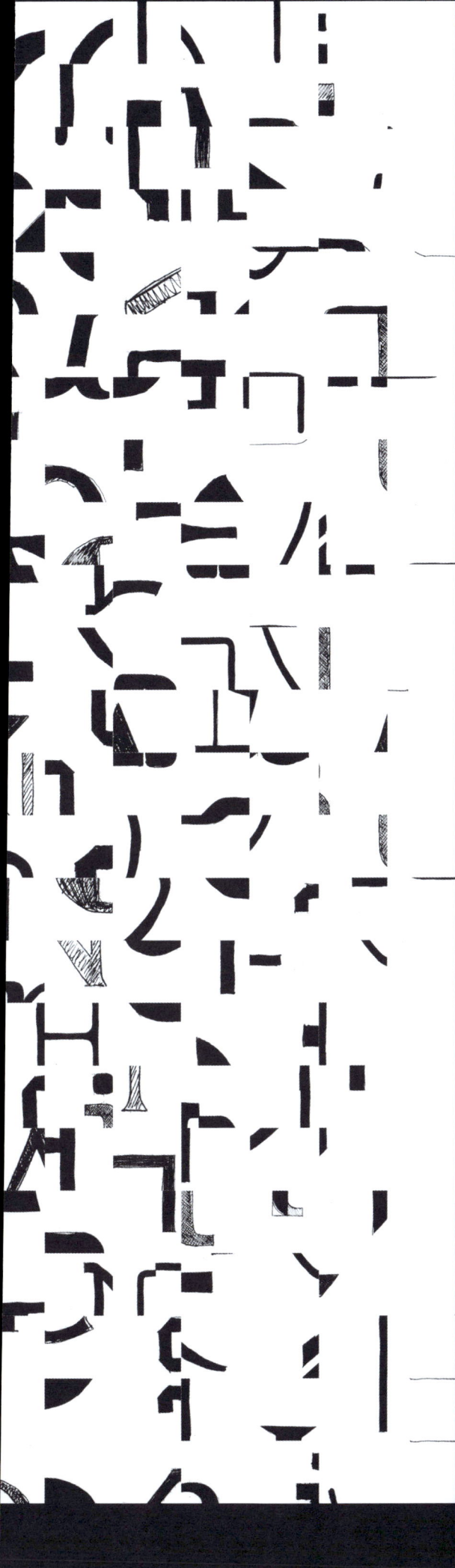

"A ARTE É UM JOGO E OS JOGOS TÊM REGRAS."

Piet Mondrian
(MUNARI, 2004, p. 21)

Jogo

Nos demais painéis foram empregadas algumas regras para a composição, como um jogo. No painel ao lado as peças mais escuras estão à esquerda, e as mais claras à direita, criando, assim, um gradiente linear. No painel da próxima página, as peças mais escuras foram posicionadas no centro e as mais claras nos cantos, dando origem a um gradiente radial.

Jogar é brincar

Esse experimento demonstra a geração de ideias a partir de regras simples. Estabelecer limites para gerar ideias é, na prática, criar as regras do jogo. Dependendo da regra criada, o resultado será totalmente diferente, pois o ato de jogar faz com que se saia de ideias preestabelecidas e se consiga obter resultados, os quais não seriam obtidos intencionalmente. A partir da utilização dos mesmos elementos, porém com a aplicação de diferentes regras, é possível chegar a ideias totalmente diferentes. O ato de "brincar" criando regras e testando-as é algo que motiva o designer a superar as ideias mais ordinárias e a seguir em frente, em nome da curiosidade e do prazer de brincar.

COMBINAÇÃO

"No final, tudo se conecta: pessoas, ideias e objetos. A qualidade das conexões é a chave para a própria qualidade."

Charles Eames
(BIZIOS, 1998, p. 494, tradução livre)

EXPERIMENTO 06
Colagens tipográficas

Produzir colagens a partir da combinação de letras e símbolos identificados em cartazes, folhetos, embalagens e objetos encontrados na rua. Pegar todos esses materiais e começar a combiná-los sem um objetivo específico, apenas brincando com as composições e justaposições que esses elementos juntos proporcionariam.

CRIAR A PARTIR DE DIFERENTES DOMÍNIOS

Muitas ideias ou problemas nascem a partir da combinação de conceitos, ambientes, pessoas ou materiais distintos. A aproximação de dois universos diferentes auxilia o desencadeamento de ideias que até então não seriam imaginadas. Esta combinação pode ser intencional, ou seja, ela ocorre quando se combinam elementos de maneira projetual visando produzir alguma ideia ou produto, como uma motocicleta, em que não se projetam todas as centenas de peças, mas se produz a partir de uma combinação de partes já existentes fabricadas em série (MUNARI, 1998).

As combinações também podem ser aleatórias, quando dois elementos distintos se encontram sem que nada fosse premeditado. Podemos afirmar que a vida é fruto dessa combinação, pois, a partir da reprodução sexuada, duas células dão origem a uma terceira. O escritor Austin Kleon (2013, p. 19) exemplifica: "Você tem um pai e uma mãe. Você carrega características de ambos, mas o seu somatório é maior que as partes deles. Você é um *remix* da sua mãe com o seu pai e todos seus ancestrais". Combinar DNAS é uma estratégia altamente inteligente, pois se ganha em inovação e diversidade. Nachmanovich (1993) explica que a variedade de todo o sistema é multiplicada a partir da mistura de diferentes genes e, se não fosse assim, a criação seria meramente uma replicação de cópias, uma maneira enfadonha que envolveria somente uma duplicação, que não privilegiaria a diversidade nem a inovação, e com isso provavelmente seríamos ainda protozoários ou fungos.

Muitas das grandes inovações são fruto de combinações, pois a genialidade não está somente em conceber algo totalmente do zero: está também em pegar emprestada uma tecnologia ou técnica de uma área e utilizá-la em outra; ou ainda, combinar duas tecnologias distintas, criando assim uma nova. Johannes Gutenberg (JOHNSON, 2011) soube estabelecer uma combinação que resultou em uma das grandes invenções do mundo, a impressão a partir de tipos móveis.

O conceito de tipo móvel já era utilizado pelos chineses muito antes de Gutenberg, mas a combinação da prensa de parafuso com os tipos móveis foi uma invenção dele em meados de 1440. Com o conhecimento de ourivesaria, Gutenberg (MEGGS, 2009) produziu tipos individuais intercambiáveis a partir de uma liga de chumbo, estanho e antimônio, materiais suficientemente moles quando aquecidos

"OUTRO TIPO DE DEFINIÇÃO É QUE O DESIGN É UM SISTEMA DE RELAÇÕES— ASSIM COMO A PINTURA. SÃO AS RELAÇÕES ENTRE VOCÊ E O PEDAÇO DE TELA, ENTRE VOCÊ E O ESTILETE, OU A BORRACHA, OU A CANETA. A RELAÇÃO ENTRE OS ELEMENTOS QUE SÃO PARTE DO PROJETO, SEJAM ELES PRETOS OU BRANCOS, LINHA OU VOLUME. DESIGN É TAMBÉM UM SISTEMA DE PROPORÇÕES, ISTO É, A RELAÇÃO ENTRE TAMANHOS. POSSO LEVAR O DIA TODO, E VOCÊ TAMBÉM PODE, PENSANDO NAS RELAÇÕES. ELAS SÃO INFINITAS."

Paul Rand
(KRUEGER, 2010, p. 55)

WARHOL
NB

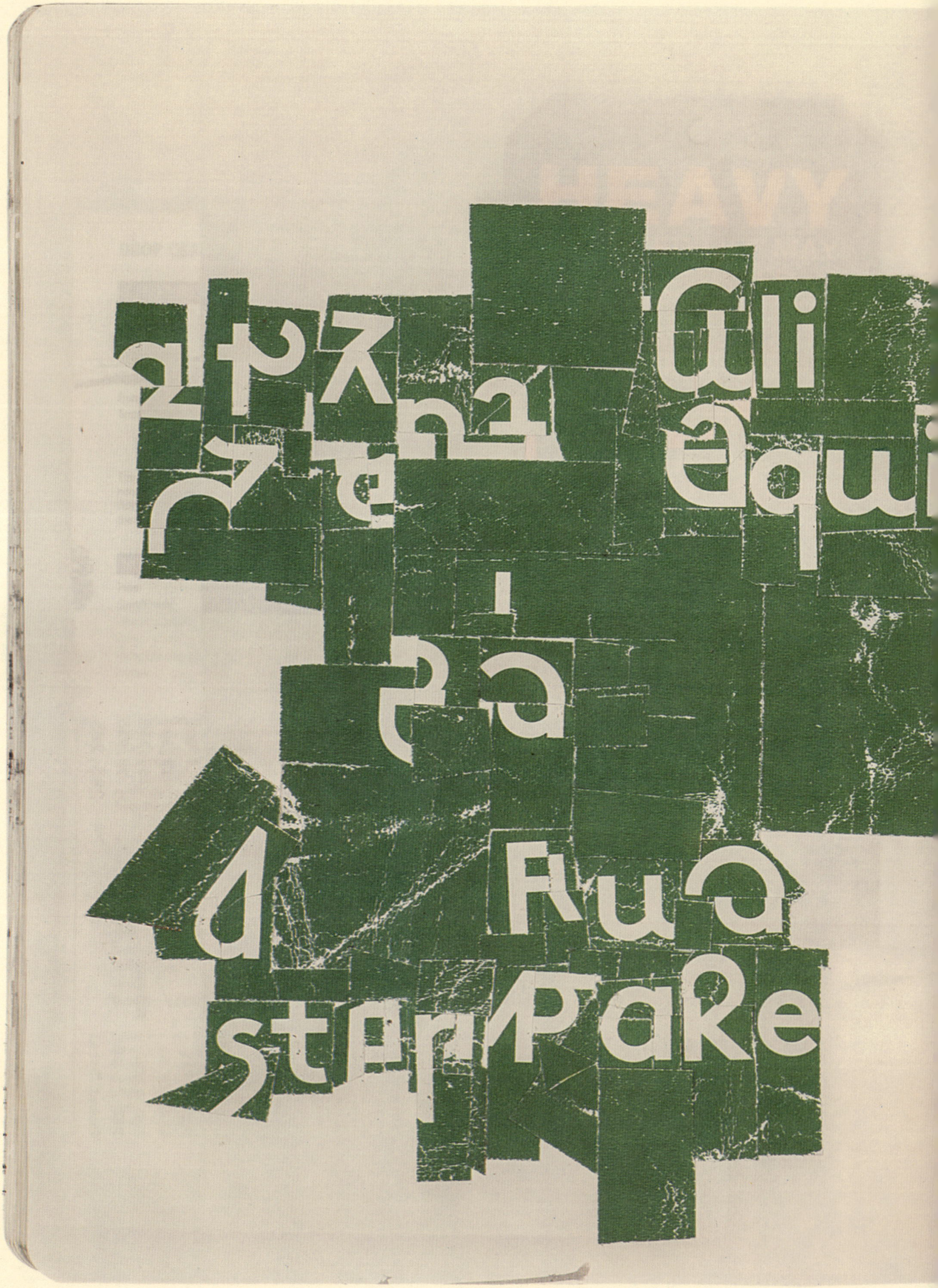

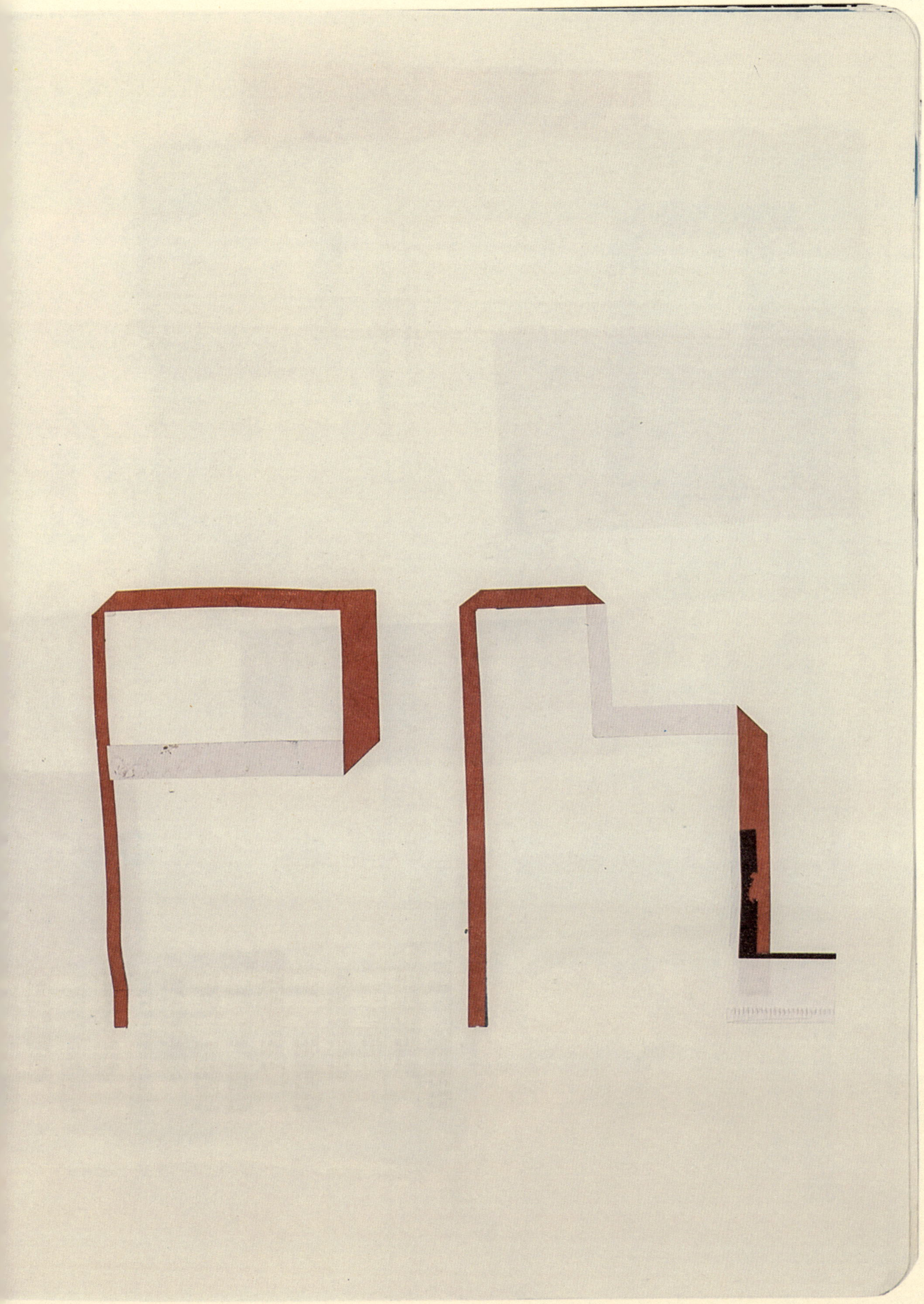

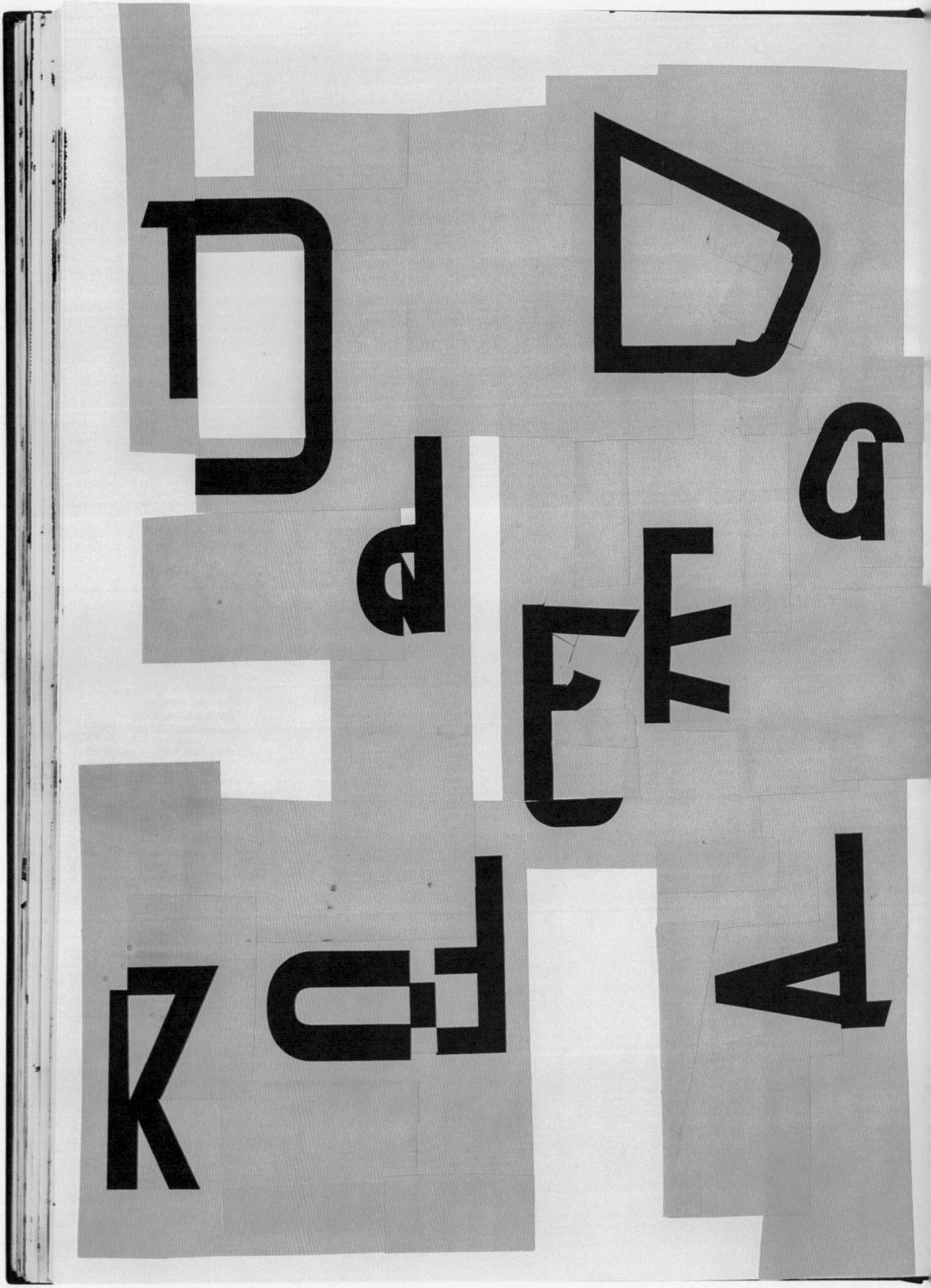

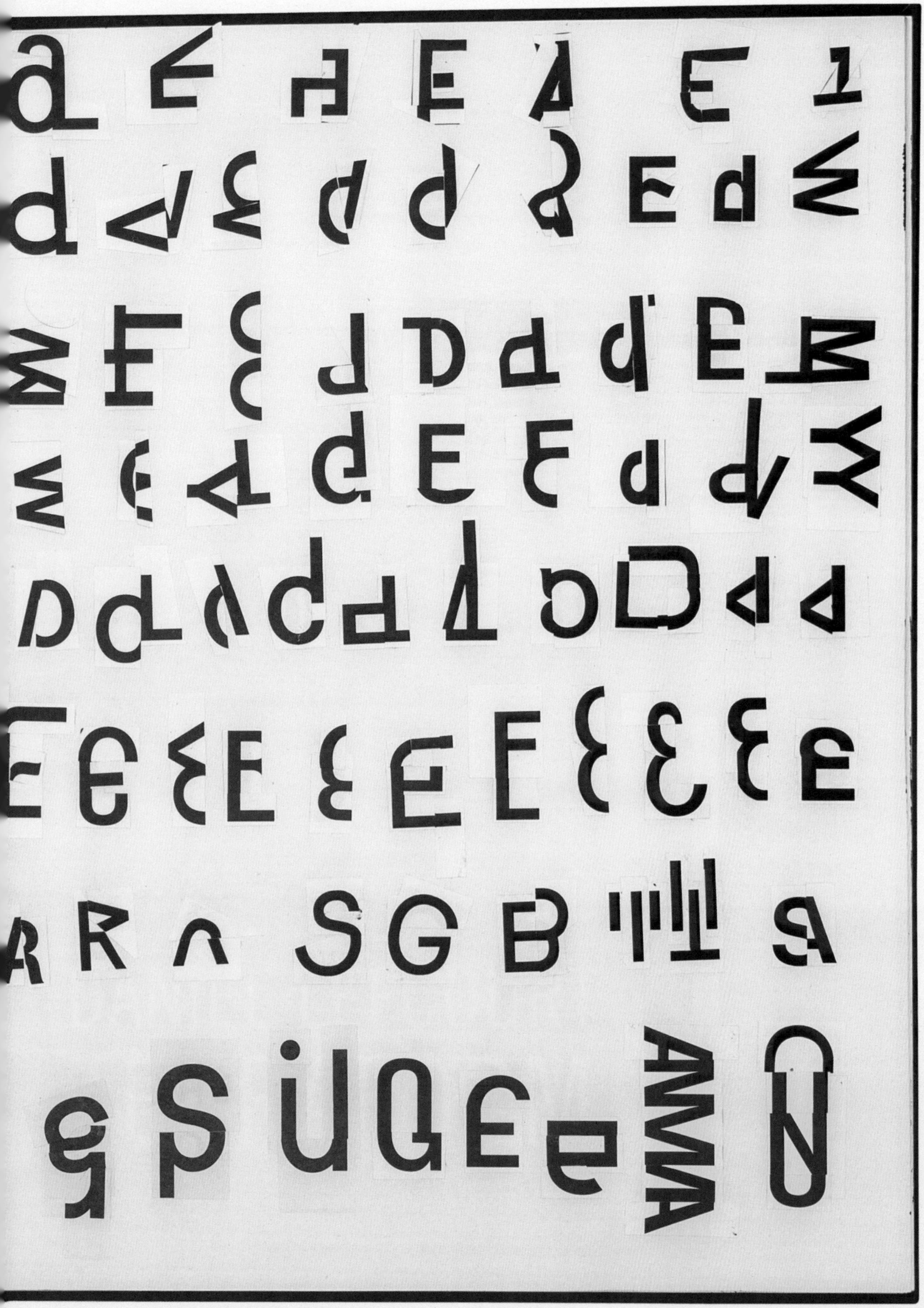

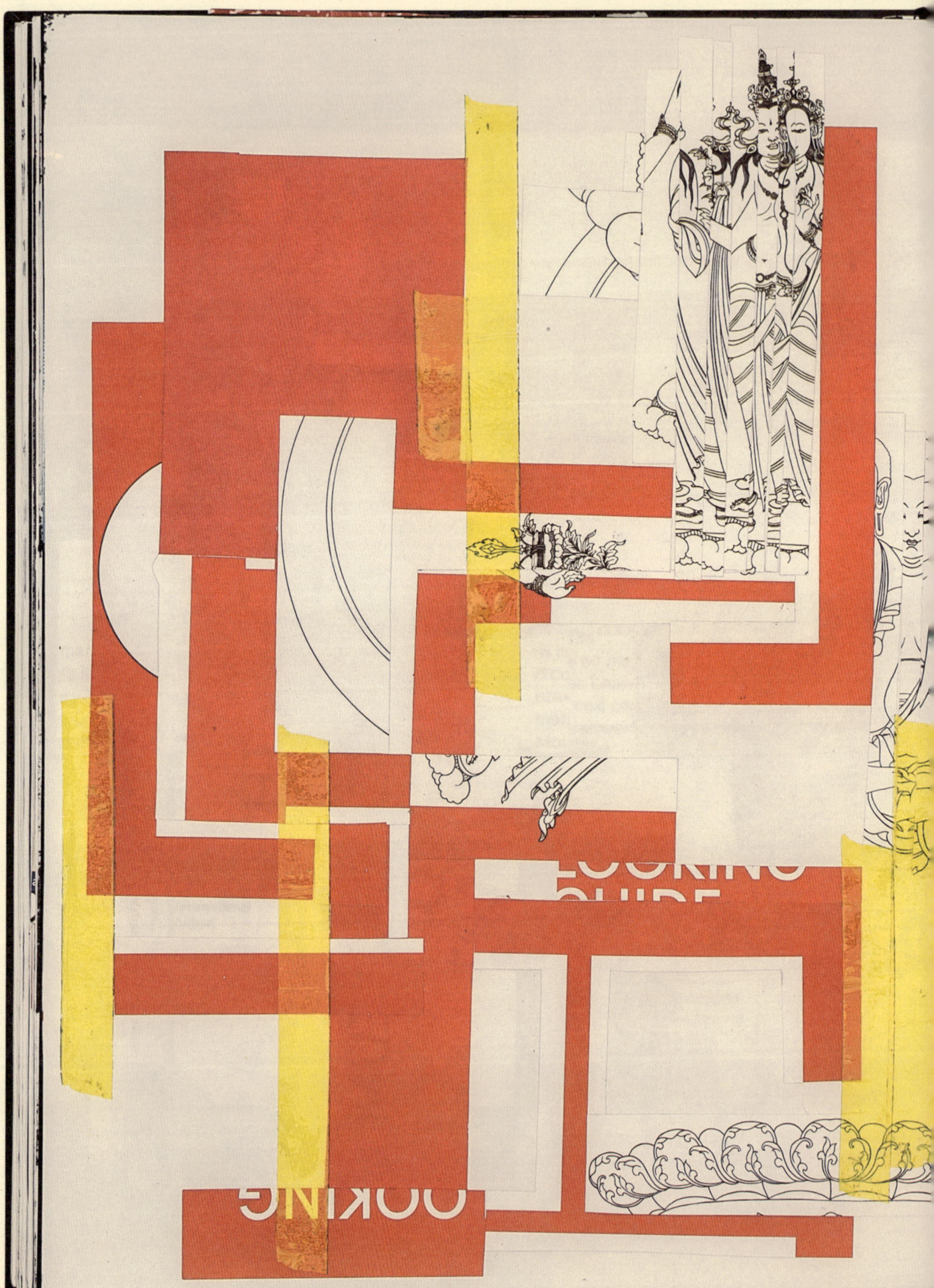

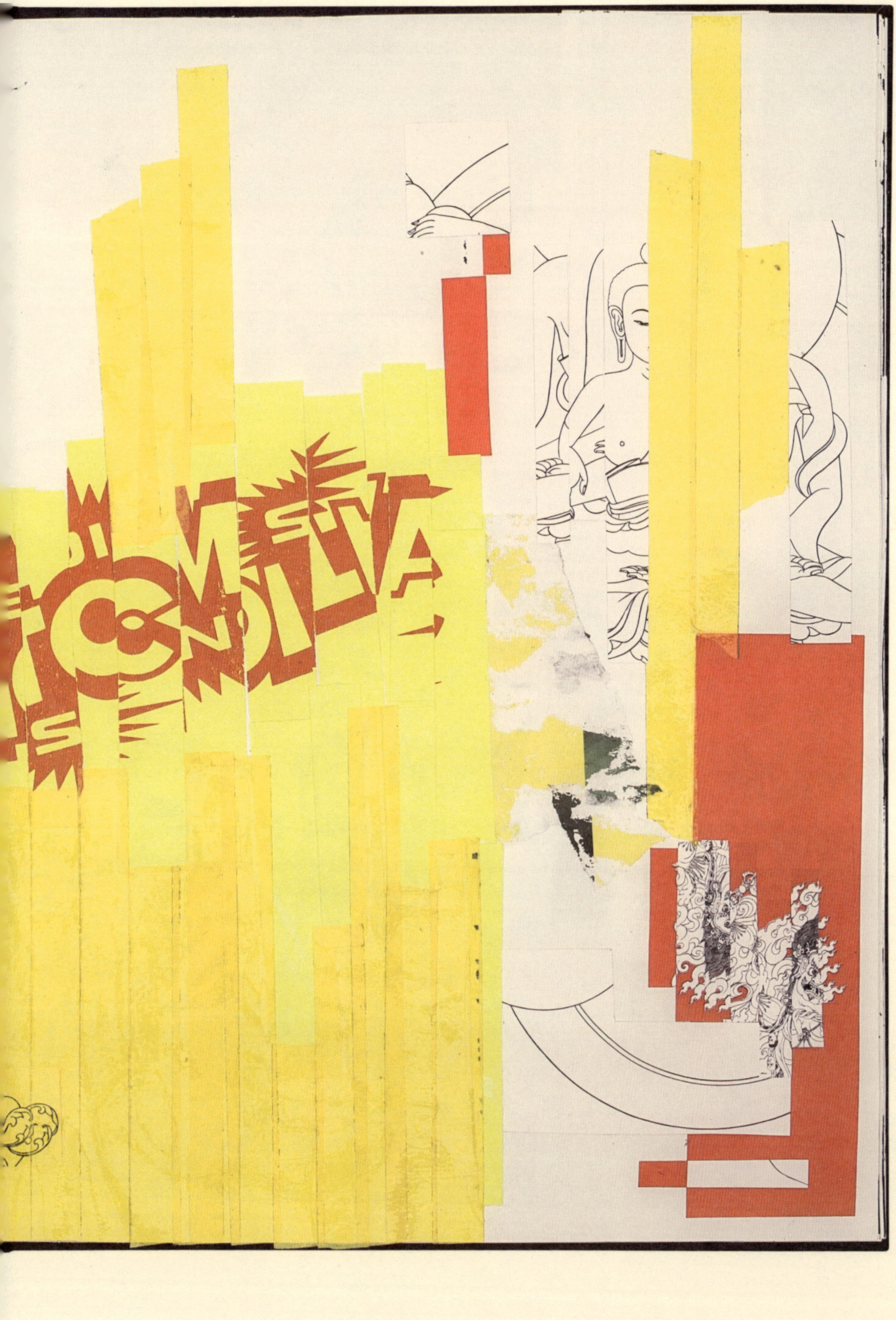

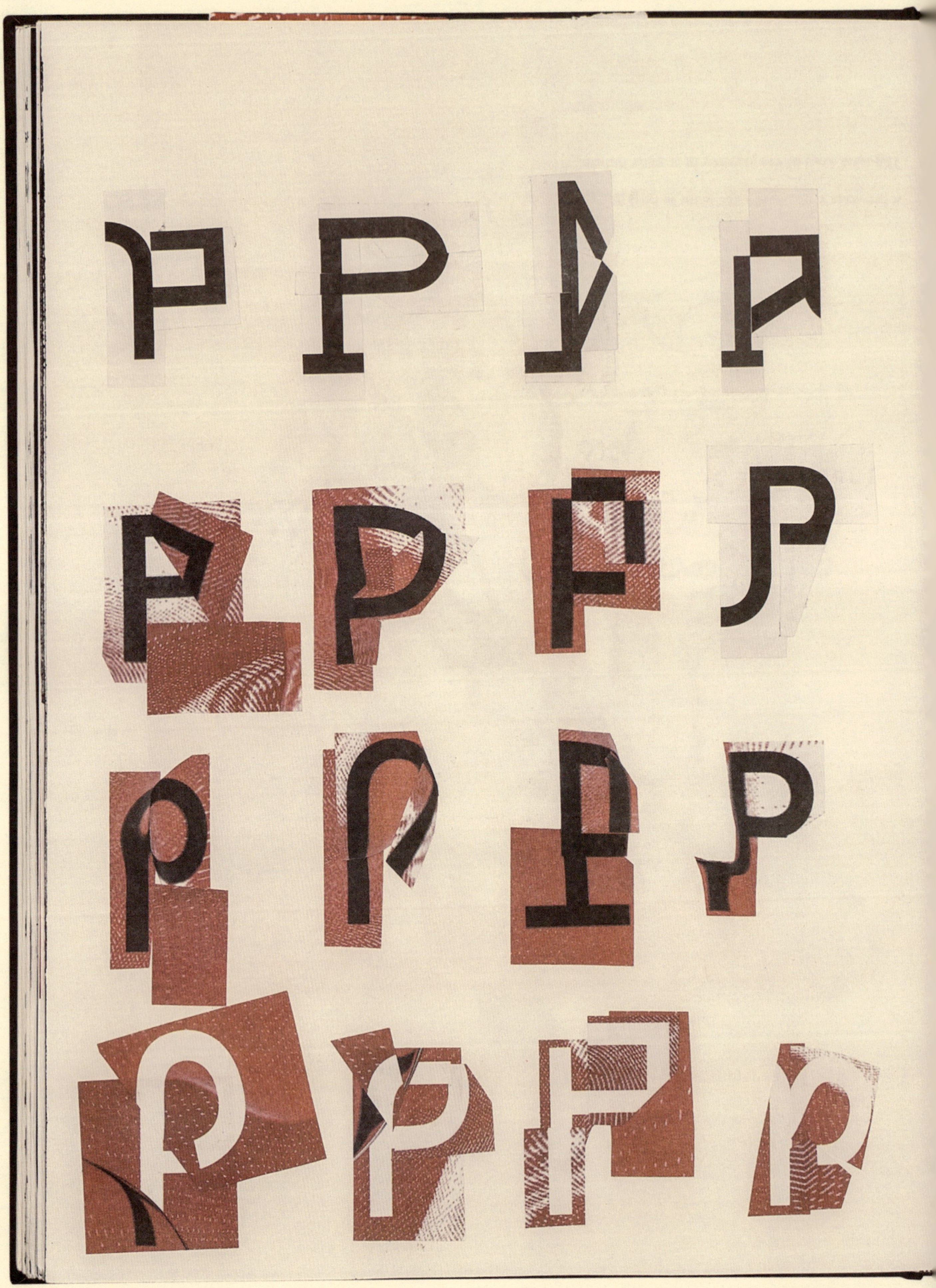

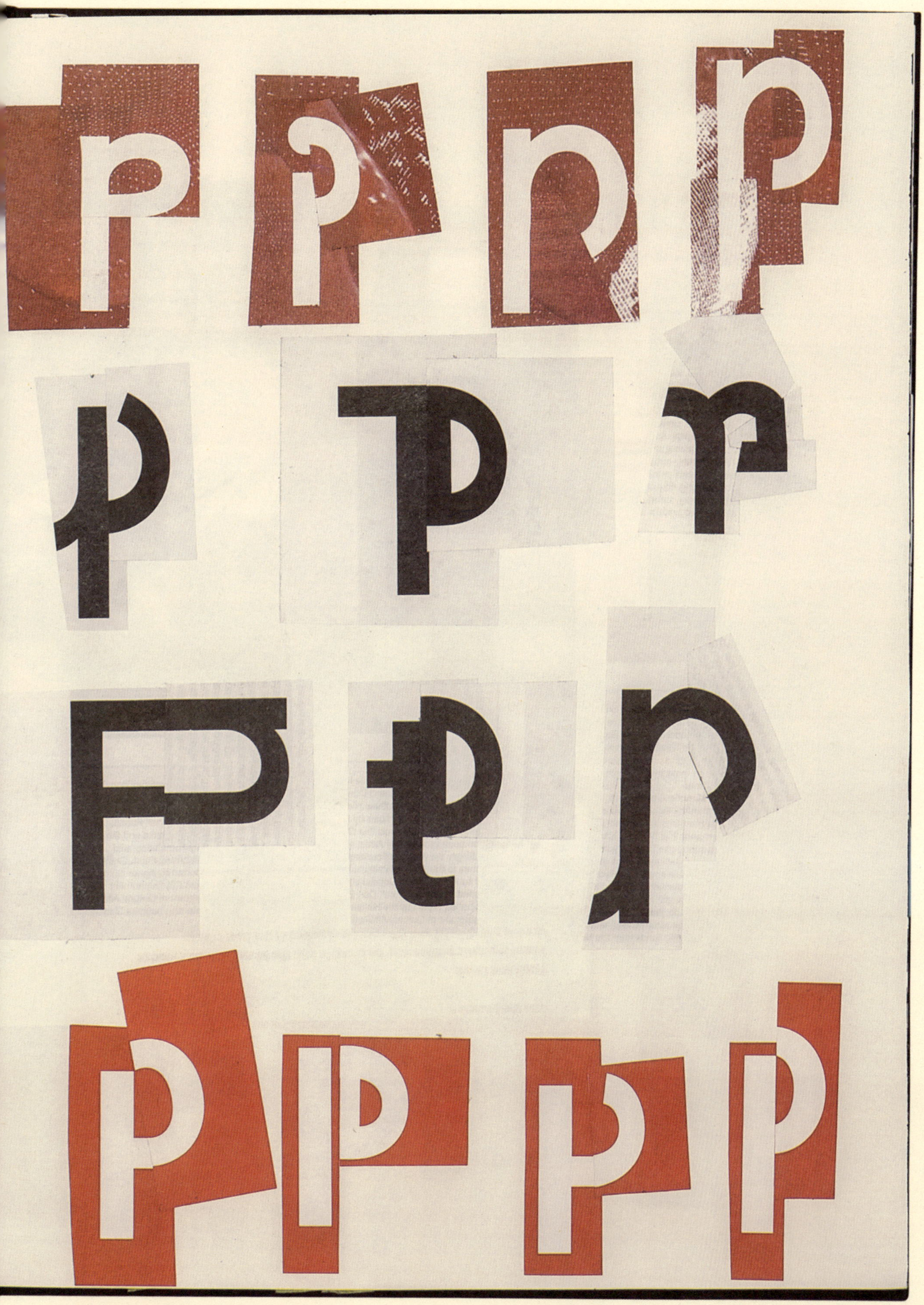

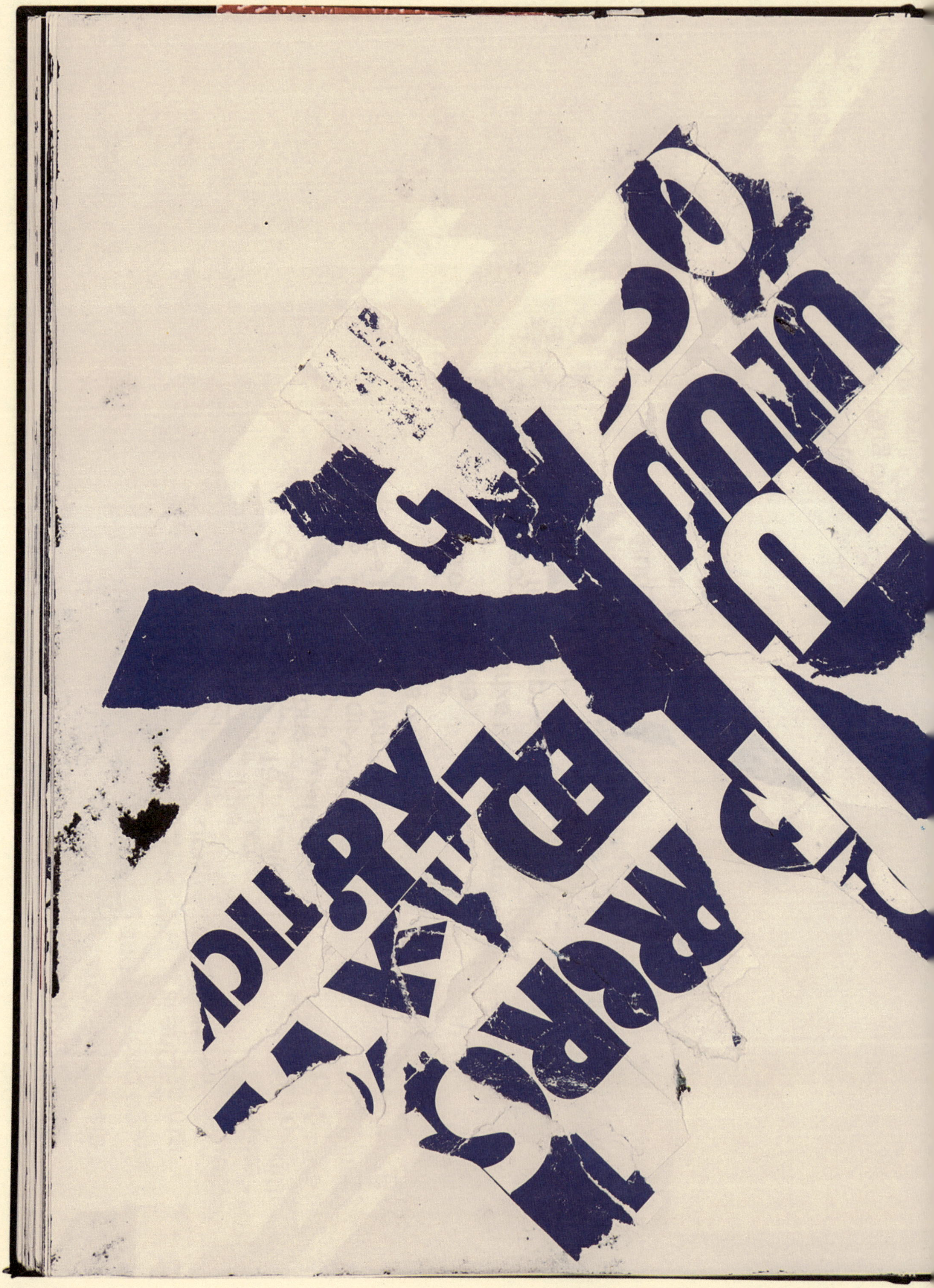

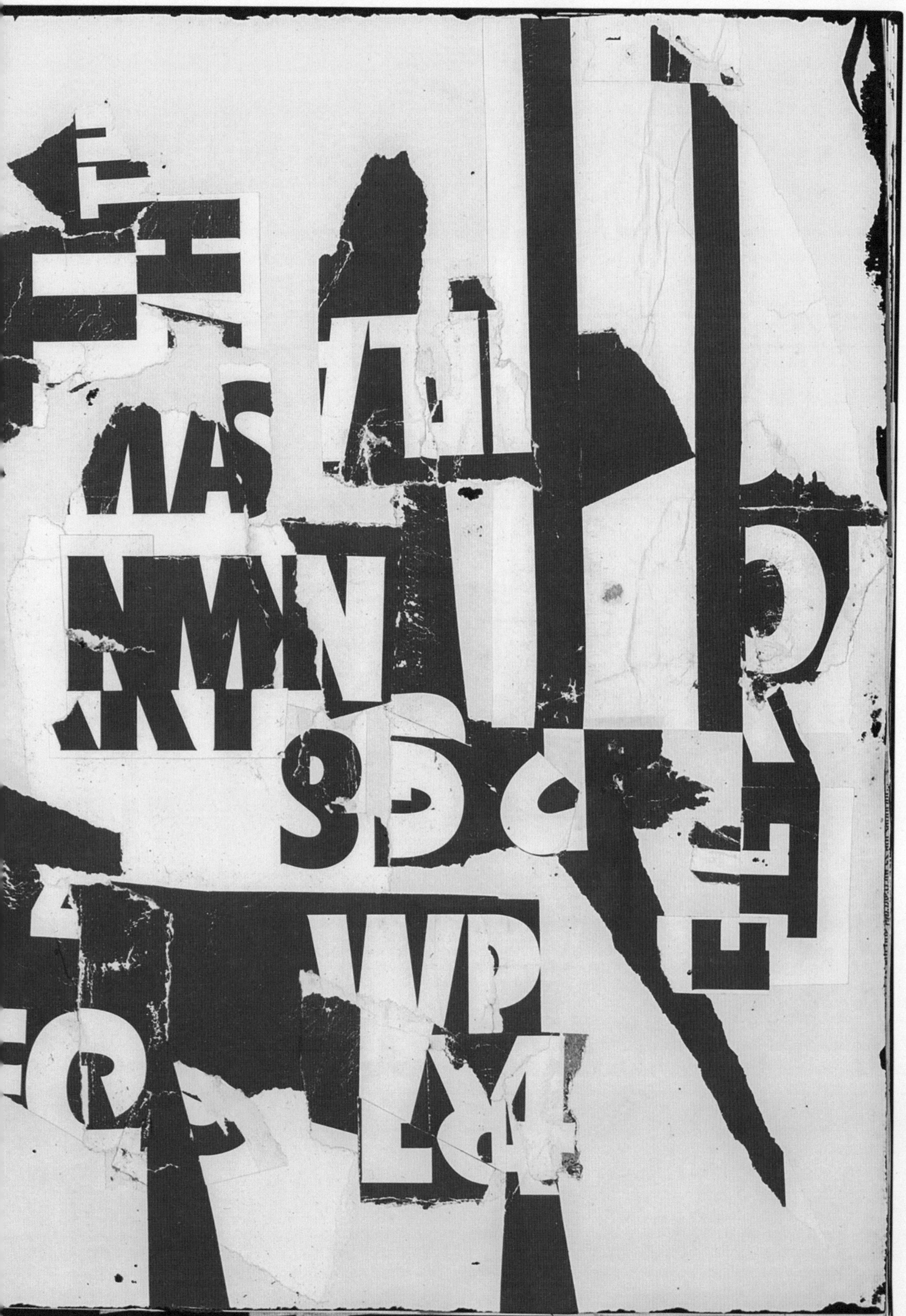

Total : Rp 60.000

No. 001011

Total : Rp 60.000

No. 001010

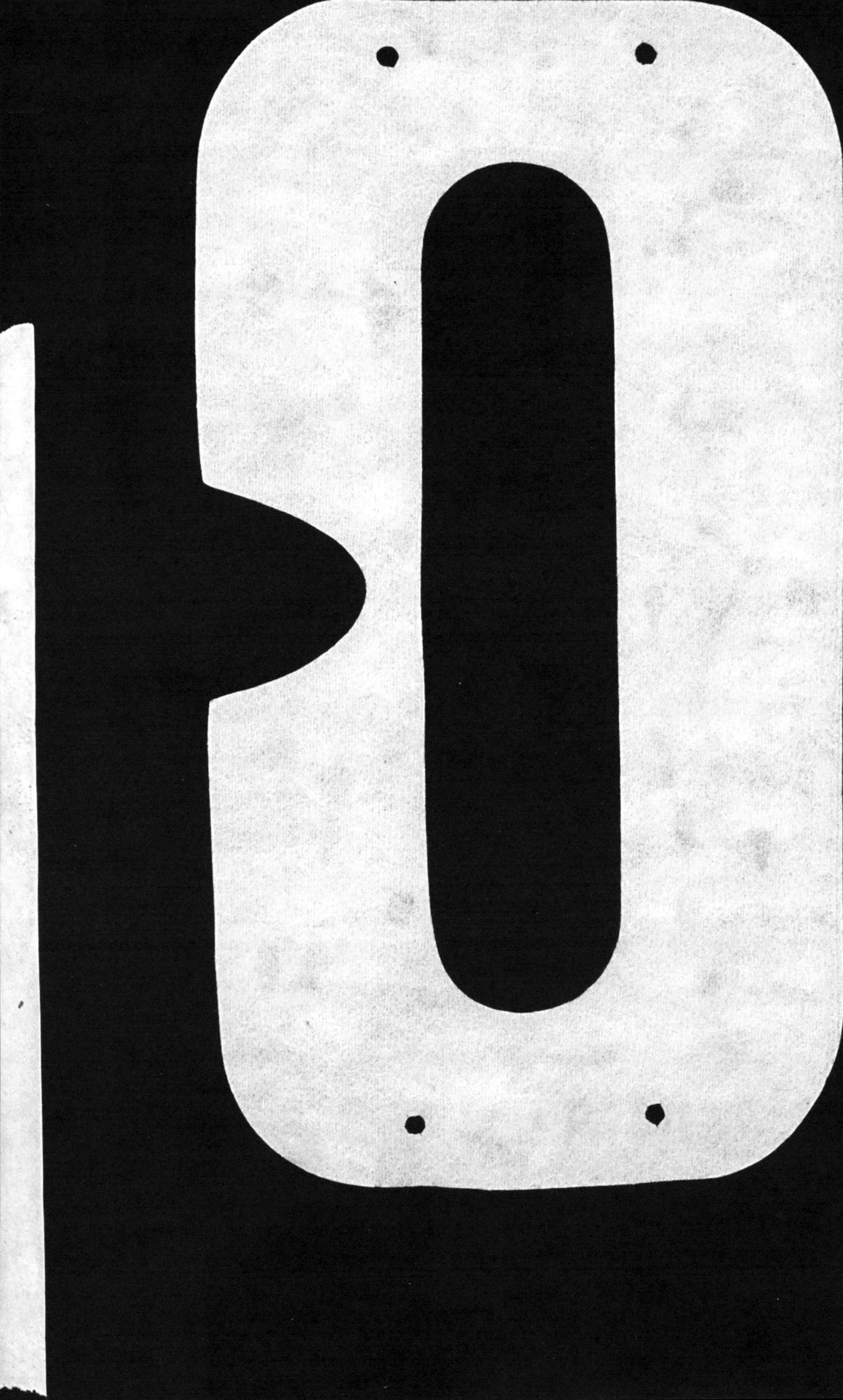

para serem moldados e, quando frios, suficientemente duros para resistir ao processo de impressão direta. Para imprimir era preciso uma prensa forte que pressionasse a tinta aplicada nos tipos para a superfície do papel. Gutenberg foi genial ao identificar que a prensa parafuso, usada na época para a fabricação de vinhos e queijos, poderia ser adaptada para ser usada no processo de impressão. Esse sistema, que combinou tipos móveis e uma prensa, foi utilizado por quatrocentos anos com poucos ajustes e possibilitou a impressão com velocidade e qualidade.

O deslocamento e a aproximação de diferentes domínios estimulam o surgimento de novas ideias (SENNETT, 2012). Na história da arte, a combinação aparece em diferentes momentos. Artistas das vanguardas do século XIX utilizaram os processos de colagem, *assemblage* e apropriação de objetos encontrados como uma maneira de romper com a pintura e a escultura tradicionais. Essa combinação de elementos e processos é repleta de acasos, o que auxilia a libertar a produção artística para um processo menos intencional. Os objetos encontrados, por sua vez, eram cuidadosamente reorganizados ou até mesmo manipulados, utilizando-se padrões e processos rígidos de composição (MILEAF, 2009). No surrealismo, surgiu o cadáver requintado—*cadavre exquis*—(MALONE, 2009), que era um jogo colaborativo em que um artista iniciava desenhando uma parte de um corpo, dobrava o papel ao meio e outro artista continuava o desenho sem ver o que o anterior havia feito. Ao final, o papel era aberto, e todos podiam admirar o resultado dessa combinação de desenhos de artistas distintos.

Braque e Picasso utilizaram a colagem em seus processos artísticos, apropriando-se de elementos industrializados, descartados ou efêmeros e recombinando-os e ressignificando-os. Na obra *Violin and pipe, "Le Quotidien"*, de 1913, Braque se apropriou de materiais simples como jornais e papéis de parede, retirou-os de uma realidade e os inseriu em um novo contexto. Na mesma linha de pensamento, a receita para um poema dadaísta, criada por Triztan Tzara, principal articulador do movimento, apresentava a colagem como um jogo associativo, em que palavras eram combinadas a partir de algumas regras. "Para realizar um poema dadaísta, pegue um jornal. Pegue uma tesoura. Escolha um artigo com o comprimento do poema desejado. Recorte o artigo. Depois recorte cada palavra que compõe o artigo e coloque-as em um saco. Chacoalhe ligeiramente o saco. Depois, retire um fragmento de cada vez, sem ordem definida. Escreva tudo consistentemente. O poema será similar a si (*sic*)" (ELGER, 2010, p. 13).

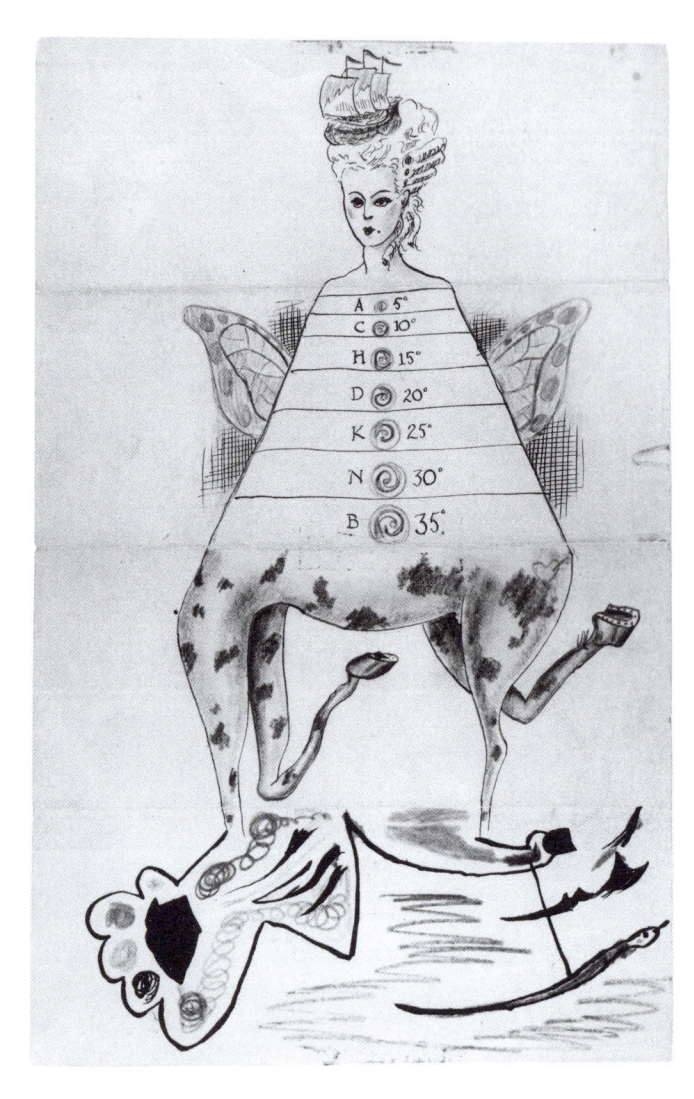

[Fig. 8] Cadáver requintado [*Cadavre exquis*]. Joan Miró, Man Ray, Yves Tanguy e Max Morise, 1927. Framed Art/Alamy/Fotoarena.

[Fig. 9] *Violin and pipe, "Le Quotidien"*. Georges Braque, 1913. Alamy/Fotoarena.

A receita é, na verdade, um jogo livre e intuitivo, em que múltiplos encontros de palavras se apresentam aos olhos do criador, que deverá fazer uso da memória e repertório para identificar algo realmente instigante. Em 1995, David Bowie (INSPIRATIONS, 1997), em parceria com Brian Eno, criou o *software* Verbasizer, que o auxiliou no processo de criação de algumas músicas. O processo de ressignificação e reconfiguração é muito parecido com a receita de Triztan Tzara. Bowie inseria fragmentos de notícias de um jornal nas colunas do aplicativo, que rearranjava o texto de maneira caótica. O texto gerado aparentemente não tinha nenhum significado, mas, para Bowie, nesse texto caótico surgia algo que ele nunca escreveria intencionalmente. Ali ele identificava frases que eram inspiradoras e certamente o auxiliariam na criação de uma nova música. É um processo que tira o criador de seu círculo vicioso de repetição das mesmas soluções, pois associações previsíveis não trazem nenhuma inovação. Bowie utilizava esses choques de palavras como um gatilho para novas ideias.

O estabelecimento de identidade com alguma coisa ocorre quando determinados elementos se conectam em determinada ordem, causando uma identificação a partir de uma lembrança de algo que está na mente do observador. A artista Fayga Ostrower (2013, p. 68) ilustra isso a partir das letras C:A:S:O:. "Nesta sequência, as letras formam a palavra CASO, com determinados significados e conotações. Em outras sequências, outras ordenações, teríamos outras palavras—OCAS, SOCA, SACO, CAOS—alterando-se o significado e todas as associações".

Esse exemplo vai ao encontro do que o poeta Samuel Taylor Coleridge (1827) definiu: "Prosa = palavras em sua melhor ordem; poesia = as melhores palavras em sua melhor ordem" (tradução livre). Uma solução para um problema se faz presente quando os melhores ingredientes se encaixam em determinado posicionamento e algo é identificado por quem os visualiza. "Um linguista que tentasse nos convencer de que as duas frases 'O menino persegue o gato' e 'O gato é perseguido pelo menino' contêm a mesma informação apenas revelaria sua ignorância" (ARNHEIM, 2004, p. 75).

Assim, a identificação de boas ideias não advém de simples somatórias, mas o posicionamento dos elementos tem extrema importância. A teoria da Gestalt (OSTROWER, 2013), formulada pelo teórico alemão Max Wertheimer, aborda essa temática: "O todo é mais do que a soma de suas partes". Uma teoria qualitativa e não quantitativa não é uma simples somatória de elementos; é uma integração de um conjunto. Enquanto na matemática a ordem dos fatores não altera o produto, na Gestalt a ordem dos fatores muda o significado. "O todo é algo diferente da soma das partes porque a soma é um procedimento sem significado, enquanto a relação todo/parte carrega significado" (SALLES, 2004, p. 111).

Skollos e Wedell (2012, p. 42) destacam que todo o vocabulário de um designer, o que inclui palavras, objetos sem valor, materiais, cores e contexto, pode ser recombinado para criar fenômenos visuais e verbais únicos. O cartaz desenvolvido por Alan Fletcher para The National Portrait Gallery, em Londres, é uma junção de pedaços dos retratos de Ceri Richards, Sir Laurence Olivier, Frank Leavis, Graham Sutherland, Julian Trevelyan e Sir John Pope-Hennessy, mas o divertido é reconhecer a figura do príncipe Charles na junção dessas seis imagens. Para Fletcher (2001, p. 44), juntar elementos não é somente somar partes; é mais do que isso, é obter novas respostas improvisando materiais e ferramentas. É chegar a elas usando os materiais que estão às nossas mãos.

[Fig. 10] Cartaz para The National Portrait Gallery, Londres. Litografia, 50,6 cm x 76 cm. Alan Fletcher, 1990. Cortesia de Raffaella Fletcher.

ESPAÇOS RICOS EM CONEXÕES

O indivíduo se encontra mergulhado em uma rede complexa, em que as ideias que surgem estão relacionadas a fatores externos nos quais tudo está relacionado (LESTIENNE, 2008). O ambiente e as pessoas se misturam e criam essa grande rede. Quanto mais livres forem esses ambientes, mais criativos e produtivos serão; ambientes altamente controlados e protegidos, por sua vez, serão mais áridos e com ideias menos inovadoras, pois são estabelecidas poucas conexões.

Domenico De Masi (1999) explica que a cidade de Viena, antes da Primeira Guerra Mundial, era tida como uma das cidades mais importantes do mundo, pois reunia algumas das mentes mais geniais. Citando alguns poucos nomes é possível compreender esse encontro de mentes brilhantes: na música, Gustav Mahler e Arnold Schönberg; na psicanálise e psicologia, Sigmund Freud e Carl Gustav Jung; na escrita, Rainer Maria Rilke e Stefan Zweig; na pintura, Gustav Klimt, Egon Schiele e Oskar Kokoschka; na arquitetura, Otto Wagner, Josef Hoffmann, Adolf Loos e Joseph Maria Olbrich; no design, Koloman Moser e Dagobert Peche; na filosofia, Otto Neurath e Ludwig Wittgenstein. De acordo com De Masi (1999), isso foi possível por causa das políticas desenvolvidas pela dinastia Habsburgo durante seu longo período de reinado, juntando diferentes povos em um único império. Viena era a principal cidade desse império e concentrava a maior população e muitos recursos. Como resultado dessas conexões, temos uma produção artística e cultural brilhante, admirada até os dias de hoje.

A quebra de uma cultura medieval totalmente controladora e determinista possibilitou que a informação fluísse livremente, permitindo que ideias se chocassem e se conectassem em alguns grupos, como o dos artistas italianos Michelangelo, Brunelleschi e Da Vinci. Sem um ambiente livre, certamente esses notáveis não encontrariam um campo fértil para que suas ideias circulassem de maneira livre e fluida (JOHNSON, 2011). Gênios isolados são uma raridade; quando analisamos o contexto de alguns gênios em suas épocas, vemos claramente a importância de estabelecer conexões.

Com o auxílio do pai, Michelangelo (KALB, 2017) teve como mentor o pintor florentino Domenico Ghirlandaio e, posteriormente, Bertoldo di Giovanni, que o auxiliou na produção de esculturas. Seu colega de aprendizado foi Pietro Torrigiano. Seu grande amigo, Giorgio Vasari. Teve como ídolos os artistas Donatello, Giotto, Masaccio e Ghiberti. Como rivais, Leonardo da Vinci e Luca Signorelli. Seus aprendizes foram Benvenuto Cellini e Ascanio Condivi. E seu principal patrono foi o rico e generoso Lorenzo de Medici. O exemplo de Michelangelo demonstra uma rede de conexões riquíssima, que refletiu na sua formidável produção. Se essa rede fosse formada por artistas medíocres, provavelmente a qualidade da produção de Michelangelo seria inferior. A rivalidade entre Michelangelo e seus desafetos Leonardo Da Vinci e Signorelli fez com que ele produzisse mais intensamente, com o objetivo de superá-los.

Essa competição é positiva, pois faz com que os adversários tentem se superar produzindo trabalhos cada vez melhores. Porém, quando essa competição é aplicada dentro de ambientes criativos, como agências ou escritórios, muros são criados, e a consequência disso é que esses ambientes acabam ficando menos inovadores. Quanto mais abertos os designers estiverem, mais boas ideias serão encontradas; mas, se estiverem com medo, tudo isso será diferente. Se cada designer estiver fechado em si mesmo, o bloqueio será muito grande, e nisso não há vantagem alguma.

Ambientes opressores resultam em pessoas que trabalham com medo de errar; consequentemente, menos alternativas são geradas, pois o que se visa é somente aquilo que é assertivo. As novas oportunidades são deixadas de lado e se produz o que é mais seguro, ou seja, algo que já foi feito anteriormente. Mas nisso não há nada de inovação, é uma replicação do que já se sabe que dá certo.

Os ambientes também desempenham uma influência muito grande em nosso trabalho. A designer Paula Troxler (2015) descreve que o trabalho muda ao se mudar de lugar. Ela conta que passou dois meses em Nova York, e nesse período suas estratégias de projeto eram diferentes, pois não havia mais o conforto do seu espaço de trabalho em Zurique. Na Suíça, ela sabia exatamente onde estava cada ferramenta, mas na cidade norte-americana ela saiu dessa zona de conforto e, assim, obteve novos aprendizados e influências.

Branco e preto

Todas as colagens foram convertidas para o modo preto e branco, para que o foco do experimento estivesse essencialmente nas formas.

Identificação

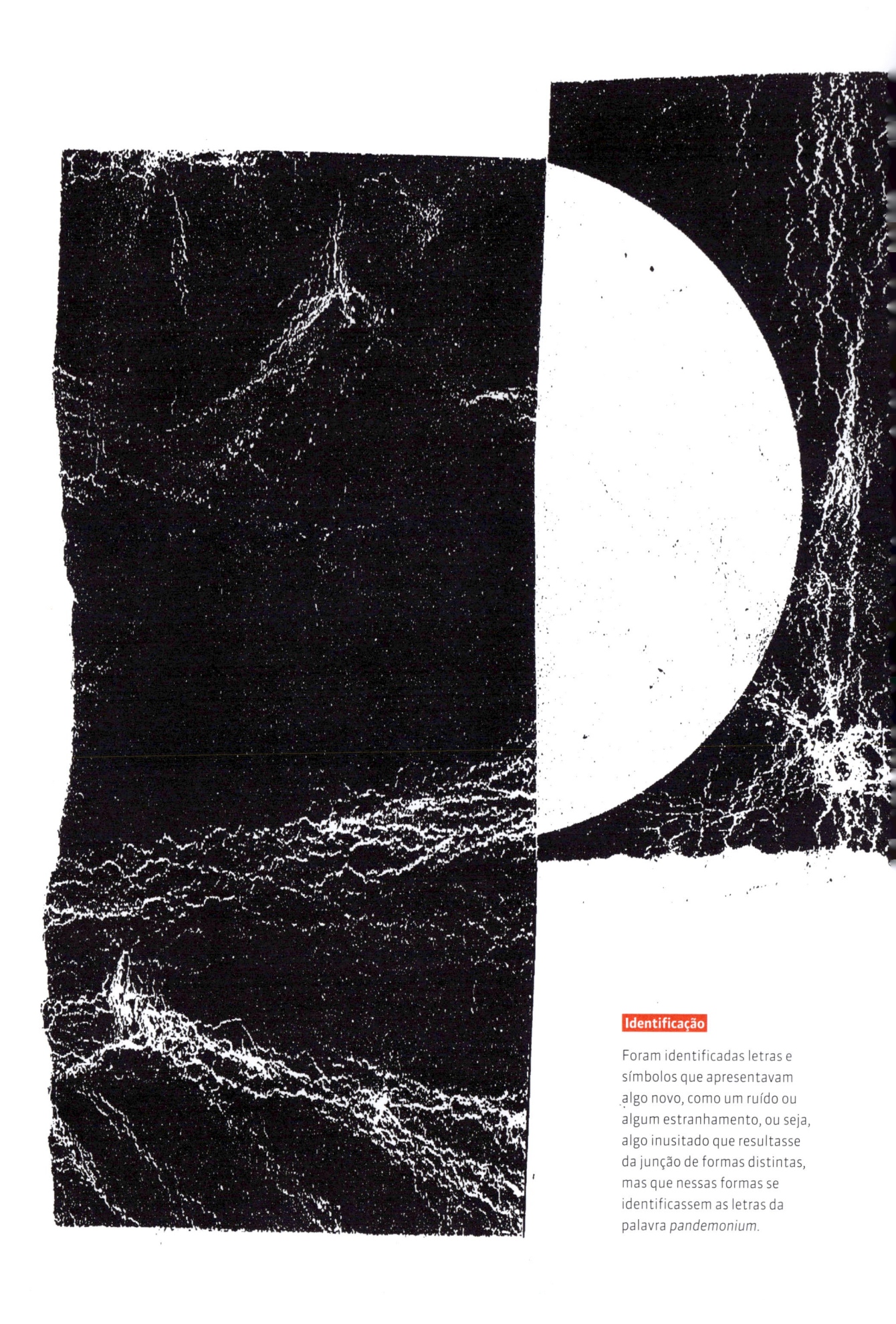

Foram identificadas letras e símbolos que apresentavam algo novo, como um ruído ou algum estranhamento, ou seja, algo inusitado que resultasse da junção de formas distintas, mas que nessas formas se identificassem as letras da palavra *pandemonium*.

REGENTES OU SOLISTAS

Em 1991, o designer Alan Fletcher (KING, 2006) decidiu vender sua parte da Pentagram e trabalhar sozinho em um estúdio na sua casa, em Notting Hill, pois se sentia refém de um ciclo em que contratava assistentes para completar grandes projetos e, em seguida, tinha de buscar mais desses mesmos tipos de projetos para alimentar os novos funcionários. Como designer independente, Fletcher continuou produzindo trabalhos de alto nível para diferentes clientes, e quando questionado por Poynor (1991) se ele acreditava que o melhor design gráfico somente viria a partir de um único autor, respondeu: "Eu acho que depende de sua personalidade. Diretores de arte orquestram outras pessoas para produzir algo que os satisfaça. (...) John McConnell gosta de orquestrar e faz isso muito bem. Eu não poderia fazer isso: seria uma confusão total após três minutos" (tradução livre).

Acredita-se que, trabalhando em grandes grupos de projeto, a possibilidade combinatória de ideias e experiências fará com que se gerem mais trabalhos criativos e inovadores. Mas não é o grande grupo que concebe totalmente um projeto, pois o trabalho em design gráfico sempre virá de uma cabeça que poderá executar a obra inteira ou orquestrará um grande e complexo projeto com a ajuda de outros designers.

Não existe uma regra que assegure que seja melhor trabalhar em grupo ou individualmente. Sabe-se que existem algumas vantagens de ambos os lados. Grupos conseguem manter uma performance constante com mais facilidade, pois carências individuais temporárias são compensadas pelo esforço de outros indivíduos do grupo; porém nessa compensação aparecem alguns indivíduos desagradáveis, que acham oportuno que outros colegas executem seu trabalho, ou existem outros que algumas vezes se sentem desnecessários e, de maneira não intencional, engajam-se menos, pois acreditam que os outros membros do grupo resolverão a tarefa melhor e mais rápido que eles (BERZBACH, 2013).

Sentar-se em uma mesa com um grupo de pessoas e começar a gerar ideias em conjunto pode ser altamente produtivo, mas a qualidade das ideias geradas dependerá das pessoas que compõem esse agrupamento. Pessoas engajadas e experientes gerarão ideias melhores, que, conforme forem lançadas, vão se chocar com outras já existentes, gerando, assim, outras ideias. Deve-se ressaltar que o que é gerado em uma rodada de discussão não são projetos prontos, mas sim ideias ou novos caminhos que não eram imaginados e posteriormente deverão ser trabalhados para chegar ao projeto.

A escritora Susan Cain (2012) alerta quanto ao cuidado necessário ao gerar ideias em grupo, pois se pode cair no instinto de seguir o coletivo em determinadas respostas—por exemplo, se o grupo acredita que determinada resposta é A, provavelmente todos farão a mesma escolha. Individualmente pode-se acreditar que aquela resposta não seja verdadeira, mas, como o grupo está dizendo, finge-se uma concordância. Ao não gerar nenhum conflito, o indivíduo se sente aceito pelo grupo.

Os ambientes cheios de pessoas trabalhando juntas funcionam bem para a resolução rápida de tarefas rotineiras. A diversidade e a crítica em um grupo são excelentes para a resolução de uma tarefa, e, conforme observado pelo pesquisador Frank Berzbach (2013), um grupo será muito mais eficiente na resolução de uma palavra cruzada do que na criação de uma, pois o trabalho criativo é uma atividade solitária e complexa, que requer concentração e um espaço protegido de telefonemas, conversas e outras situações que venham a atrapalhar. Cria-se individualmente e depois as criações podem ser levadas ao grupo, que poderá ver coisas que até então não haviam sido vistas ou ideias distintas que podem ser combinadas. A criação pode ser individual, e o grupo colaborar no engrandecimento da ideia, assim como auxiliar também na produção dela. Muitos braços para produzir e experimentar ajudam muito.

Além disso, trabalhar em grupo pode ser mais divertido, pois os colegas estão ao lado para pedir uma sugestão ou uma dica, o que deixa o coletivo mais dinâmico e produtivo. Vale ressaltar que essa interligação de pessoas que trabalham individualmente, formando uma rede, não precisa ser física. O designer Carlos Bêla (2015), que trabalhou por muitos anos na premiada produtora Lobo, relata que está trabalhando sozinho desde que deixou a produtora. Ele afirma que se sente um pouco só no dia a dia, mas percebe que possui mais liberdade nos seus horários e, quando precisa conversar com alguém para trocar algumas ideias, conecta-se com amigos, mesmo que eles estejam do outro lado do mundo—algo que seria impossível anos atrás.

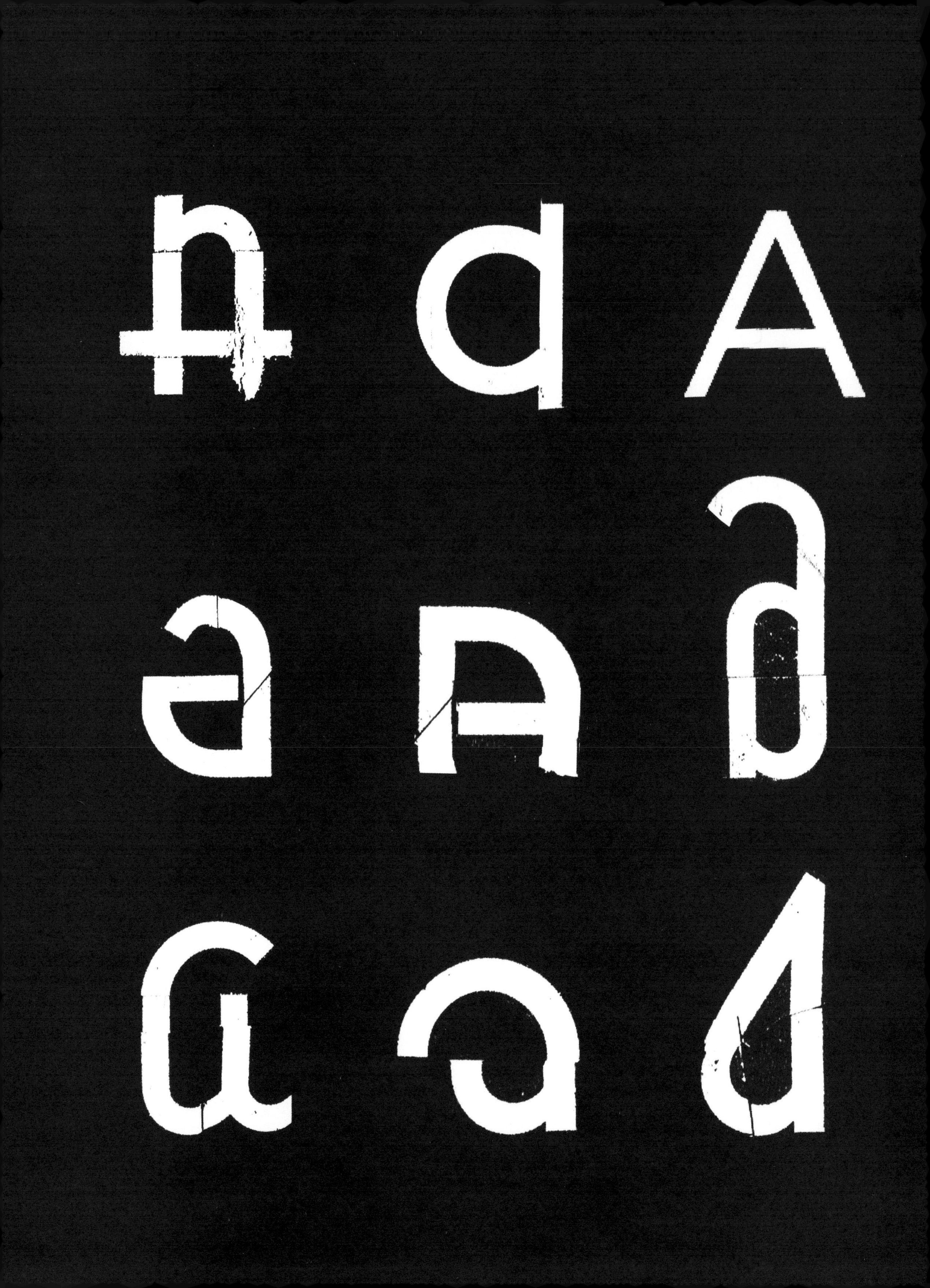

Catálogo de letras

As letras da palavra *pandemonium* foram catalogadas para que fosse possível visualizar os diferentes desenhos de uma mesma letra, olhar detalhadamente e verificar todos os ruídos que residem nessas letras.

Composições

Criação de composições visuais que apresentassem a palavra *pandemonium* a partir da junção das letras selecionadas. Ao trabalhar além dos limites da resolução das imagens, ruídos e distorções foram aparecendo e se incorporando às composições. O trabalho com imagens em positivo e negativo, e a busca de encaixes nas formas e no encontro entre as letras foram soluções que se desenvolveram durante o processo de criação das composições.

"A IMAGEM É UMA CRIAÇÃO PURA DO ESPÍRITO. ELA NÃO PODE NASCER DE UMA COMPARAÇÃO, MAS DA JUSTAPOSIÇÃO DE DUAS REALIDADES MAIS OU MENOS DISTANTES. QUANTO MAIS DISTANTE E DISTINTA A RELAÇÃO ENTRE DUAS REALIDADES REUNIDAS, MAIS FORTE SERÁ A IMAGEM—E MAIORES SERÃO SEU PODER EMOCIONAL E SUA REALIDADE POÉTICA."

Pierre Reverdy
(REVERDY, 1918, tradução livre)

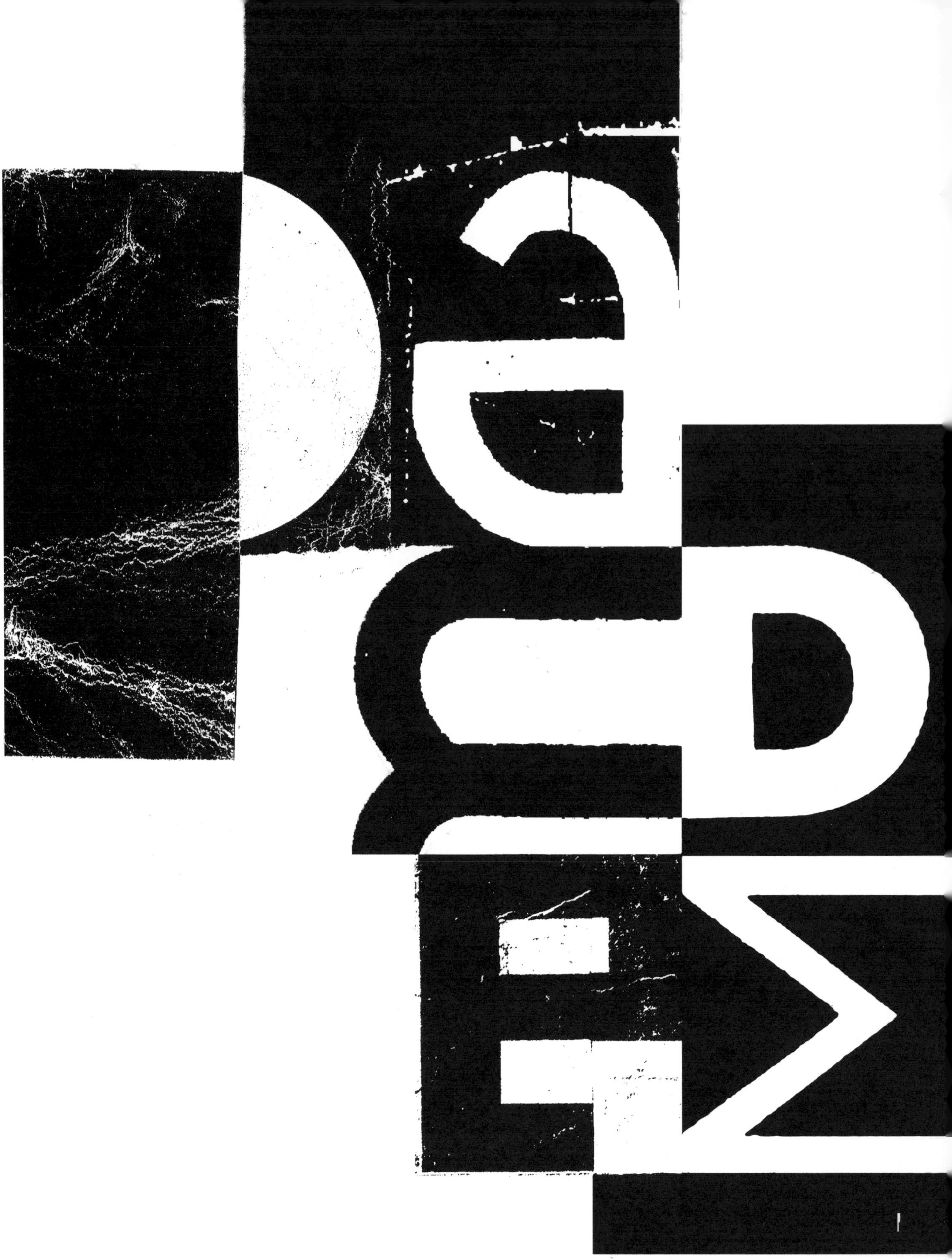

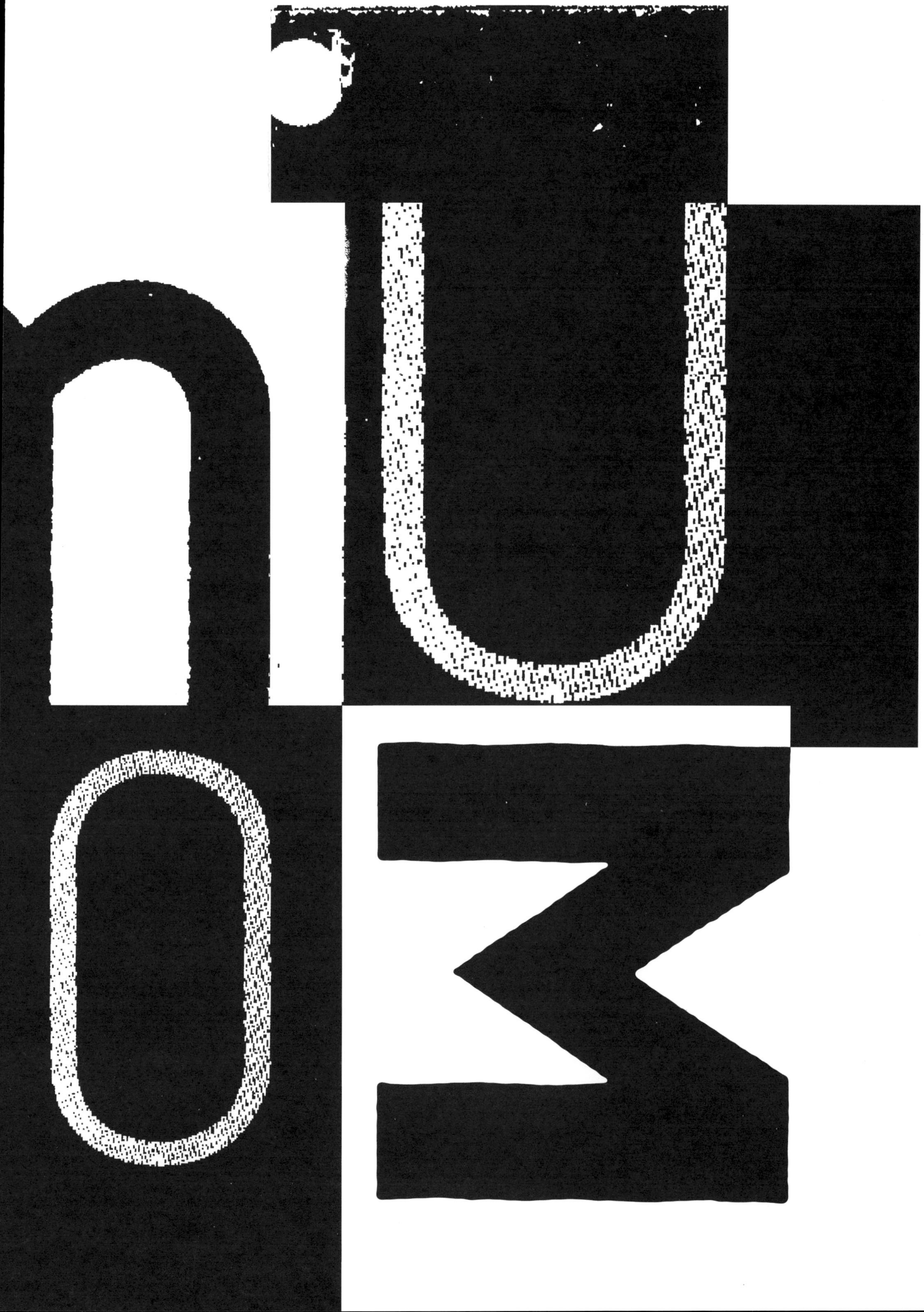

Pandem

delirium

Pandem

"A TÉCNICA DA COLAGEM É A EXPLORAÇÃO SISTEMÁTICA DO ACASO OU DA CONFRONTAÇÃO ARTIFICIALMENTE PROVOCADA DE DUAS OU MAIS REALIDADES MUTUAMENTE ALIENADAS A UM NÍVEL OBVIAMENTE INAPROPRIADO—E A FAÍSCA POÉTICA QUE SALTA QUANDO ESTAS REALIDADES SE APROXIMAM UMA DA OUTRA."

Max Ernst
(ELGER, 2010, p. 74)

Justaposições

A criação não está somente em tentar conceber algo totalmente novo. Justapor elementos emprestados de diferentes universos pode resultar na criação de novas ideias.

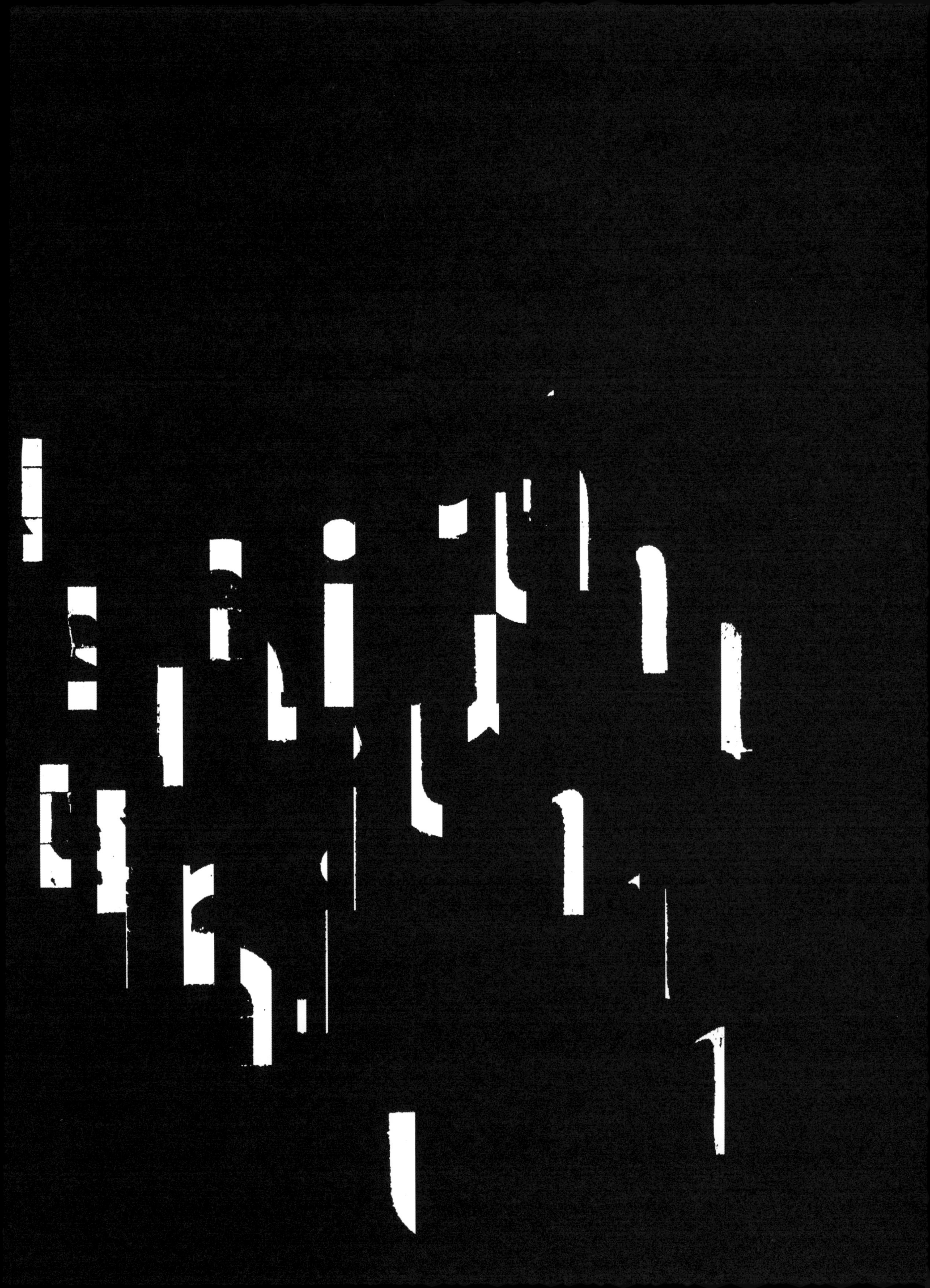

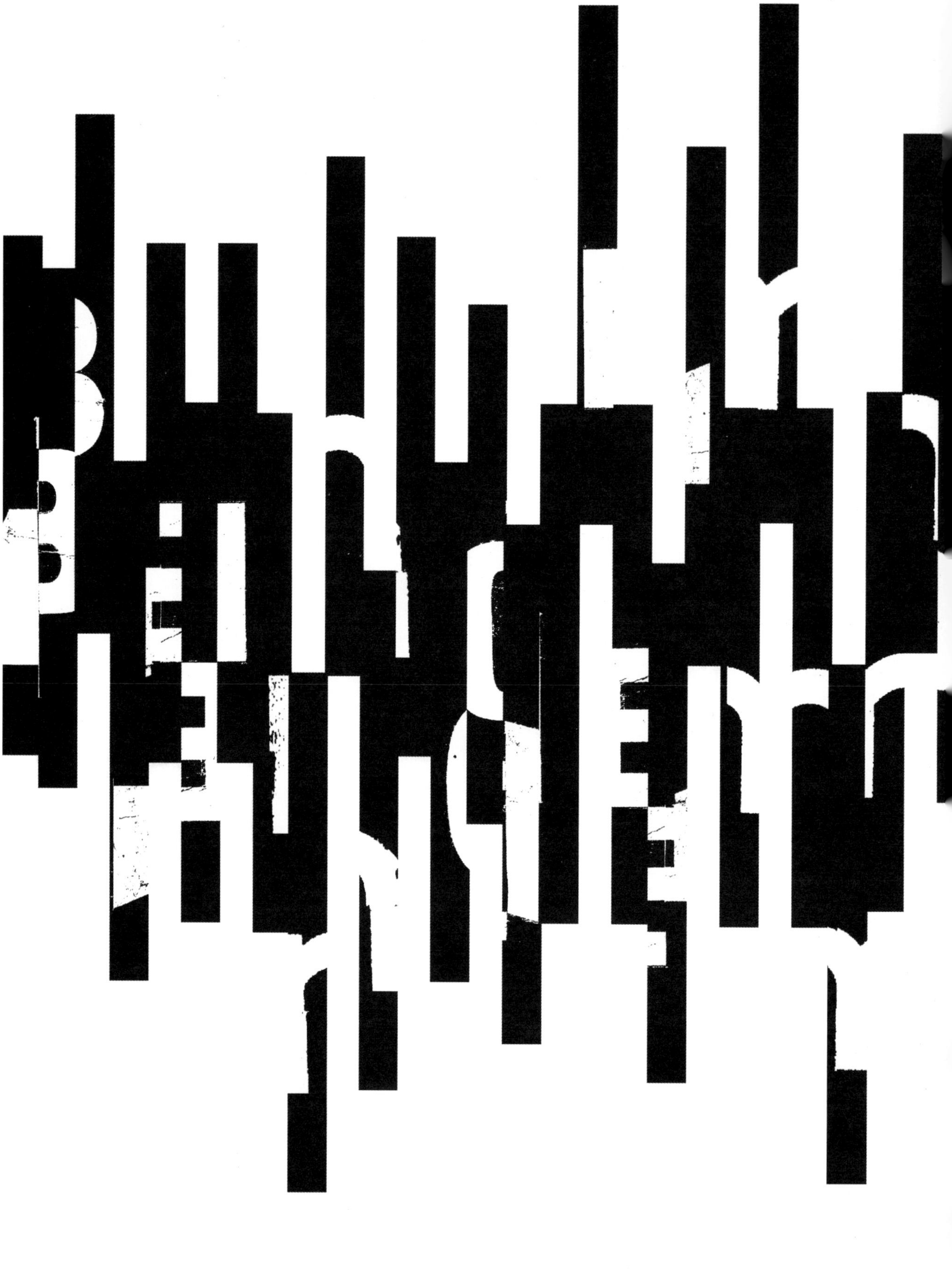

SELEÇÃO

"Um designer gráfico geralmente produz centenas de pequenos desenhos e escolhe um deles."

Bruno Munari
(BADER, 2013, p. 29, tradução livre)

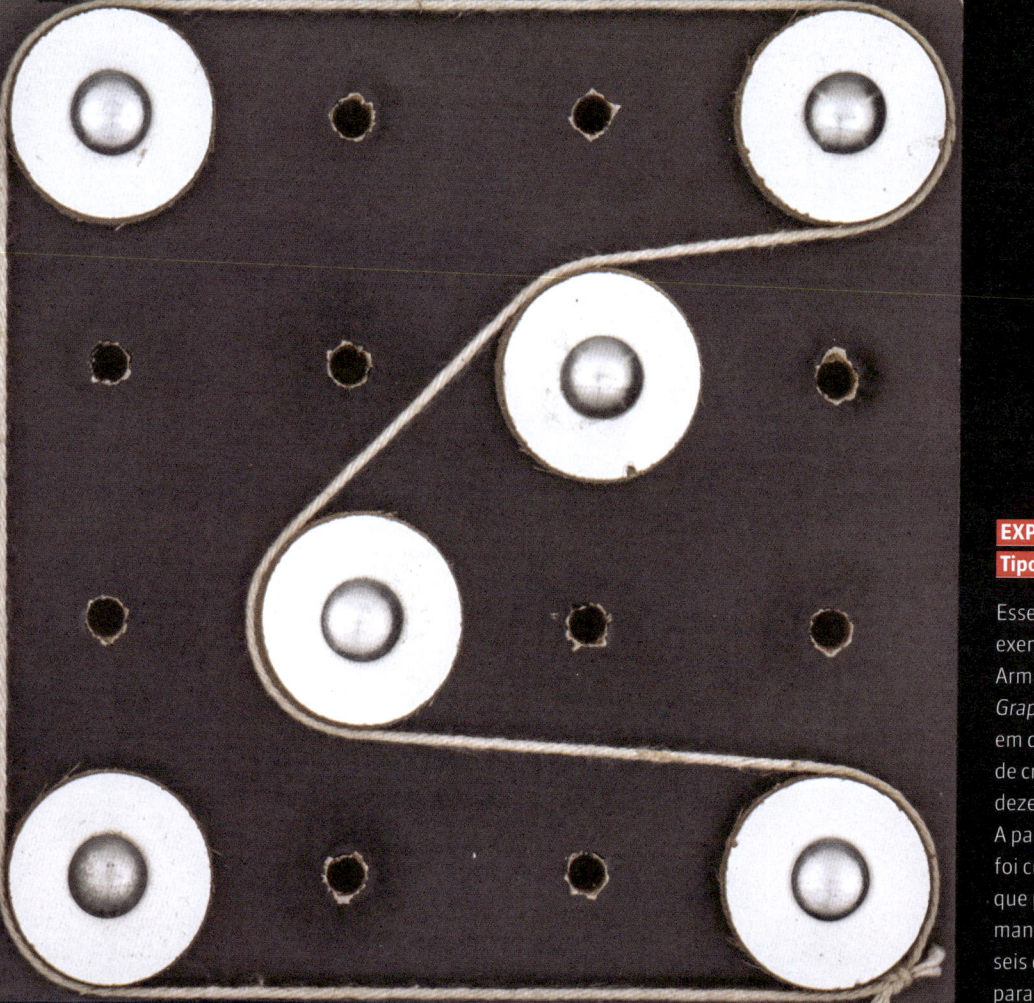

EXPERIMENTO 07
Tipografia paramétrica

Esse experimento toma como exemplo o exercício do designer Armin Hofmann em seu livro *Graphic design manual* (p. 70), em que propõe uma maneira de criar formas utilizando dezesseis círculos iguais. A partir do exercício de Hofmann, foi criado um dispositivo que permite gerar as formas manualmente, composto por seis círculos e um barbante para uni-los.

ESCOLHAS

Os bons criadores são aqueles que possuem a habilidade e a experiência necessárias para selecionar as melhores ideias e seguir em frente. Novas bifurcações surgem a cada passo no desenvolvimento do projeto, e o profissional deve escolher a rota que prefere seguir, mantendo olhos e ouvidos atentos e deixando-se guiar por desejos, gostos e palpites. Cada decisão abre um caminho único que deixará o indivíduo frente a frente com várias possibilidades, como uma viagem em que as coisas vão se desdobrando a cada passada (NACHMANOVITCH, 1993).

Apesar dos inúmeros descartes de ideias, escolher não é deixar de lado, como nos lembra o designer Carlos Bêla (2015). Escolher é, na verdade, dar importância para aquilo que é primordial ao projeto. O filósofo dinamarquês Kierkegaard (GRILLO, 2009) explica que, durante nossa existência, somos obrigados a fazer escolhas, e consequentemente elas nos afetarão. Postergar uma decisão ou não a tomar também é uma escolha.

Assim como na vida, um projeto é formatado pelas escolhas feitas durante o processo de criação. Em projetos demandados por um cliente, algumas escolhas são feitas pelo designer, mas a decisão final fica a critério do cliente.

"Então o cliente, do alto de sua onipotência, decidirá se a criança será estrangulada ao nascer ou se poderá crescer até atingir a maturidade plena do trabalho completo. Sob constante ameaça da morte na cesta de lixo ou da prisão do projeto dentro do peito, o designer nunca consegue se libertar do cliente" (BLACK, 2010, p. 117).

Outro arranjo possível é trabalhar lado a lado com o cliente. Em seu livro *Life style*, o designer Bruce Mau (POYNOR, 2010) apresenta duas abordagens para a criação de um livro. Na primeira, o designer é convocado na metade do processo. Depois que são tomadas todas as decisões de conteúdo editorial, ele é chamado para dar forma ao conteúdo. A segunda abordagem, preferida por Mau, é quando o designer assume todas as etapas de concepção do projeto, às vezes ao lado do autor, e outras explorando as diversas possibilidades de apresentação do conteúdo. Nessa abordagem, a divisão linear de tarefas é deixada de lado, de modo a permitir que a forma e o conteúdo evoluam de maneira simultânea e que as decisões sejam tomadas em conjunto. Além disso, o designer é apresentado como um autor.

Para escolher uma ideia é preciso comparar e entender o que está acontecendo à sua volta, como o pintor que dá alguns passos para trás e consegue ter a visão completa da obra. Quando se está focado na mecânica e nos detalhes, o problema não é visualizado de maneira holística, pois quando se fica atento somente a uma parte, perde-se o significado do todo (GLADWELL, 2005).

Andreas Rotzler (2015) nos conta que, quando mais jovem, sofria para manter uma distância e tentar ver o projeto de maneira integral, pois estava sempre atento às minúcias. Com o passar dos anos, tornou-se diretor de criação e então aprendeu a ter uma visão geral do projeto, atento ao que todos estavam fazendo. Andreas descreve que dessa maneira é muito mais fácil dar opiniões e ajudar a definir uma ideia.

Rotzler (2015) até desenvolveu uma estratégia de projeto, pedindo para que todos os designers coloquem suas ideias na parede e façam uma breve explicação. Na etapa seguinte, ninguém mais está autorizado a falar sobre as suas próprias criações e deve-se falar das ideias alheias de que mais gostou. Isso promove uma desconexão com o trabalho que cada um desenvolveu, pois a grande maioria está tão apaixonada pela própria ideia que chega a acreditar que ela seja perfeita. Quando todos começam a ver todas as ideias e a falar sobre aquelas que julgam ser as melhores, as ideias mais fracas são eliminadas naturalmente por não terem sido escolhidas. Do contrário, ainda assim elas seriam selecionadas por seus criadores.

Como se pôde notar no exemplo citado, o olhar de outra pessoa muitas vezes possibilita ver aspectos não observados pela mente de quem desenvolveu o projeto. O designer Willi Kunz (LUPTON, 2013) afirma que, quando está em um beco sem saída, sem saber que caminho tomar, consulta sua esposa, que não é designer e cuja crítica é muito esclarecedora.

Ouvir outras pessoas pode auxiliar a decidir, mas é preciso avaliar a pertinência do comentário, pois cada um de nós verbaliza opiniões a partir de um repertório muito subjetivo. Em todos os testes da cadeira Aeron, da Herman Miller (GLADWELL, 2005), os usuários diziam que ela era extremamente confortável, mas a achavam muito feia. Na verdade, aquelas pessoas estavam expressando suas visões estéticas, o que não necessariamente indica que um design seja ruim. A Aeron era detestada não porque tinha falhas no design, mas sim porque precisava de algum tempo para ser compreendida—por ser tão nova e incomum, ninguém estava acostumado com ela. Quando foi introduzida no mercado, ela imediatamente chamou a atenção de algumas pessoas de vanguarda, da publicidade e do Vale do Silício, além de ganhar alguns prêmios de design e de aparecer em diversos filmes e comerciais de televisão. Em algum tempo, ela se tornou uma das cadeiras campeãs de vendas da empresa e uma das mais copiadas do mundo.

DECISÕES CONSCIENTES E INCONSCIENTES

Seja na vida, seja em um projeto, decisões tomadas de forma consciente costumam ser recebidas com confiança, pois se acredita que a qualidade de uma decisão esteja relacionada com o tempo e o esforço despendidos na sua tomada. Porém, o tempo não tem relação direta com a qualidade de uma decisão, pois, em momentos de estresse, em que as decisões rápidas são necessárias, os resultados são tão bons ou melhores do que aqueles produzidos com muita calma e zelo (GLADWELL, 2005). O instinto humano ilustra bem essa comparação. Desviar bruscamente de um objeto prestes a cair sobre nossa cabeça é uma decisão que exige uma ação imediata para fugir do objeto e permanecer vivo. A espécie humana conseguiu sobreviver todos esses anos com a ajuda desse dispositivo de decisões rápidas a partir de poucas informações (GLADWELL, 2005).

O neurocientista António Damásio (2012) explica que uma decisão imediata, como a de desviar de um objeto, não decorre de uma estratégia consciente de raciocínio. Damásio detalha que o conhecimento adquirido, a partir da experiência, de que objetos em queda podem machucar e, portanto, devem ser evitados faz com que nosso cérebro desencadeie um estímulo, ocasionando uma resposta automática e rápida para fugir do objeto em questão. Essa resposta rápida também pode ser utilizada para fazer uma escolha de projeto. Andreas (2015) relata que, quando precisa fazer uma escolha entre alguns caminhos para um projeto de design, segue o seguinte processo: "Se tenho muitas ideias e não sei qual escolher, faço o seguinte: saio da sala, e as ideias que ficarem em minha cabeça nos primeiros cinco segundos são as boas. O resto posso deixar de lado".

O antigo diretor do Museu Metropolitano de Arte de Nova York, Thomas Hoving (GLADWELL, 2005), procurava criar métodos para ser surpreendido e, assim, conseguir tomar decisões eficientes a partir de pensamentos espontâneos que brotassem de suas impressões iniciais. Ele relata que, quando ia ver uma obra de arte que poderia ser adquirida pelo museu, solicitava aos vendedores que colocassem um pano negro e o retirassem quando entrasse na sala, ou pedia aos funcionários do museu que colocassem a obra em locais que o deixariam surpreso ao vê-la, como dentro de um armário.

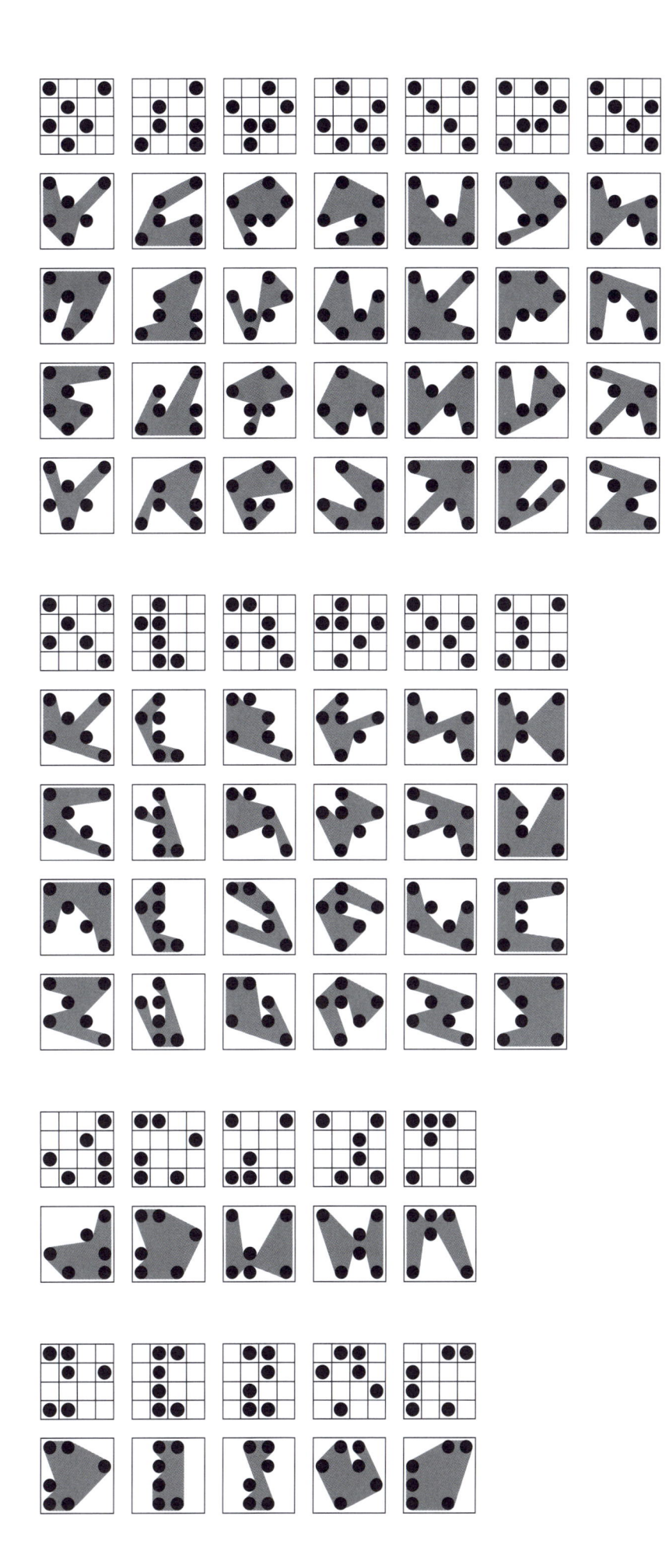

Catálogo de letras

Com a ajuda desse dispositivo, diversas formas foram criadas utilizando as seguintes regras: o fio não pode cruzar com outro fio; ele deve tocar todos os círculos e, sempre que possível, não deixar colunas ou linhas vazias. De todas as possibilidades que o dispositivo proporciona, inicialmente foram selecionados treze posicionamentos dos círculos, sendo cada um desenhado quatro vezes, demonstrando as diversas possibilidades de desenho a partir do mesmo posicionamento. Na segunda etapa, foram desenhadas mais dez formas com apenas uma variação cada, dessa vez buscando desenhar algumas letras da palavra *pandemonium* que não surgiram aleatoriamente na etapa anterior.

Caracteres

As formas foram desenhadas num *software* de criação de tipografias (Glyphs) pela precisão técnica proporcionada e também pela possibilidade de gerar um sistema tipográfico, viabilizando, assim, a composição de textos.

A B C D E F G H
I J K L M N O P
Q R S T U V W X
Y Z a b c d e f
g h i j k l m n
o p q r s t u v
w x y z 0 1 2 3
4 5 6 7 8 9

Mancha de texto

Após a geração dos 63 caracteres, alguns caracteres foram aplicados em uma mancha de texto para a criação de determinadas letras da palavra *pandemonium*. Na primeira, visualiza-se a letra P, resultante da junção de diversos caracteres; na segunda, a letra A é produzida, variando somente dois caracteres.

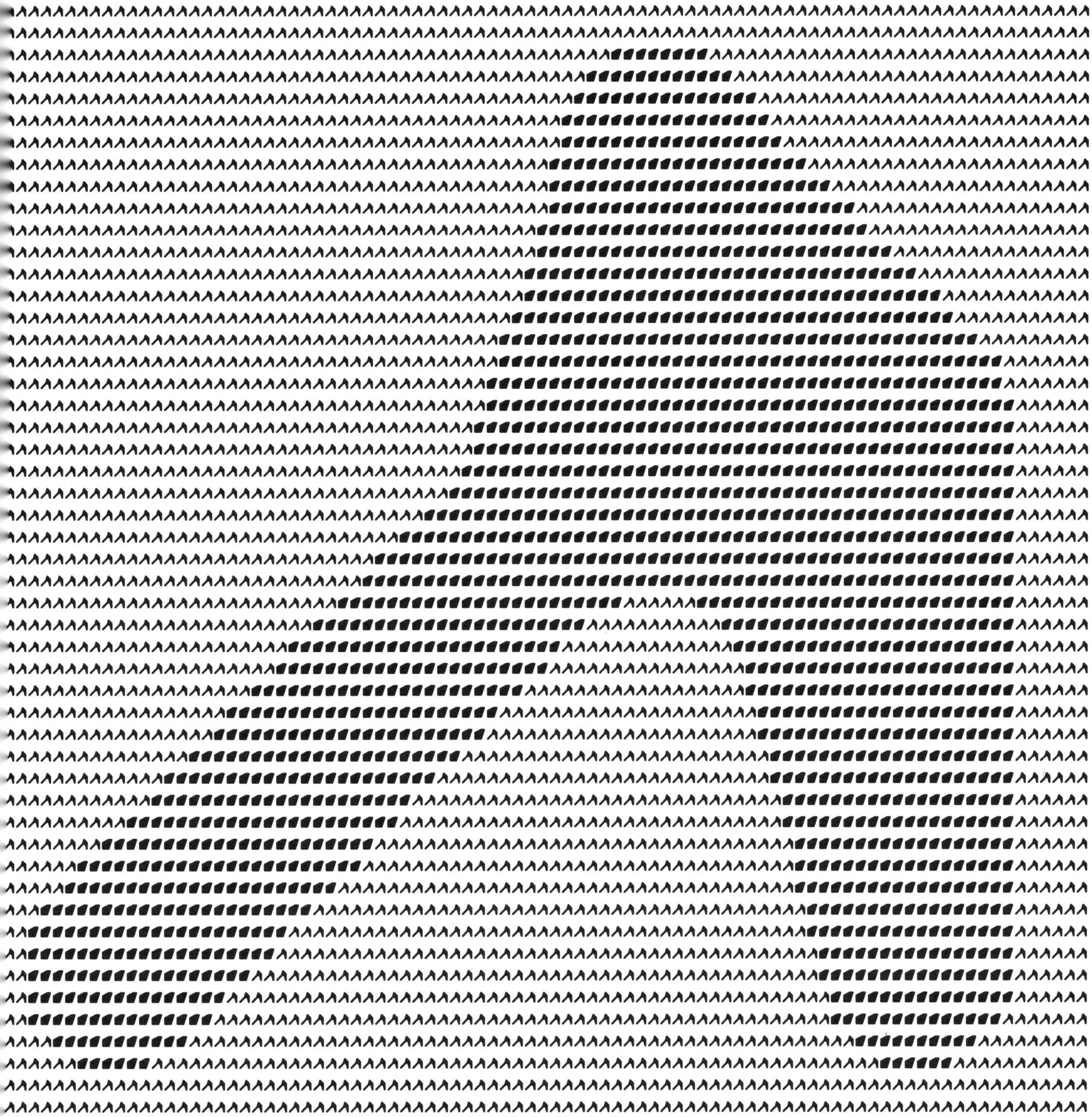

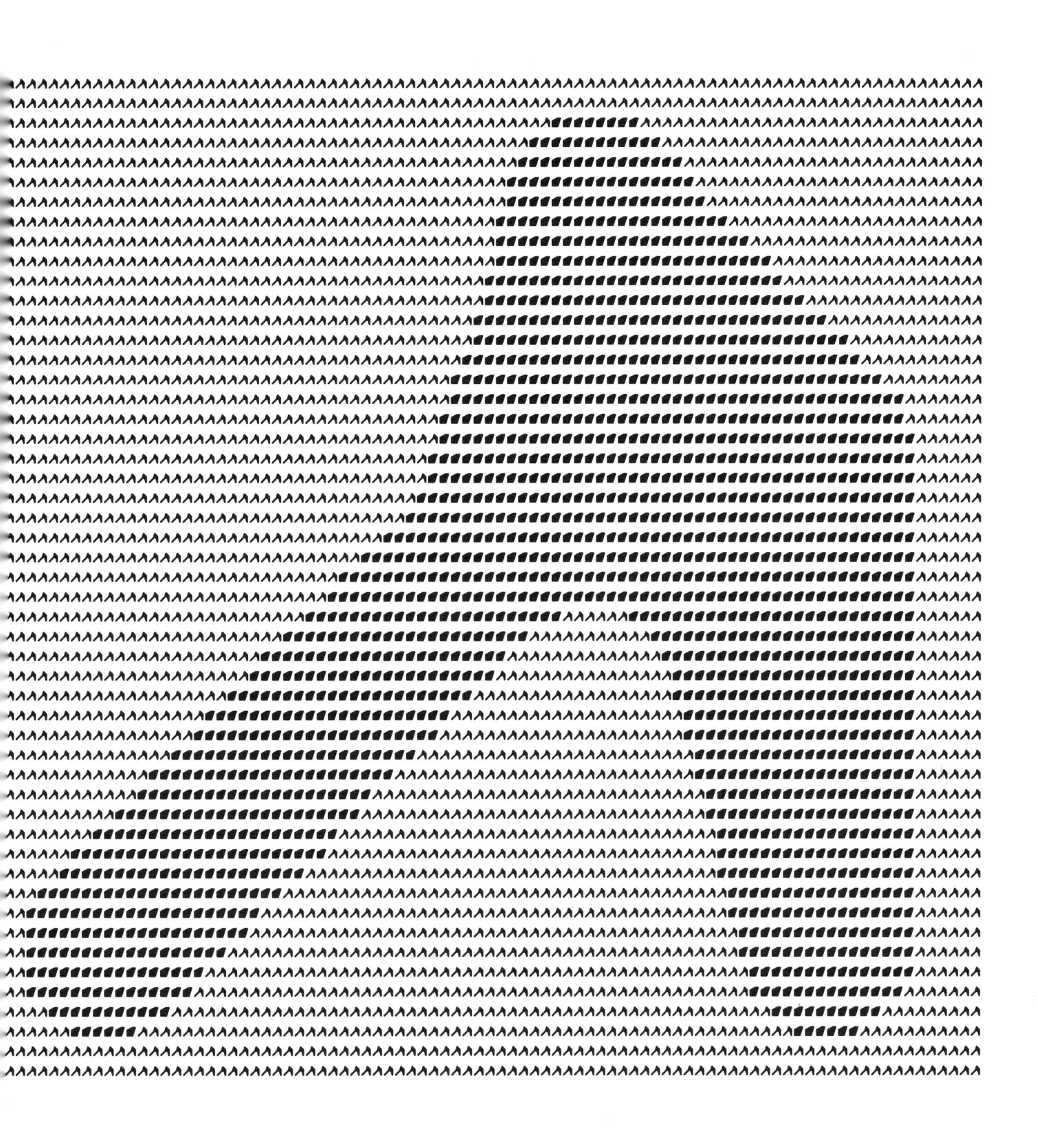

Vale ressaltar o poder e a eficiência das decisões rápidas e espontâneas, mas nem todas devem ser tomadas com velocidade. Existem situações em que as decisões devem ser lógicas, produzindo inferências que sejam livres de paixões e auxiliem na escolha da melhor solução para um problema. São os momentos de escolher uma profissão, em quem votar, onde investir o dinheiro ou criar um grande e complexo projeto de design (DAMÁSIO, 2012).

Os exemplos citados são situações complexas com um número muito grande de respostas que acarretarão ramificações de possíveis vantagens ou desvantagens futuras. A complexidade é tão grande que é difícil chegar de antemão a decisões eficientes, por isso é necessário desenvolver uma estratégia de escolha baseada no raciocínio; porém, para recorrer a esse recurso, é preciso buscar uma grande quantidade de informações para que sejam comparadas e confrontadas, o que viabiliza a melhor escolha (DAMÁSIO, 2012). É o movimento de adquirir conhecimento e usá-lo nos momentos adequados. O designer Erik Spiekermann (LUPTON, 2013) explica que, em seus projetos de design, busca determinar um conjunto de critérios que lhe permita julgar o trabalho que está desenvolvendo. Se o cliente não fornece esses critérios, ele mesmo os estabelece, com base nos concorrentes do cliente e nos objetivos almejados pelo produto ou serviço.

Nosso modo de pensar oscila entre consciente e inconsciente. As decisões conscientes são aquelas tomadas de modo racional, pois ocorre uma reflexão sobre o que se deve decidir. Uma decisão inconsciente, por sua vez, é desencadeada por outra parte do cérebro, que é justamente a que promove a tomada de decisões rápidas e trabalha de maneira automática (GLADWELL, 2005). "A mente opera eficientemente relegando ao inconsciente uma boa parcela de pensamento sofisticado e de alto nível, assim como um moderno avião de passageiros consegue voar com o piloto automático com pouca ou nenhuma intervenção do piloto humano 'consciente'" (WILSON, 2002, p. 6).

Em um segundo, diversas decisões são tomadas, sendo a grande maioria de modo inconsciente, quando se opera um número muito maior de informações do que de forma consciente—algo aproximado entre 16 e 50 bits por segundo (MLODINOW, 2013). Se nosso consciente tentasse operar essa mesma quantidade de informações, travaria.

Como toda e qualquer habilidade, o ato de decidir pode ser aperfeiçoado a partir da experiência e da prática (MLODINOW, 2013). A intuição de seguir para um caminho e não para outro nada mais é do que cognição rápida. É o inconsciente trabalhando com as informações das nossas experiências passadas relacionadas às emoções que se manifestaram; assim, compreendemos a emoção como um elemento auxiliar da razão, e a força das nossas escolhas está no diálogo entre a razão e a emoção (DAMÁSIO, 2012).

A intuição é um fenômeno presente em todas as pessoas, em maior ou menor grau. Ela se manifesta como um conhecimento direto, uma visão imediata dos elementos quando relacionada com outras coisas, sem o uso do raciocínio discursivo. Na vida cotidiana, frequentemente nos deparamos com alguns exemplos de intuição (BAZARIAN, 1986), como o do médico experiente que faz o diagnóstico na primeira consulta, identificando a doença antes mesmo da chegada dos exames; ou do comandante que consegue antever as manobras do inimigo; do lavrador que prevê a qualidade da safra ou do detetive que descobre o criminoso.

Um bom jogador de basquete faz decisões assertivas, sabendo o momento exato para arremessar uma bola e quando deve correr ou driblar a partir de treinamentos e experiências de jogo. As decisões de esportistas e também de profissionais que exercem trabalhos de alto estresse, como bombeiros e enfermeiros, não são lógicas e sistemáticas, pois não há tempo para comparar todas as informações para tomar uma decisão racional (GLADWELL, 2005). As decisões desses profissionais são guiadas pela experiência e pela intuição.

O especialista em tomadas de decisão Gary Klein certa vez entrevistou um comandante do Corpo de Bombeiros sobre a história de um incêndio que ocorreu na cozinha de uma casa, quando ele era tenente (GLADWELL, 2005). O chamado era aparentemente simples: ao chegarem, os bombeiros arrombaram a porta e jogaram água na cozinha, mas o fogo não apagou. Eles foram até a sala de estar e lá o tenente teve um pressentimento, ordenando que todos saíssem da casa imediatamente. Momentos depois o chão da casa desabou, pois o incêndio era, na verdade, no porão.

Pode parecer que o tenente possuía alguma percepção extrassensorial, mas, quando Klein pediu que ele fizesse um retrospecto detalhado da história, identificou algumas informações, como o fogo não ter se comportado como se esperava, pois incêndios em cozinhas são apagados com água, por não apresentarem temperaturas tão elevadas. A análise desses dados ajuda a entender o que aconteceu. O fogo não apagava porque não estava centrado na cozinha; a sala estava muito quente porque as labaredas estavam debaixo dela. A decisão de sair da casa tomada pelo tenente não foi consciente, pois, se ele parasse para refletir sobre

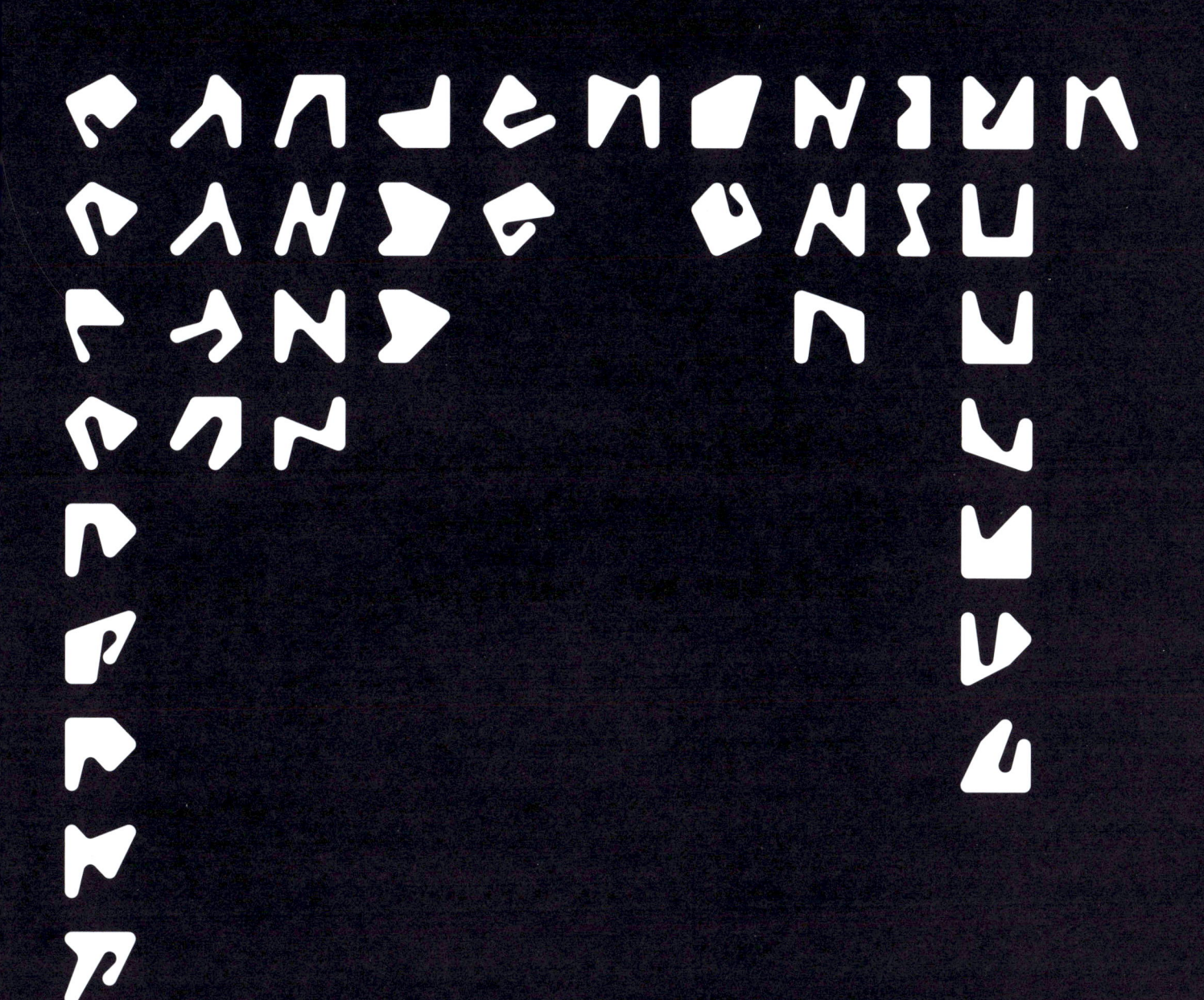

Alternativas tipográficas

A seleção é parte do processo de criação, e as escolhas realizadas podem fazer o projeto seguir um caminho totalmente diferente. As escolhas são feitas a partir do que se vê e do repertório de cada um. Nessa etapa, foram selecionados os caracteres que mais se assemelhavam com as formas reconhecíveis das letras da palavra *pandemonium*.

Escolhas

O projeto poderia ser finalizado na etapa anterior, porém, para demonstrar a consequência das escolhas, será apresentada uma série de caminhos que foram tomados. No exemplo acima, estudou-se como a forma da letra N se apresentaria se fossem aplicadas aproximações graduais de crescimento.

esse assunto com seus homens, não estaria vivo. Foi uma decisão inconsciente em que o bombeiro identificou algum padrão no incêndio a partir da sua experiência, vivência e treinamentos (GLADWELL, 2005).

A mente inconsciente toma algumas decisões porque nós não percebemos conscientemente tudo aquilo que é armazenado por nosso cérebro. Além disso, a decisão inconsciente nem sempre é verbalizada e pode surgir a partir de um pressentimento, de um palpite e, em alguns casos, até do famoso "frio na barriga". Uma decisão não é fruto somente do cérebro, pois o corpo e a mente não são unidades distintas. O corpo não é divisível em funcionamento mecânico e funcionamento mental (DAMÁSIO, 2012). Não crer nesses sinais que o corpo apresenta e tomar decisões baseadas somente no raciocínio e em muito tempo de reflexão pode ser algo igualmente muito vantajoso ou muito desastroso.

Michael Gladwell (2005) ilustra um caso em seu livro *Blink, a decisão em um piscar de olhos*. O Museu J. Paul Getty, na Califórnia, queria adquirir uma escultura do século VI a.C., conhecida como *Kouros*, para seu acervo. Depois de catorze meses de testes usando microscópios eletrônicos e a presença de um geólogo, a obra foi certificada como verdadeiramente antiga, e o museu a adquiriu por dez milhões de dólares. A escultura foi apresentada ao público com muita pompa e até recebeu uma matéria de capa no jornal *The New York Times,* mas havia algo de errado naquela estátua.

Pouco antes de o museu adquirir a peça, Federico Zeri, membro do conselho de curadores do Museu Getty, foi convidado para avaliar a escultura. Sem conseguir verbalizar direito, ficou com o olhar fixado nas mãos da estátua e expressou um sentimento de que havia algo errado. A segunda convidada foi Evelyn Harrison, uma das maiores especialistas do mundo em escultura grega, que também teve a mesma sensação. O terceiro especialista, Thomas Hoving, antigo diretor do Museu Metropolitano de Arte de Nova York, que participou de muitas escavações, estranhou a coloração da estátua. Os especialistas tiveram uma sensação de repulsão instantânea, mas a equipe de advogados e cientistas do museu conseguiu comprovar que a obra era genuína, e o museu concluiu a aquisição. Depois de algum tempo, descobriram-se fatos novos sobre a obra, como comprovantes e certificados falsos, e constatou-se que era possível envelhecer uma escultura de mármore em dois meses usando bolor de batata. Em alguns segundos, os três especialistas conseguiram fazer uma avaliação mais precisa do que a equipe do museu em catorze meses.

A experiência é um fator determinante para fazer boas escolhas. Um dos especialistas que viu a estátua, Thomas Hoving, relatou que, quando começou a trabalhar no Museu Metropolitano de Nova York, ficava todo dia até tarde da noite desencaixotando todas as esculturas do acervo do museu e avaliando uma a uma cuidadosamente (GLADWELL, 2005). Assim, Hoving estava montando um banco de dados em seu inconsciente, ao mesmo tempo que ia alinhando uma sensação ao olhar cada objeto ao conhecimento adquirido sobre datas, técnicas e valores.

O CANTO DA SEREIA

Uma tomada de decisão tem a ver com o resultado que se quer obter. Assim como no dia a dia, estereótipos e preconceitos inevitavelmente podem contaminar uma escolha, bem como uma distração ou algum interesse em determinado caminho. Não há uma neutralidade no olhar. "O olho que vê não é um mero órgão físico, mas uma forma de percepção condicionada pela tradição na qual seu possuidor foi criado", disse a antropóloga Ruth Benedict (MLODINOW, 2013, p. 39). Quando uma escolha é feita, é necessário refletir se ela foi feita a partir de justificativas ou se ocorreu o caminho inverso, em que primeiro selecionou-se algo e depois justificativas foram formadas.

O psicólogo social Jonathan Haidt descreve que temos duas maneiras de tomar decisões: a do cientista e a do advogado. A primeira reúne evidências e formula teorias para chegar a uma decisão; a segunda busca o convencimento de uma decisão, derrubando evidências que a desacreditem e apoiando aquelas que a auxiliem (MLODINOW, 2013). Quando olhamos algo, somente vemos o que queremos ver ou o que nos é induzido a olhar.

[Fig. 11] Fachada de hotel/motel. São Paulo, 2019. Fotografia: Cristiane Inoue, acervo pessoal.

Na cidade de São Paulo (Brasil), alguns hotéis querem se passar por motéis apresentando uma artimanha visual em seus letreiros: uma letra H estilizada com a haste horizontal um pouco curvada para que se pareça com uma letra M. Isso ocorre porque motéis são conhecidos por cobrarem por permanências menores que uma diária e o atendimento não é feito de maneira direta. Alguns hotéis que mantêm um atendimento de maneira direta e não poderiam ser declarados motéis utilizam essa artimanha da ambiguidade para que a decisão—se é um motel ou hotel—seja interpretada ao gosto do freguês (FELITTI, 2013). Essa artimanha é um exemplo de como a ambiguidade abre as portas para fazermos julgamentos errados de algo que não conhecemos bem. Nossas leituras estão abertas a diferentes interpretações, e podemos crer que estamos lidando com fatos, mas na verdade a nossa mente está querendo acreditar no que mais estivermos interessados (MLODINOW, 2013).

As perguntas formuladas em pesquisas de mercado reduzem a complexidade de um produto na tentativa de obter uma única resposta. Um exemplo disso são os testes cegos feitos para produtos alimentícios, detectando o produto de que o público mais gosta levando em consideração somente o critério de sabor. Porém, produtos não são vendidos às cegas, e a sua apresentação e outros contextos fazem parte dessa complexidade para serem escolhidos.

Podemos fazer um paralelo com o design gráfico, em que é muito difícil selecionar uma tipografia sem visualizá-la em uso. Escolher uma tipografia de maneira isolada é diferente de escolher essa mesma tipografia aplicada dentro de um contexto, sendo apresentada em manchas de texto e experimentos gráficos. Isolar escolhas para a construção de um projeto pode parecer eficiente, mas é um processo linear de produção que não integra todas as partes e não fornece todas as premissas para a escolha.

Caminhos

O mesmo exercício de crescimento do caractere dentro do quadrado foi aplicado nas letras P, A e N, porém esse caminho foi abandonado.

Setas

Foram selecionadas algumas formas que se assemelhavam com o desenho de setas. Descobriu-se que os desenhos em que as formas eram desalinhadas realçam uma direção, então o conjunto de experimentos resultou em estudos de direção e movimento. Porém esse caminho foi abandonado por não ser aplicável às letras da palavra *pandemonium*.

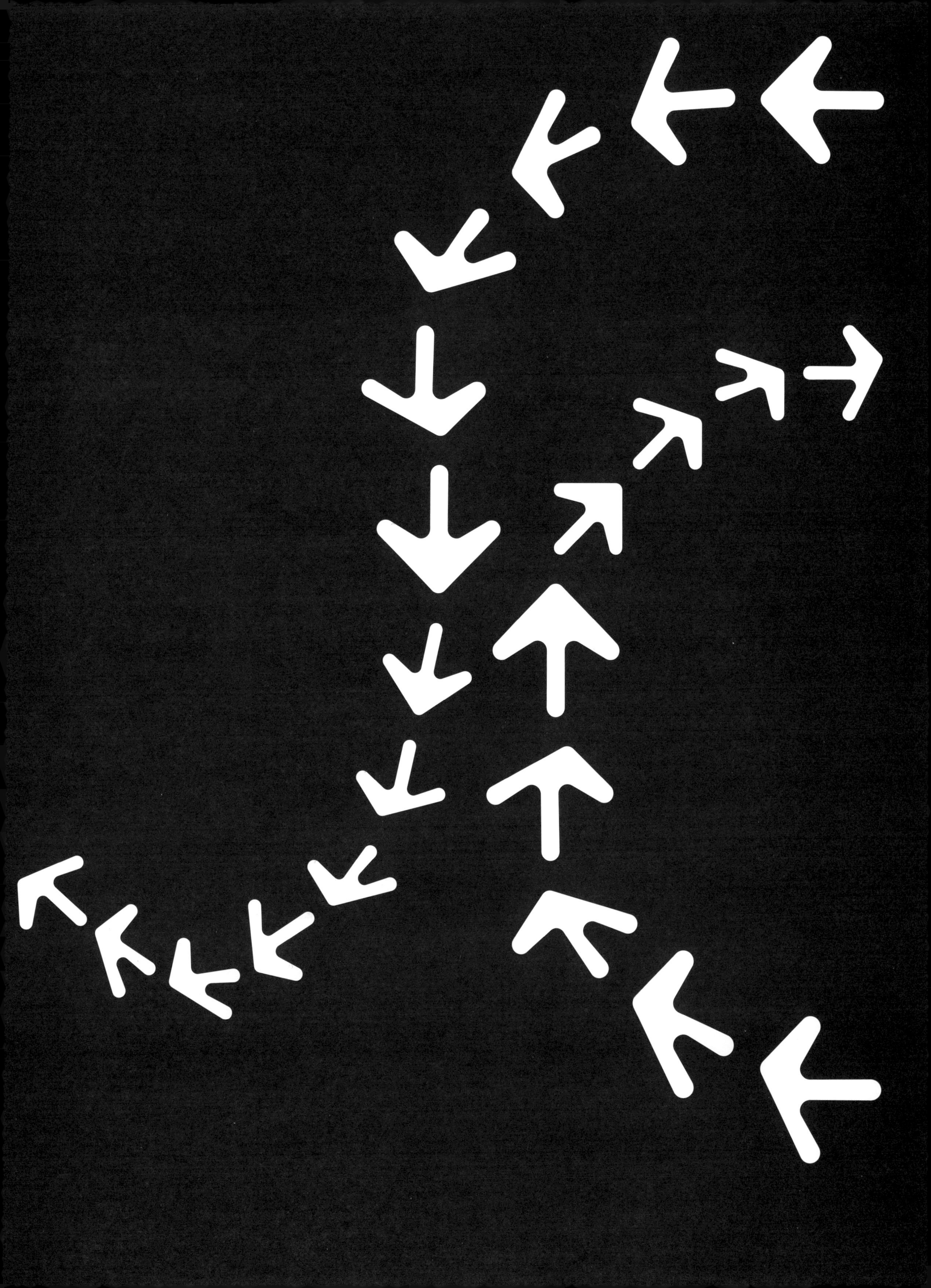

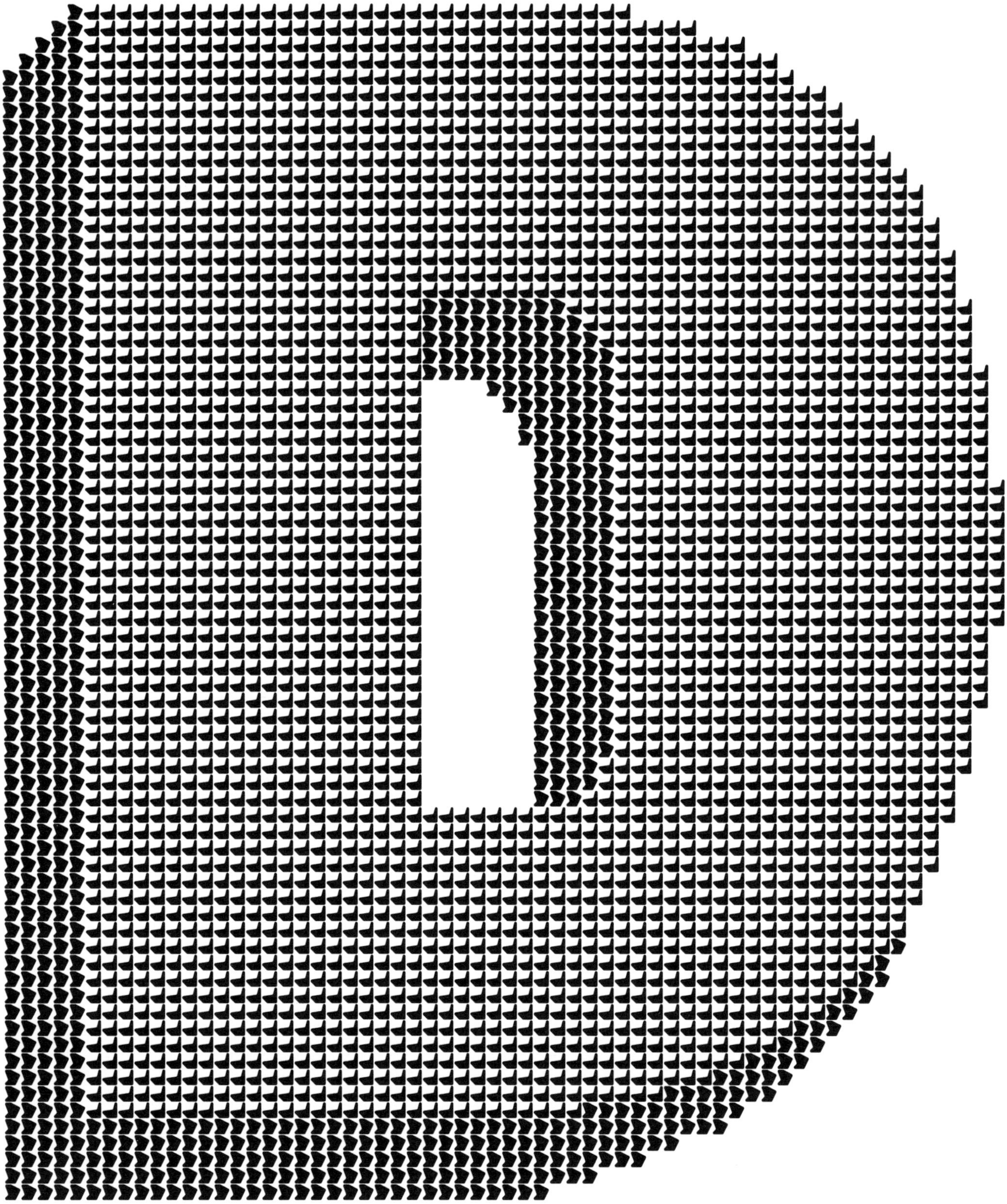

"EDIÇÃO SIGNIFICA REJEIÇÃO, REJEIÇÃO E MAIS REJEIÇÃO— NUNCA PARE ATÉ QUE VOCÊ TENHA ALGO REALMENTE BOM."

Ivan Chermayeff
(LUPTON, 2013, p. 179)

Repetição

Um caminho que havia sido explorado inicialmente e foi retomado. A criação de desenhos de letras a partir da repetição de caracteres dentro de uma mancha de texto.

222

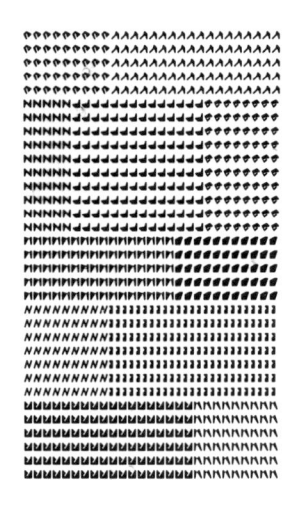

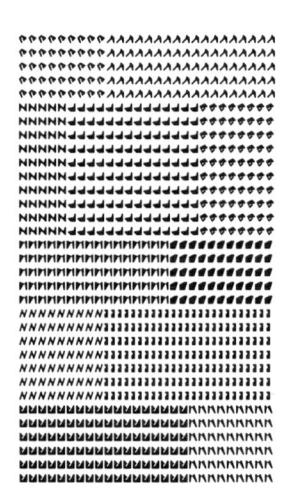

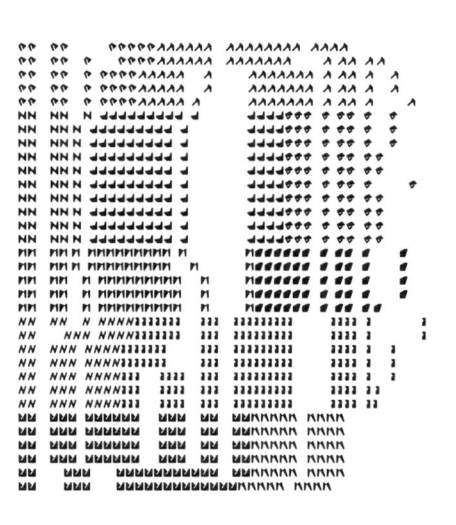

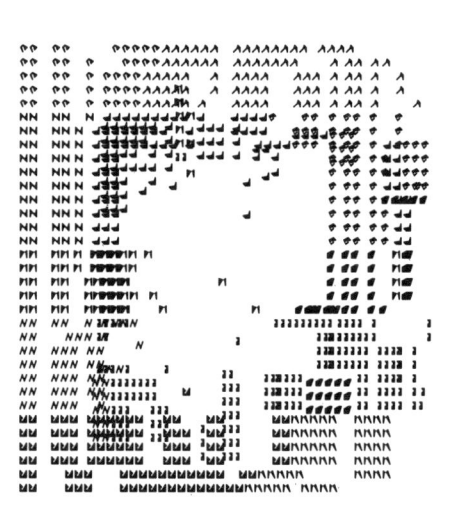

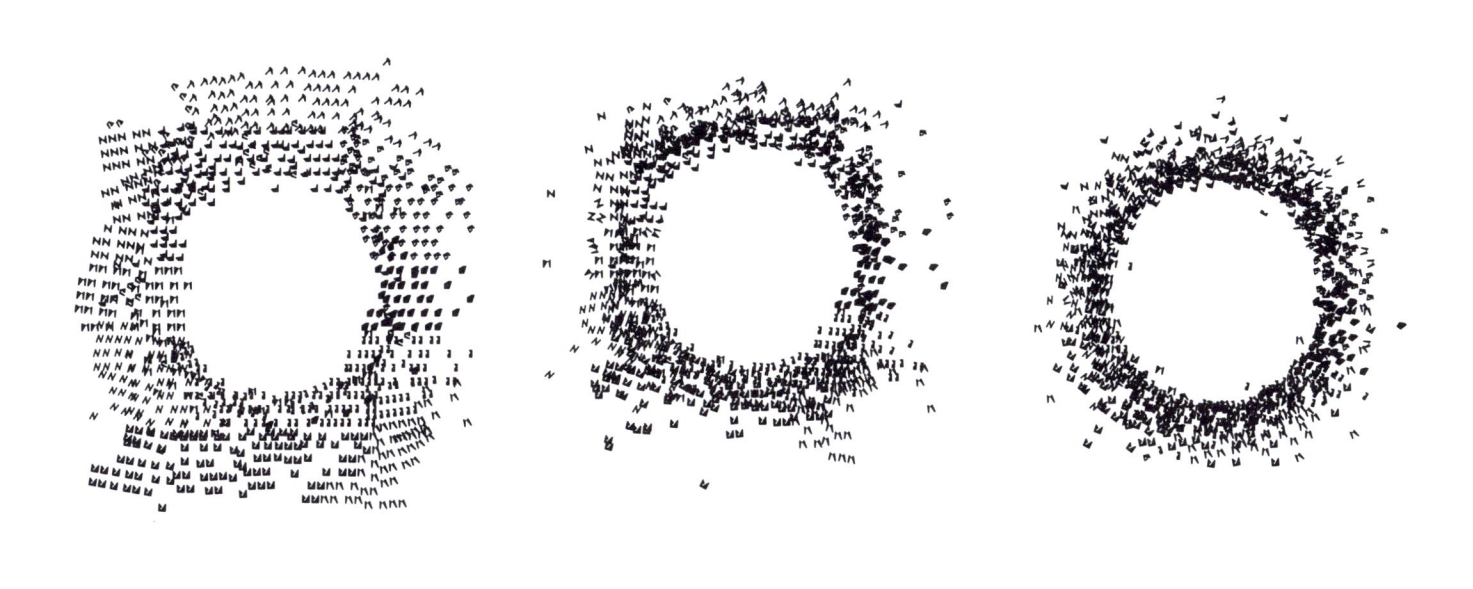

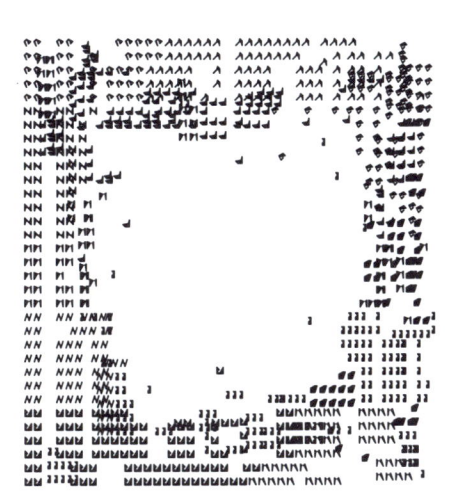

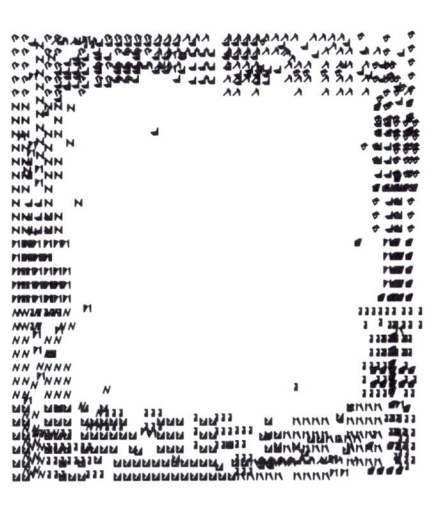

Desconstrução

Nesse caminho, manchas de texto foram escritas com a palavra *pandemonium* e posteriormente as letras foram desconstruídas. No exemplo 1, as letras se movem de maneira concêntrica; no exemplo 2, isso ocorre dentro dos limites do retângulo; no exemplo 3, o movimento é vertical.

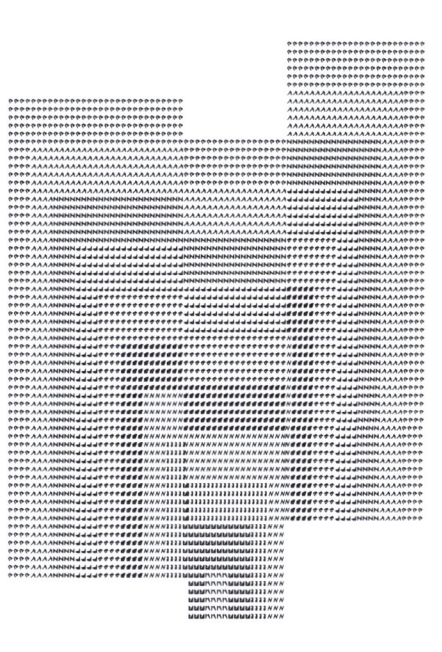

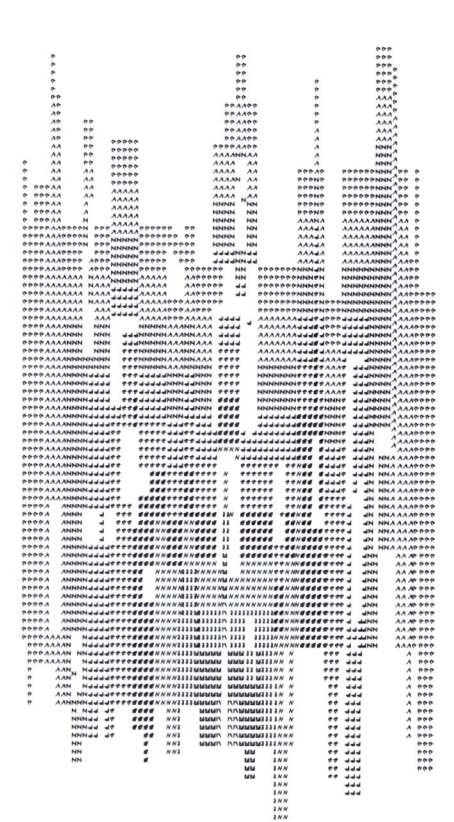

Decisões a partir do repertório

As seleções fazem com que o projeto siga um determinado rumo. Como as decisões não são lineares, mas complexas, podem-se retomar caminhos deixados de lado anteriormente, como no exemplo desse experimento. Em um projeto de design, decisões, conscientes ou não, são constantes e a qualidade delas virá a partir do repertório e da vivência de projeto que cada designer possui.

PRODUÇÃO

"A distância entre ter uma ideia e colocá-la em prática é maior do que a distância da sua cabeça até a sua mão."

Alan Fletcher
(FLETCHER, 2001, p. 78, tradução livre)

EXPERIMENTO 08
Mundo físico

Nesse experimento, a exteriorização começou na primeira etapa, a partir de alguns restos de papéis dispostos ao acaso, que foram a fagulha para a identificação do número quatro. A colagem foi aplicada em uma grade para que fosse reconstruída com exatidão cromática e formal, possibilitando que o sistema numérico completo fosse desenvolvido. Nas páginas seguintes, é possível visualizar todos os números que nasceram a partir da grade inicial, em cores e também em preto e branco.

EXTERIORIZAR

A solução de muitos problemas passa pela visualização mental, porém esta é uma técnica limitada: funciona bem para problemas pequenos ou partes de uma situação complexa, pois somente é necessário imaginar mentalmente a possível resposta (SAWYER, 2012). A mente consciente não consegue visualizar um projeto por inteiro por não conservar os rastros dos caminhos tomados à medida que os pensamentos vão se conectando. Em um desenho mental, por exemplo, perdemo-nos ao tentar imaginar todas as linhas traçadas anteriormente, não lembrando de fato a real localização; mas, se desenharmos os rastros de pensamentos em papel, é possível ver os caminhos trilhados. Dessa maneira, exteriorizar é deixar as ideias palpáveis, trazendo-as para o mundo físico.

Um poema, por exemplo, é construído gradualmente, a partir de um processo de várias incubações, iluminações, edições e muitas horas de trabalho. O pintor Edgar Degas (SENNETT, 2012, p. 137) teria comentado certa vez com o poeta Stéphane Mallarmé que havia tido uma ideia "maravilhosa" para um poema, mas não conseguia desenvolvê-la. Diante disso, Mallarmé replicou: "Meu caro Edgar, poemas não se fazem com ideias, mas com palavras".

Exteriorizar uma ideia é, portanto, colocá-la no mundo e conseguir visualizá-la por completo. É poder validar uma ideia a partir do que realmente se enxerga, pois o que está na cabeça geralmente é muito diferente do que se produz no papel. Não é um processo de simplesmente colocar no papel o que está na mente, mas manipular e trabalhar com materiais, estando aberto para novos caminhos que poderão ser apresentados.

A designer e escritora Ellen Lupton (2013) relata que as ideias não nascem somente na cabeça. Elas surgem à medida que ideias simples são manipuladas, transformando-se, assim, em coisas tangíveis. "Existe uma enorme diferença entre os projetos que imaginamos e os que realmente colocamos em prática", completa o músico Stephen Nachmanovitch (1993, p. 69). Criatividade não diz respeito apenas às ideias que se formam na mente; o ato de desenvolvê-las e colocá-las à prova fazem parte do processo.

O mesmo ocorre na direção inversa, quando algo é exteriorizado sem que haja uma ideia clara na mente. Um exemplo disso é o método de desenho de contorno cego, desenvolvido pelo escultor Auguste Rodin e empregado pelos artistas Gustav Klimt e Egon Schiele. Tratava-se de

[Fig. 12] Esboço para a obra *Lovemaking*. Egon Schiele, 1915. Leopold Museum, Viena. Alamy/Fotoarena.

desenhar sem tirar os olhos do que se estava desenhando, sem levantar o lápis do papel e muito menos apagar ou modificar o que se fez; consequentemente, desenhava-se, com extrema velocidade, uma linha contínua que era, ao mesmo tempo, nervosa e precisa (KANDELL, 2012).

Em seu livro *Notebooks of mind*, a professora de linguística Vera John-Steiner (1997) estudou os cadernos e diários de criadores de diferentes áreas, como Diego Rivera, Leon Tolstói e Marie Curie. Ela descobriu que os cadernos que todos esses criativos utilizavam nada mais eram do que uma ferramenta para exteriorizar visualmente suas ideias. Além disso, John-Steiner identificou que as grandes ideias dessas pessoas não nasciam de uma única vez, mas surgiam com as anotações e conforme eram exteriorizadas ao longo do tempo.

A descoberta de John-Steiner vai ao encontro do que é apresentado na biografia de Leonardo da Vinci (ISAACSON, 2017), na qual se relata que o artista registrava com frequência pensamentos e ideias que poderiam ser úteis para seus projetos artísticos ou de engenharia. Esses registros de pensamentos e esboços sem muito refino serviam para que sua mente desse saltos imaginativos a partir de ideias que nasciam sem censura de sua personalidade altamente perfeccionista e disciplinada. Leonardo (ISAACSON, 2017) aproveitava o máximo do espaço na folha de papel, pois ela era muito cara na época, e inseria registros com tópicos distintos. Ele geralmente retornava a essas folhas para acrescentar alguma ideia ou anotação. Depois de produzidos, esses cadernos eram revisitados e originavam profundas investigações científicas que Leonardo faria.

O DESENHO COMO FERRAMENTA

John-Steiner constatou também que é comum pessoas criativas utilizarem imagens ou recursos visuais para expressar uma ideia, mesmo quando não pertencem à área de artes visuais. O objetivo é encontrar soluções criativas, o que ela chamou de "linguagem da mente". É o caso do escritor russo Dostoiévski, cujos manuscritos de seus romances contêm uma série de desenhos que provavelmente serviam para auxiliar o escritor a superar algum bloqueio mental ou dilema que o impedia de seguir escrevendo (GOMBRICH, 2012). A partir dessas representações visuais, Dostoiévski poderia compreender ou ver coisas que até então não estavam claras, pois o desenho pode fornecer alternativas para que o escritor retorne à sua obra.

[Fig. 13] Página do manuscrito para o livro Os demônios, de Fiódor Dostoiévski (1870/71). Russian State Library, Moscou. AKG Images/Fotoarena.

Skollos e Wedell (2012, p. 59) descrevem a importância do desenho como a principal ferramenta do artista visual, capaz de conectar o consciente ao mundo físico: "Um circuito que funde mão, mente e olho". O desenho pode auxiliar na percepção de uma solução intencional ou possibilitar o desenvolvimento de um conceito por meio de formas e significados que gerem uma investigação posterior. Ao trabalhar mais espontaneamente no plano da imagem, o designer conecta ideias e associações usando o desenho. Segundo os próprios autores: "É um modo de efetivar o imprevisto e o intencional; a capacidade em reconhecer o que será útil e moldar ou editar essas descobertas é parte igualmente crítica".

Existem designers, como Edward Fella, que seguem um fluxo de trabalho em que o consciente fica de lado, dando espaço para que novas formas ou ideias ocorram, sem a censura da razão. Ele descreve esse processo como "execução antes da concepção; significado antes da percepção" (SKOLLOS; WEDELL, 2012, p. 70). Em vez de iniciar o projeto a partir de um problema ou conceito, Fella aposta no surgimento de imagens a partir de seus esboços livres. Essa prática pode ser identificada em seus diversos *sketchbooks*, nos quais os desenhos foram produzidos sem uma intenção, apenas feitos, sem que soubesse exatamente seus propósitos ou utilidades.

Mesmo sendo um trabalho intuitivo, Fella acredita que o que ele produz vem de algum lugar, ou seja, da sua experiência profissional, do que aprendeu, das aulas que ministrou na Cranbrook e de pessoas e de ambientes com os quais se conectou. Nesse processo de fazer antes de pensar, as ideias vão surgindo de maneira imprevisível e sem finalidade, e a experiência e o repertório do designer são o grande diferencial para identificar elementos de interesse que poderão ser desenvolvidos mais profundamente.

Para o designer Andreas Rotzler (2015), o desenho o ajuda a pensar. Fazendo ilustrações com elementos visuais simples, ele tenta formular sentenças visuais que o ajudem na explicação de ideias. O processo é dinâmico, iniciado com alguma ideia que surge em sua mente. Depois Rotzler olha para esses desenhos e tenta ver coisas que não havia pensado antes, o que ele descreve como sobrevoar de helicóptero o desenho por inteiro e tentar encontrar algo que não tinha visto.

A designer Paula Troxler (2015) acredita que desenhar é como ter uma ideia "lá longe" e depois tentar agarrá-la e colocá-la no papel. Troxler descreve o desenho como uma viagem e considera que se deve despender pelo menos uma hora nele, sem se apressar ou o abandonar, pois antes desse período não é possível julgar se o desenho é bom ou não.

A manipulação de ferramentas e materiais ajuda a gerar mais ideias, o que demonstra o valor de uma ação corporal para a criatividade. O envolvimento físico e a manipulação de um material desencadeiam o ato de pensar com as mãos: conforme se manipula algo, as ideias surgem na mente, conectando, assim, a ação com um conhecimento interior. Na língua inglesa, existe a palavra *thinkering*, inventada por Michael Ondaatje no livro *O paciente inglês* (SAWYER, 2013). Esse termo descreve bem o que é o ato de pensar com as mãos: ele é a junção de *think*—pensar—e *tinkering*—manipular. Ou seja, o vaivém entre mão e cabeça, propiciando a descoberta de coisas e relações que não teriam sido pensadas se nascessem somente a partir de um processo mental.

Trazer uma ideia para o mundo real é uma tarefa árdua que exige esforço e dedicação, pois, à medida que a ideia toma forma, surgem questionamentos acerca do funcionamento da criação. Em caso negativo, é preciso voltar para etapas anteriores do processo; mas, se funcionar, o projeto pode ser apresentado ou implantado. Como é um traço característico do processo criativo, a exteriorização não é o fim de um processo. Pode ser o recomeço de um projeto que não se apresentou adequado e cujo retorno para as etapas anteriores se faz necessário.

O arquiteto Renzo Piano (SENNETT, 2012) explica que, em seu processo de trabalho, começa fazendo esboços, depois produz alguns modelos, retorna ao espaço onde será feita a obra e volta novamente aos desenhos. Assim ele estabelece certa circularidade entre o desenho, a maquete e o espaço físico. Quando não está satisfeito, ele refaz esse caminho, até conseguir encontrar uma solução que o agrade (SENNETT, 2012). Nesse exemplo, compreende-se que o processo de criação não é linear e muito menos exclusivamente mental. Os projetos, tanto na arquitetura quanto no design, nascem do embate entre cabeça e mãos e se desenvolvem conforme são testados fisicamente.

PROTÓTIPO

Fazer alguns esboços de uma ideia também não é suficiente para pô-la em prática. É preciso criar protótipos que permitam a visualização da ideia e verificar se ela realmente funciona ou não. "*Mock-ups* (protótipos) físicos e digitais ajudam os designers e os clientes a imaginarem a solução na prática" (LUPTON, 2013, p. 61). O protótipo pode ser um boneco de um livro, algumas simulações digitais da aplicação de uma marca, a representação gráfica de uma embalagem, uma maquete física apresentando uma obra arquitetônica ou uma maquete digital apresentando os detalhes internos e externos de um espaço ou de uma peça. São ideias palpáveis, mas abertas para novas interpretações e adaptações. Além disso, o protótipo é adequado para as dicussões em grupo, já que todos os participantes debaterão a partir do que estão vendo e tocando. Discutir uma ideia a partir de palavras ou pensamentos resulta em reuniões sem foco, pois se discute a partir da visualização que cada participante produz em sua mente.

O arquiteto Frank Gehry utiliza maquetes no seu processo de criação, criando simulações físicas das suas ideias. Não é uma mera transposição do que está em sua cabeça, mas um processo de experimentação a partir da manipulação de diferentes materiais. Conforme apresentado no documentário *Esboços de Frank Gehry* (2005), o arquiteto trabalha com um assistente, que constrói uma maquete a partir da colagem de diferentes pedaços de papéis e outros materiais, sob sua análise. Na posição de espectador, ele consegue criar associações e ter a visão integral do projeto. Gehry busca, nesse processo, formas que gerem estranhamento. Ele não sabe explicar racionalmente e apenas sente que está bom. Se ele gosta de algo de antemão, é porque a forma é familiar e, portanto, não traz nada de novo.

O estranhamento, por sua vez, gera interesse e, quando identificado, é como achar algo tão estúpido que parece maravilhoso (ESBOÇOS DE FRANK GEHRY, 2005). Algumas ideias nascem desse manuseio, sem palavras ou conceitos que direcionem o pensamento. A "coisa" nasce no fazer e posteriormente é nomeada. As primeiras maquetes ainda são caóticas, e o pensamento não está formatado, como um vaso que vai sendo moldado. Idas e vindas ocorrem, na tentativa de resolver os problemas e, ao mesmo tempo, encontrar oportunidades. Nesse caminho, o projeto vai crescendo pouco a pouco, e se vê claramente uma grande diferença da primeira maquete para a última. Algumas vezes, Gehry (ESBOÇOS DE FRANK GEHRY, 2005) faz maquetes simultâneas, mas com escalas diferentes, para não se apaixonar pelo objeto e sempre ter o pensamento no prédio que será construído.

Mesmo produzindo uma maquete detalhada, ainda existe um longo caminho até a obra final. Produzir plantas bidimensionais a partir de maquetes complexas é algo bem complicado, e possivelmente detalhes serão perdidos ou simplificados. Para solucionar esse problema e representar com precisão o que foi criado, Gehry (ESBOÇOS DE FRANK GEHRY, 2005) utiliza um equipamento que digitaliza fielmente as maquetes tridimensionais e, com isso, o desenho é transmitido para todos os fornecedores, que produzirão todas as peças com extrema precisão.

Esse processo digital fez com que Gehry ficasse mais confiante, pois tudo que ele imaginava era entregue com precisão. A tecnologia veio auxiliar e lhe dar mais liberdade e confiança. Em entrevista (FREITAS; CAZES, 2010), ele afirma que não utiliza a computação para a etapa de desenho de projeto, mas para todos os demais cálculos da obra, o que capacita seu escritório para fazer prédios com perfeição construtiva.

APRESENTAÇÃO

Muitos designers iniciantes querem apenas se envolver criativamente, deixando de lado a apresentação e a viabilidade econômica do projeto (SHAUGHNESSY, 2010). Um trabalho bem-feito e inviável economicamente não sobrevive, assim como um trabalho com uma ideia interessante e consistente, mas apresentado de maneira relapsa, possivelmente não será aprovado.

Um trabalho bem-feito destaca o valor de uma ideia (LUBART, 2007). A materialização dela consiste na apresentação, o que demonstra que não existe divisão entre projeto e apresentação. Se esta for ruim, o projeto possivelmente também será visto como ruim. Muitas ideias são rejeitadas porque a apresentação foi rejeitada, e não porque a ideia em si era inadequada. O erro ocorreu na "embalagem". Uma apresentação descuidada, com imagens em baixa resolução e pranchas mal impressas, leva a crer que o conteúdo também é ruim ou de baixa qualidade.

Em um experimento concebido pelo jornal *The Washington Post* (WEINGARTEN, 2007), um violinista, vestido com uma camiseta e um boné, abriu o estojo de seu violino e o colocou no chão de uma estação de metrô de Washington, nos Estados Unidos, em janeiro de 2007. Ele tocou por aproximadamente uma hora para pessoas que passavam apressadamente, e poucos dólares caíram em seu estojo. O violinista em questão era Joshua Bell, um dos maiores da atualidade, aclamado pelo público três dias antes em uma apresentação lotada em Boston. O violino que Bell estava tocando era um Stradivarius de 1713, avaliado em US$ 3,5 milhões. No período em que ficou no metrô, o músico só foi reconhecido por uma pessoa. O jornal chegou a preparar uma grande estrutura para controlar aglomerações, acreditando que Bell seria reconhecido e centenas de pessoas iriam querer vê-lo e ouvi-lo. Não foi o que ocorreu. O músico e o instrumento eram os mesmos, porém a apresentação foi totalmente diferente, o que influenciou aqueles que não tinham um ouvido tão apurado para reconhecer um excepcional violinista.

Em projetos de design de mancha única, como uma capa de livro, um cartaz ou uma ilustração, a apresentação é mais simples, mas projetos como sistemas de identidade, sinalização e animações requerem uma apresentação mais detalhada, pois possuem mais elementos. Para isso, é recomendado planejar esquemas para detalhar as sequências de páginas do conteúdo que será apresentado.

Ainda que a criação não precise seguir um caminho linear, esse padrão pode ser adotado pelo designer para apresentar todas as etapas e fases de desenvolvimento. O discurso linear é o mais comum na comunicação de ideias por ser o mais próximo do discurso oral ou dos textos escritos. Porém, não há uma regra quanto a isso, e a apresentação não precisa ser feita linearmente porque a linguagem gráfica não é uma interpretação ou uma tradução da língua falada (TWYMAN, 1986). Listas, matrizes e ramificações podem ser alternativas não lineares em uma apresentação de conteúdo. Dessa maneira, compreende-se a apresentação como uma etapa do processo de criação em que se exterioriza uma ideia o mais próximo do real, mas o projeto ainda não está finalizado e só começará a existir no mundo real após a sua implantação completa, num percurso repleto de acasos e imprevisibilidades.

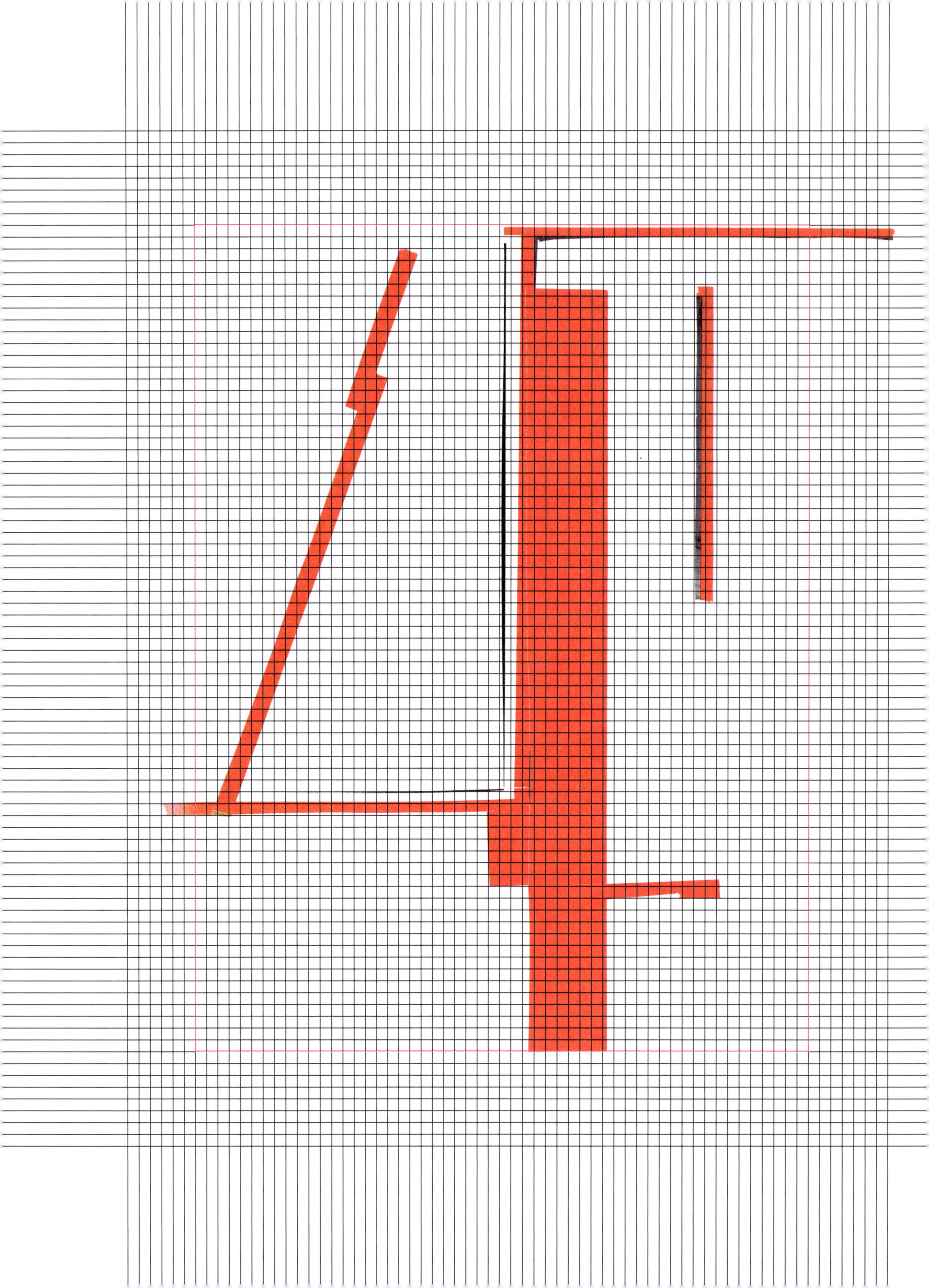

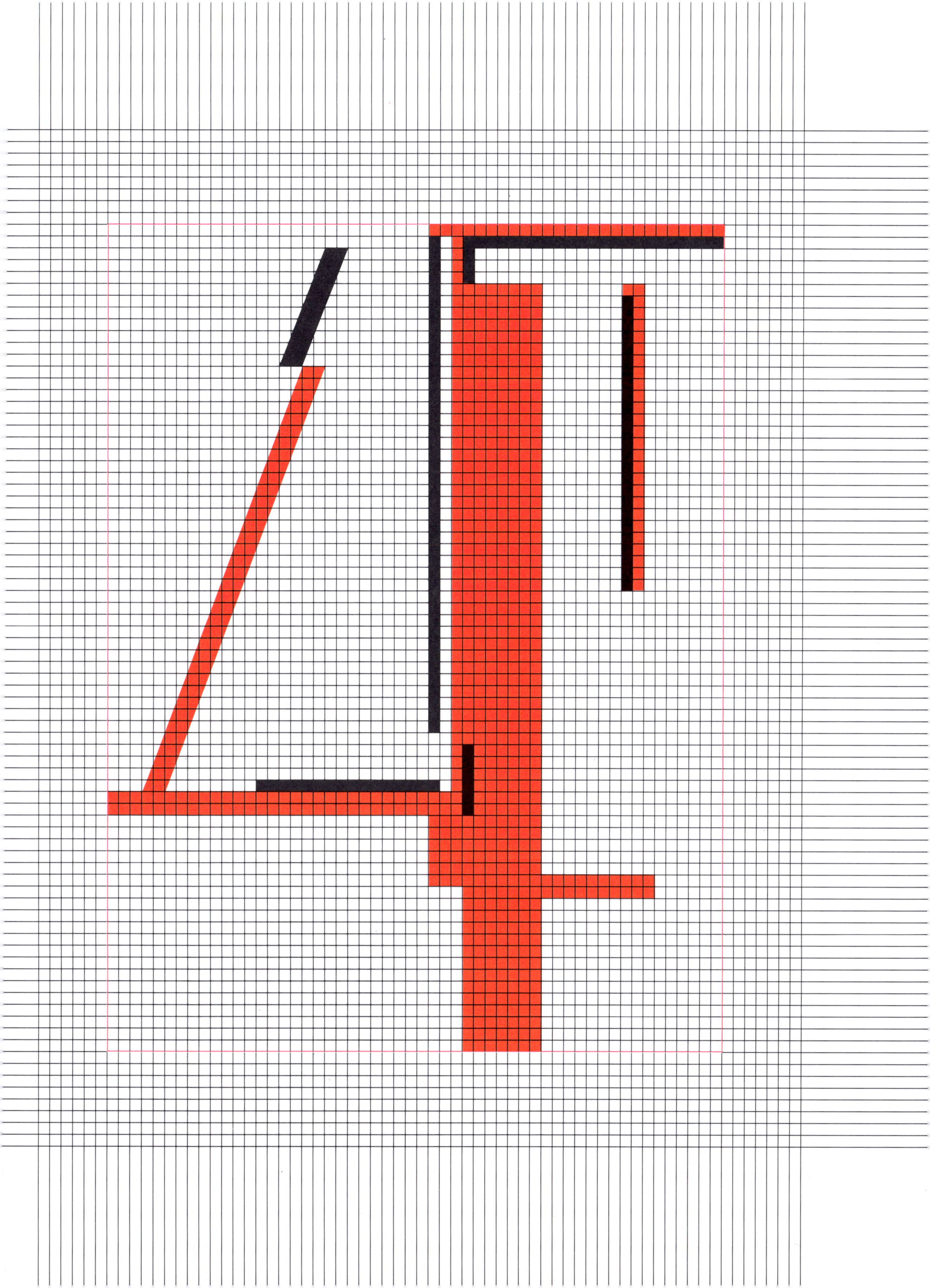

0 1 2 3
8 9 0 1
6 7 8 9
4 5 6 7

4567
2345
0123
8901

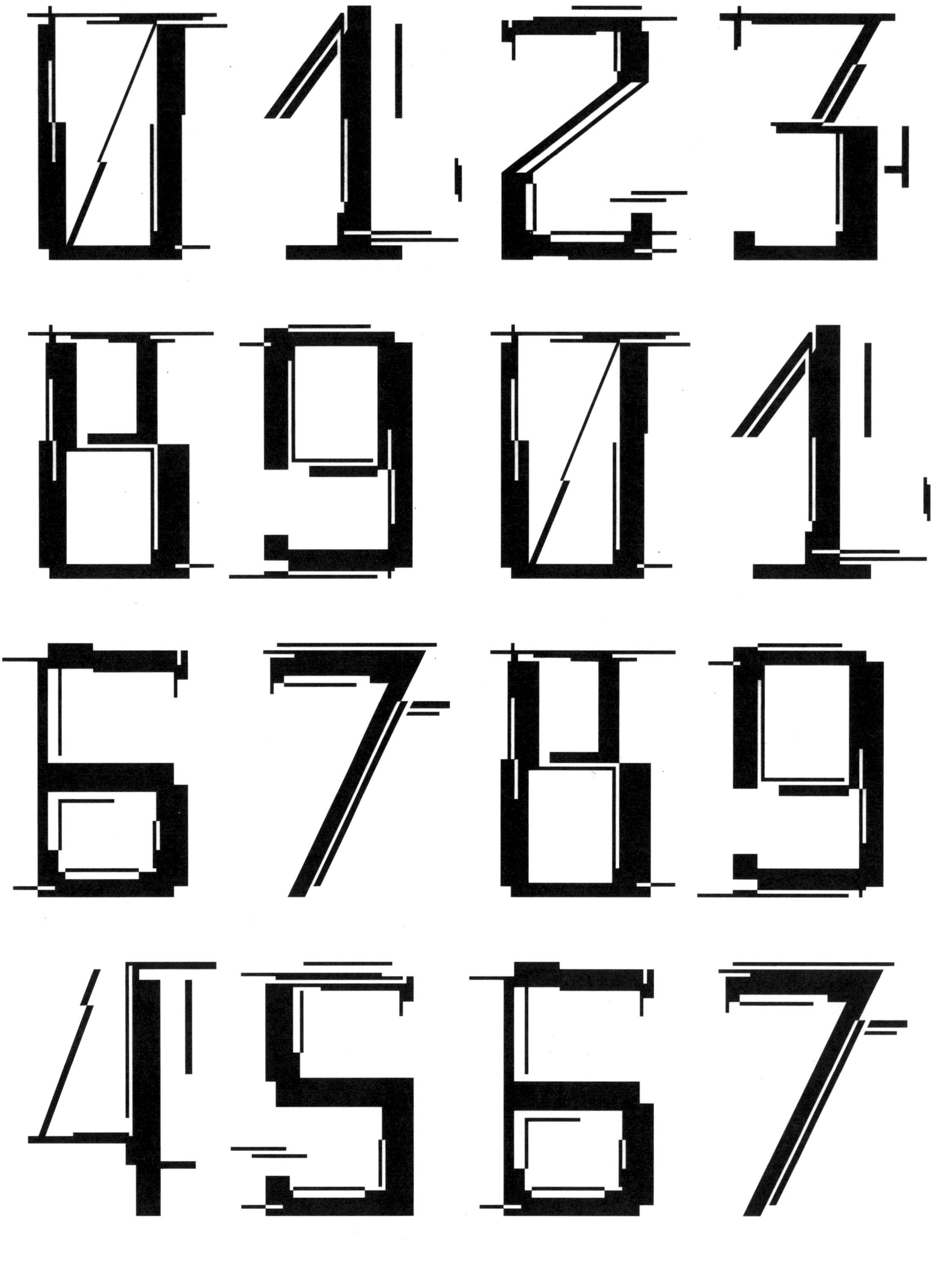
0123
8901
6789
4567

4567
2345
0123
8901

Escrever com números

Para escrever a palavra *pandemonium* com números foi utilizado o código binário (0 e 1), linguagem utilizada por computadores. Em uma grade de 25 por 19 módulos, o módulo preenchido é 1 e o módulo vazio é 0.

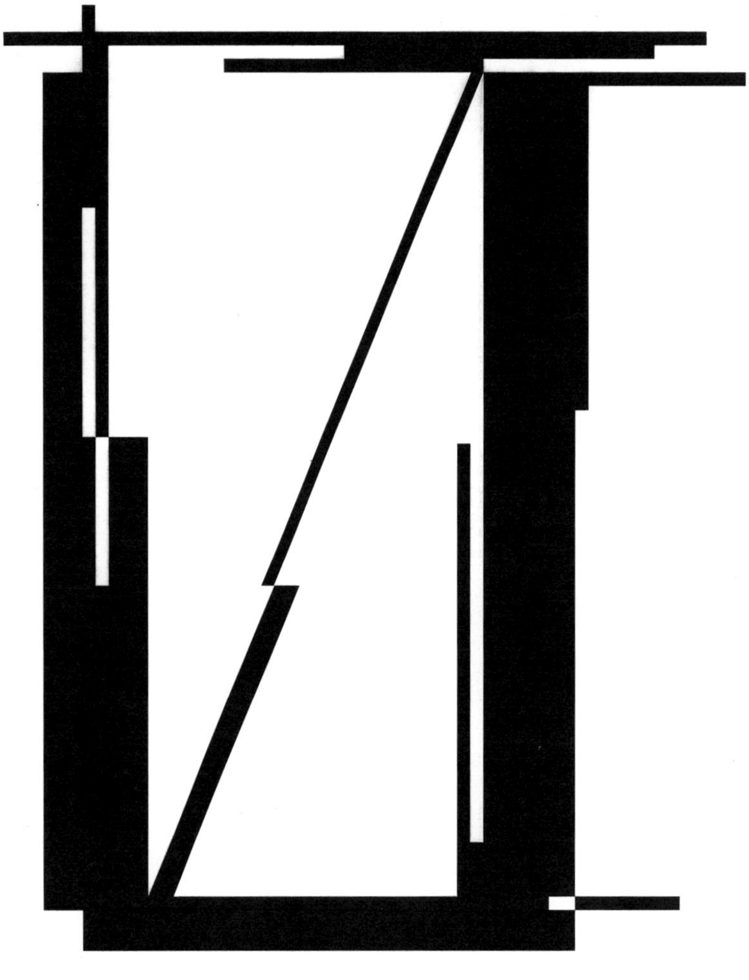

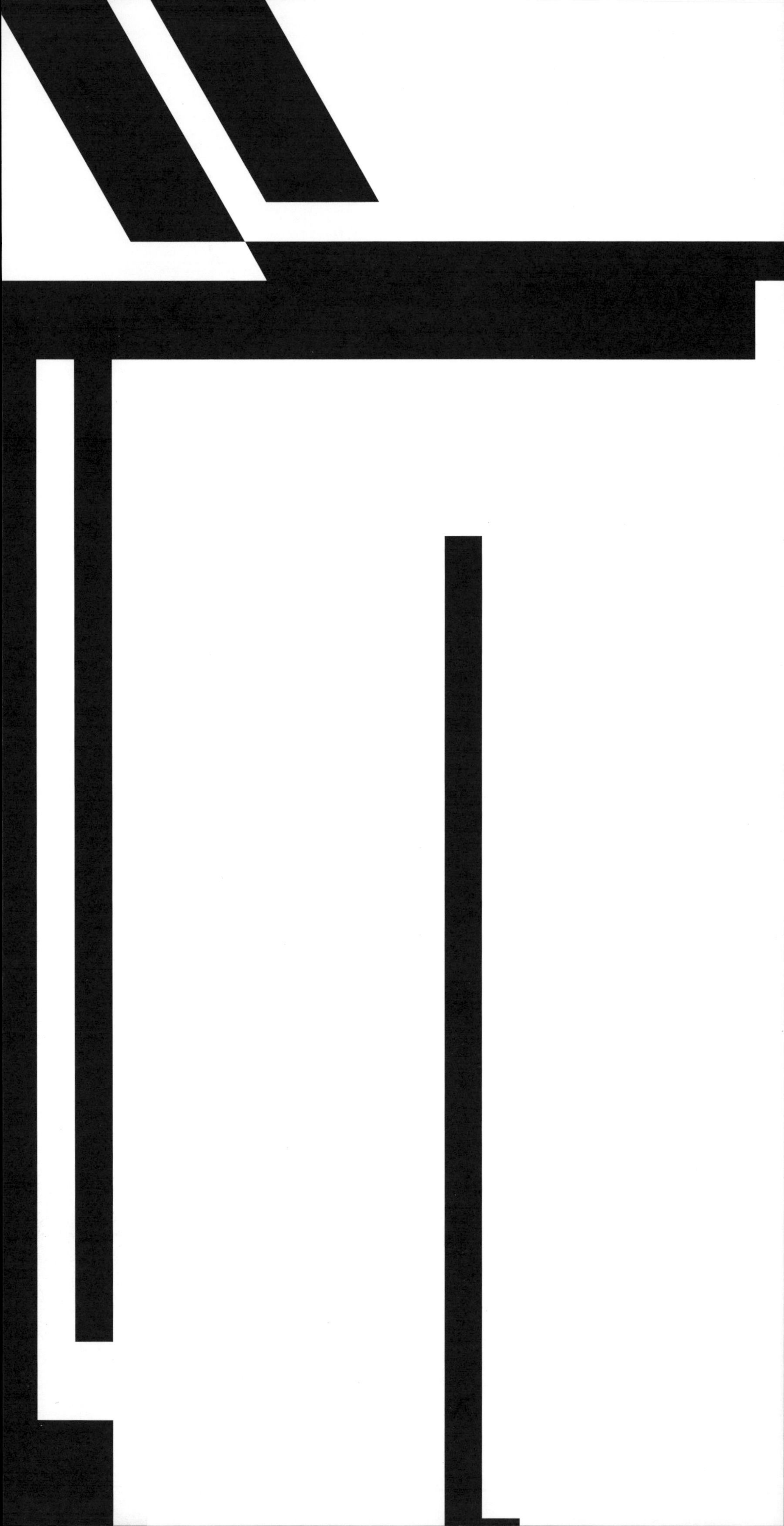

> "A MENOS QUE AS IDEIAS SEJAM MASSAGEADAS PARA A REALIDADE, ELAS EVAPORAM."
>
> Alan Fletcher
> (FLETCHER, 2001, p. 71, tradução livre)

Um recomeço

A exteriorização de uma ideia não ocorre somente na última etapa de um processo criativo. É possível gerar ideias a partir da manipulação de materiais e produzir ideias visuais em um caderno para posteriormente se tornarem um projeto. Nesse experimento, a exteriorização de uma ideia foi, na verdade, o início do projeto e também o que possibilitou a problematização e todas as etapas posteriores. A exteriorização pode ser o início ou o recomeço de um projeto que não se apresentou adequado.

"Como você sabe quando parar?
Em 1956, uma famosa equipe francesa de cinema do diretor de fotografia Claude Renoir e do diretor Henri-Georges Clouzot fez um filme enquanto Picasso pintava. Uma de suas pinturas levou várias horas, então Renoir tirou uma foto da tela a cada cinco minutos e mostrou ao público uma versão mais rápida de todo o processo criativo. Na versão acelerada, vemos como Picasso cobre a tela com uma pintura completa dando a impressão de serem apenas alguns minutos. Então ele começa a pintar em um canto dessa tela—e isso lhe dá outra ideia e ele começa a pintar em outro canto. Poucos minutos depois, toda a pintura mudou completamente. Ele acabou repintando seu trabalho e recomeçando do zero pelo menos quatro vezes! Em 1956, Picasso já era famoso; se ele tivesse parado no meio do processo, poderia ter vendido cada uma dessas quatro ou cinco pinturas por milhares de dólares. Mas criatividade não é sobre dinheiro. É sobre chegar à melhor solução. É isso que os faz grandes artistas—eles não se apaixonam pelo que fizeram. Em uma vida de constante criação, como você sabe quando terminou? A resposta é: nunca.
Você nunca termina."

R. Keith Sawyer
(SAWYER, 2013, p. 154, tradução livre)

CONCLUSÃO

Cadernos de ideias

Vários desses cadernos foram produzidos no decorrer deste projeto, com o intuito de armazenar pensamentos, exteriorizar ideias, aprender a partir da cópia de trabalhos de artistas e colecionar restos de embalagens e papéis descartados.

O processo de criação em design não é linear e muito menos divino. É um pandemônio que opera entre razão e intuição, e pode se iniciar a partir de um problema demandado ou de pequenos sinais que vão se conectando e dando forma a uma ideia.

    É um processo ativo, em que a busca por conhecimento ocorre em etapas anteriores a partir do estudo e da prática. Não basta aguardar a inspiração para iniciar um projeto. As ideias surgem a partir de tudo que se experimentou, do repertório e, principalmente, de uma atividade prática constante —dificilmente a partir da inércia. De acordo com Charles Watson (2019), não se ganha massa muscular ao ir para a academia e apenas ficar olhando outras pessoas treinarem; no design gráfico acontece o mesmo: não se ganha experiência e conhecimento projetual apenas falando sobre design, é necessária a prática de projeto.

    Uma ideia que se manifesta repentinamente não é fruto de um ser divino. A iluminação acontece porque os elementos para a resposta já existiam, mas a mente consciente podia estar cansada ou mesmo fixada em uma determinada informação; porém, ao entrar em um estágio de descanso ou mesmo em outra atividade, como a mente inconsciente não para de trabalhar, a resposta pode se manifestar. Isso não significa ficar parado esperando uma resposta, pois tudo o que se fez fomentará essa iluminação. Designers gráficos não são seres que possuem talento nato; acreditar nisso seria crer num determinismo. Designers são pessoas que possuem curiosidade e vontade de produzir uma nova linguagem a partir de uma prática constante, na qual se analisa o que se está fazendo, demandando a ajuda de mestres, tutores ou colegas. Fazer a mesma coisa repetitivamente resulta sempre na mesma resposta.

    Quanto mais se buscar informações, pesquisar sobre um problema, gerar ideias e dedicar muitas horas na resolução de um problema, maior será a probabilidade de boas ideias se manifestarem. Uma boa resposta a um problema é encontrada porque muito se procurou; quanto mais se estuda e se educa visualmente, maior é a possibilidade de perceber boas ideias e de conseguir ver oportunidades onde todos somente enxergam lixo. Isso permite estar atento a conexões a partir de objetos ou ações que se combinam de maneira aleatória, como o caso das colagens, em que são justapostos elementos de mundos diferentes.

    Criar é conseguir escolher caminhos a serem trabalhados, deixando de lado angústias geradas pelo medo de errar ou por não conseguir se desvencilhar de apegos emocionais.

As escolhas podem ser conscientes, em que um grande número de dados é confrontado até chegar a uma decisão final, ou intuitivas, em que há algo que não se consegue verbalizar, mas é sentida repulsa ou paixão.

A despeito do senso comum, não é apenas na cabeça que nascem as ideias. Elas podem brotar da manipulação de elementos físicos, desencadeando o ato de pensar com as mãos. O vaivém entre mão e cabeça propicia a descoberta de coisas e relações que não teriam sido pensadas se surgissem somente a partir de um processo mental. Uma experimentação material, por exemplo, pode exteriorizar uma ideia e iniciar um processo de criação. Dessa maneira, a exteriorização não é necessariamente a fase final de um projeto; ela pode ser a primeira etapa ou uma fase de verificação para certificar se o projeto está adequado para prosseguir ou se é preciso reiniciá-lo.

Dada a flexibilidade das etapas envolvidas, podemos afirmar que um processo criativo não é uma fórmula ou receita em que processos fabris são aplicados e cada fase passa na mão de uma equipe até a entrega final. Essa maneira de trabalhar não traz nada de criativo, pois não favorece o acaso e a experimentação, e resulta em projetos homogeneizados.

Assim como não há fórmula mágica para ser mais criativo, não há também um método único para a abordagem dos projetos. Dessa maneira, o designer deve ter conhecimento sobre o processo de criação de outros criadores em suas mais diversas áreas de atuação para desenvolver o próprio processo criativo. Compreender o processo em si, os métodos e as ferramentas de projeto auxilia esse autodesenvolvimento criativo e evidencia que o processo de criação não é algo fechado.

Tanto os métodos como as ferramentas podem deixar uma tarefa mais rápida e efetiva, mas ferramentas complicadas podem auxiliar na geração de ideias incomuns, como no caso de Brice Marden, que produziu uma série de trabalhos desenhando com o auxílio de um longo galho de árvore com um pincel preso na ponta; seria mais fácil desenhar sem o galho, mas o resultado seria comum. Trabalhar com ferramentas inusitadas amplia a experimentação e abre espaço para novos achados. Elas se apresentam como uma oportunidade para um desvio de rota que poderá levar a uma surpreendente resolução de um problema.

Uma ferramenta utilizada neste estudo foram os cadernos de ideias, com a função de armazenar pensamentos, esboços e coleções de materiais efêmeros, como códigos de barras, e de gerar ideias visuais, exteriorizando pensamentos do projeto com o auxílio de desenho e colagens. Durante a realização deste estudo, foram desenvolvidos dez cadernos que reuniram anotações, desenhos, materiais descartados e ideias embrionárias que serviram para alguns dos experimentos apresentados. A partir desses cadernos é possível rastrear todo o processo de desenvolvimento dos oito experimentos, podendo também funcionar como uma fonte de referências em que novas ideias e oportunidades poderão ser identificadas e trabalhadas futuramente. Essa ferramenta demonstra que as ideias não nascem só de palavras ou conceitos, mas podem nascer da experimentação material.

Os experimentos gráficos apresentados comprovam que as ideias não surgem de uma iluminação que se manifesta de repente, pois se dispendeu muito tempo de pesquisa e trabalho para que fossem formatados. Afirmar que surgiram a partir de talento ou de sorte seria ignorar a dedicação e o tempo empreendidos em sua construção. Os experimentos comprovam ainda que não são necessários muitos elementos para criar, pois com um mesmo elemento experimentado com afinco criam-se diversas possibilidades. Atesta-se também que regras não limitam a criação, já que elas fazem com que a geração de ideias seja uma etapa mais desafiadora, deixando o processo mais instigante e divertido na tentativa de superar o que está sendo feito.

Rastrear ideias

O caderno de ideias é uma ferramenta que contém toda a trajetória de desenvolvimento de uma ideia: esboços iniciais, anotações, tomadas de decisão e referências visuais.

Trajetória não linear

A partir das explicações do desenvolvimento dos experimentos pode-se acreditar que o processo de criação desses experimentos foi algo linear; pelo contrário, nada aconteceu de repente neste estudo. Foram idas e vindas e muitos testes. Essa sensação de linearidade se dá porque, ao explicar sobre um processo de criação, utiliza-se a linearidade da escrita.

As fases do processo de criação não ocorrem de maneira linear, e constata-se que os experimentos práticos em um projeto de design gráfico podem partir de qualquer material, ou seja, cartões de ponto, palitinhos ou mesmo de uma coleção de códigos de barras. Mesmo quando é estabelecido um ponto de chegada—no caso dos experimentos, o desenho da palavra *pandemonium*—, não se sabe de antemão o resultado que se apresentará, pois isso depende dos caminhos e das decisões que serão tomados pelo designer durante o processo criativo. Fica evidente que o processo não tem fim e não segue uma ordem específica, sendo iniciado, interrompido ou retomado em qualquer uma das etapas. E a formação de cada designer, suas referências, experiência prática e formação profissional influenciam no processo de criação de um projeto de design.

Estudar o processo criativo em design é uma maneira de conhecer a própria prática e compreender sua construção de forma detalhada. Mesmo não sendo um processo simples, é importante obter esse conhecimento para conseguir detectar quando se está em uma zona de conforto ou quando é necessário mudar de direção.

Essas observações não são direcionadas só para o profissional de design, mas principalmente para aqueles que ensinam design, permitindo que se demonstre aos alunos quão importante é a obtenção de conhecimento, a reformulação e a busca de um problema a partir de investigações ou experimentações. Destaca-se ainda a necessidade de manter uma atitude ativa e não esperar a inspiração, uma vez que não existe mágica ou solução rápida. São necessários investimento de tempo e envolvimento intenso. O processo de criação em design gráfico é cheio de desvios, e somente com envolvimento profundo podem ser identificadas boas oportunidades.

> **"(...) O PROCESSO DE APRENDIZADO POR MEIO DA EXPERIMENTAÇÃO PEDE MAIS QUE TEMPO, REQUER DESVIOS E DESCAMINHOS. (...) ANDAR INICIA COM ENGATINHAR; FALAR, COM BALBUCIAR. ERROS QUE SÃO IDENTIFICADOS PROMOVEM O PROGRESSO."**
>
> Josef Albers
> (WINGLER, 1969, p. 142, tradução livre)

Capítulo problema

Desenvolvimento de ideias para apresentação e diagramação das imagens dos experimentos do capítulo problema.

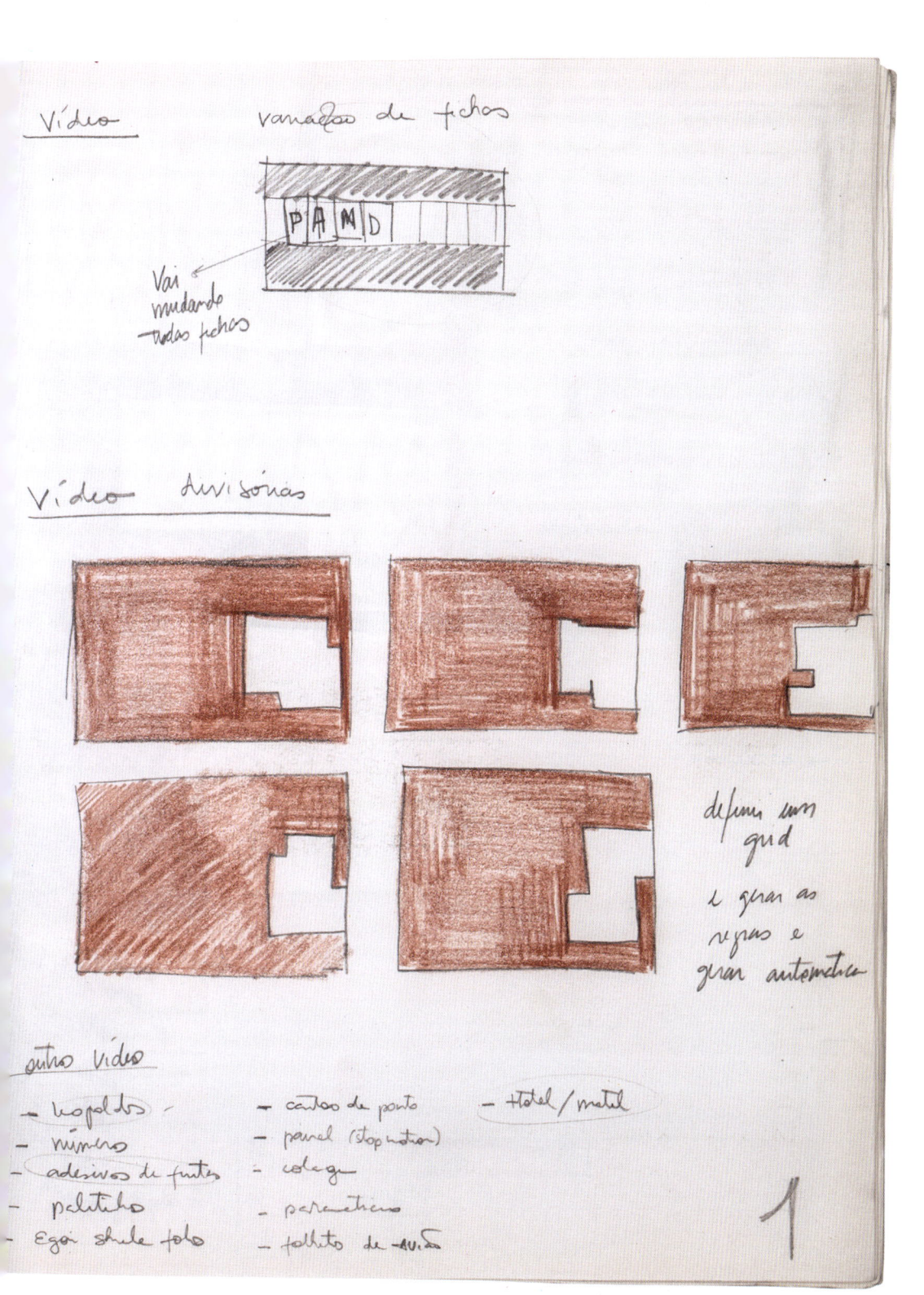

Elemento gráfico principal
Esboços iniciais para criação das divisões de capítulo.

Referências

A busca de referências não ocorre somente na etapa inicial de um projeto. A aproximação da obra da artista Maria Martins surgiu em uma fase mais adiantada do processo criativo, demonstrando que é comum ocorrerem retornos a etapas anteriores do processo.

Falando com as mãos

GESTURES

TOUCHING THE EARTH
This is the gesture of the Buddha calling the earth to witness his enlightenment.

DO NOT FEAR (PROTECTION)

PRAYER (REVERENCE)

CONTEMPLATION

TANTRIC UNITY
This gesture is that of embracing a consort and is symbolic of bringing together two aspects of enlightenment: wisdom and method.

GRANTING WISHES AND BLESSINGS
The right hand is extended in a giving gesture.

TEACHING
The hands form the shape of a wheel, symbolizing the "turning of the wheel of dharma," a reference to teaching the Buddha's doctrine.

Rubi museum - NYC
Tibet museum

expressar palavras pelas mãos como se tivesse mexendo e interagindo com as letras

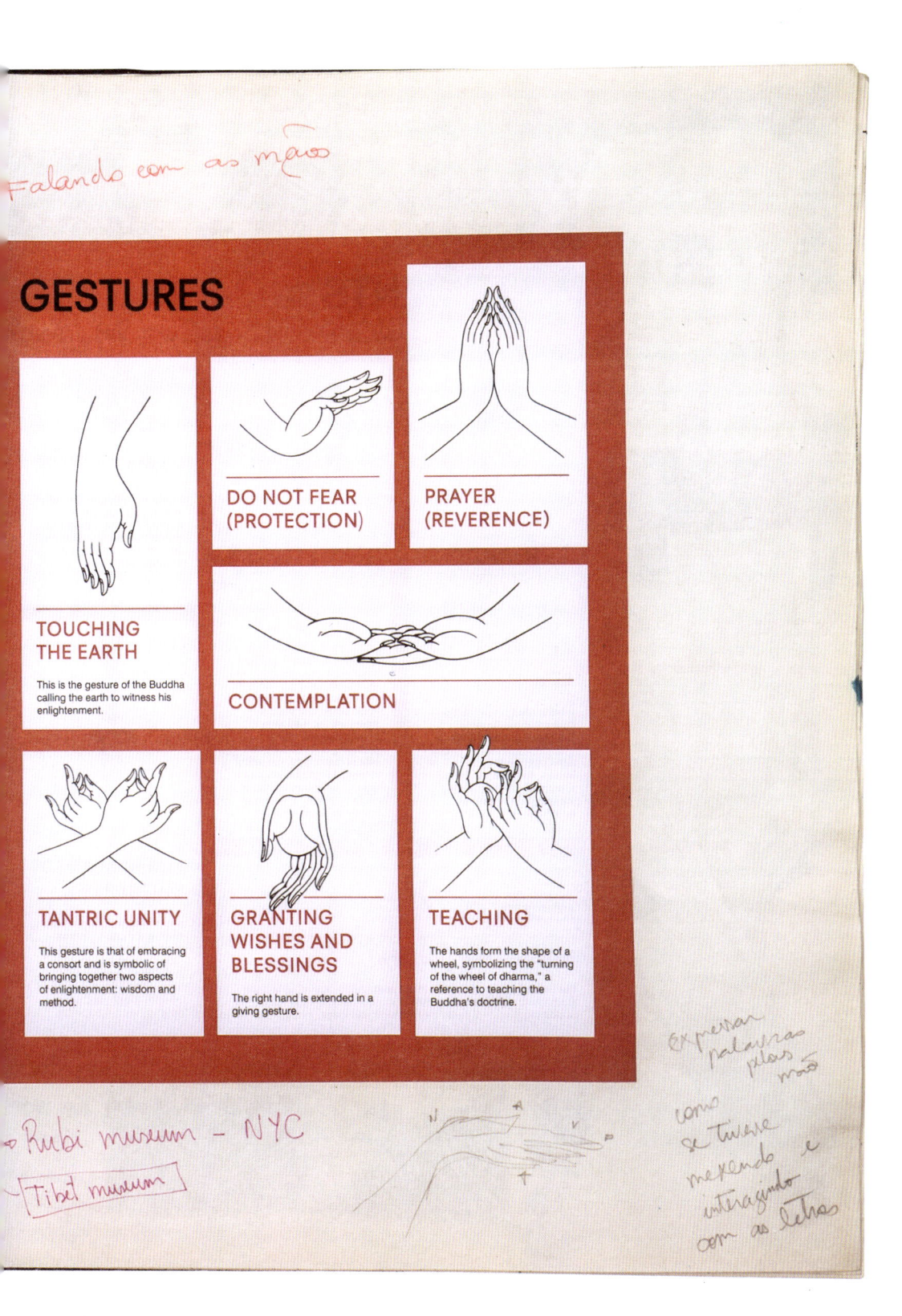

Capítulo conhecimento

Ao visitar o museu Rubin, em Nova York, percebeu-se como as descrições das posições das mãos eram interessantes e faziam conexão com os experimentos que eram desenvolvidos para o capítulo conhecimento.

Capítulo memória

Junção de referências visuais e experimentos que foram se conectando até a identificação da ideia de trabalhar com os códigos de barras.

PROCESSO CRIATIVO

pintura concreta

↳ Arthur Amora

Só usava preto e branco em seus trabalhos, não se tem muito registro dos trabalhos dele. Esse trabalho iniciou com uma brincadeira com peças de dominó, mas sem as bolinhas.

Analítica
Cordeiro
↳ filho do Waldemar Cordeiro

↑ Aproximação

mto com quadradinho branco

palitinho ao acaso
Aproximação com Arthur Amora

Expondo o espaço 3D

Experimento

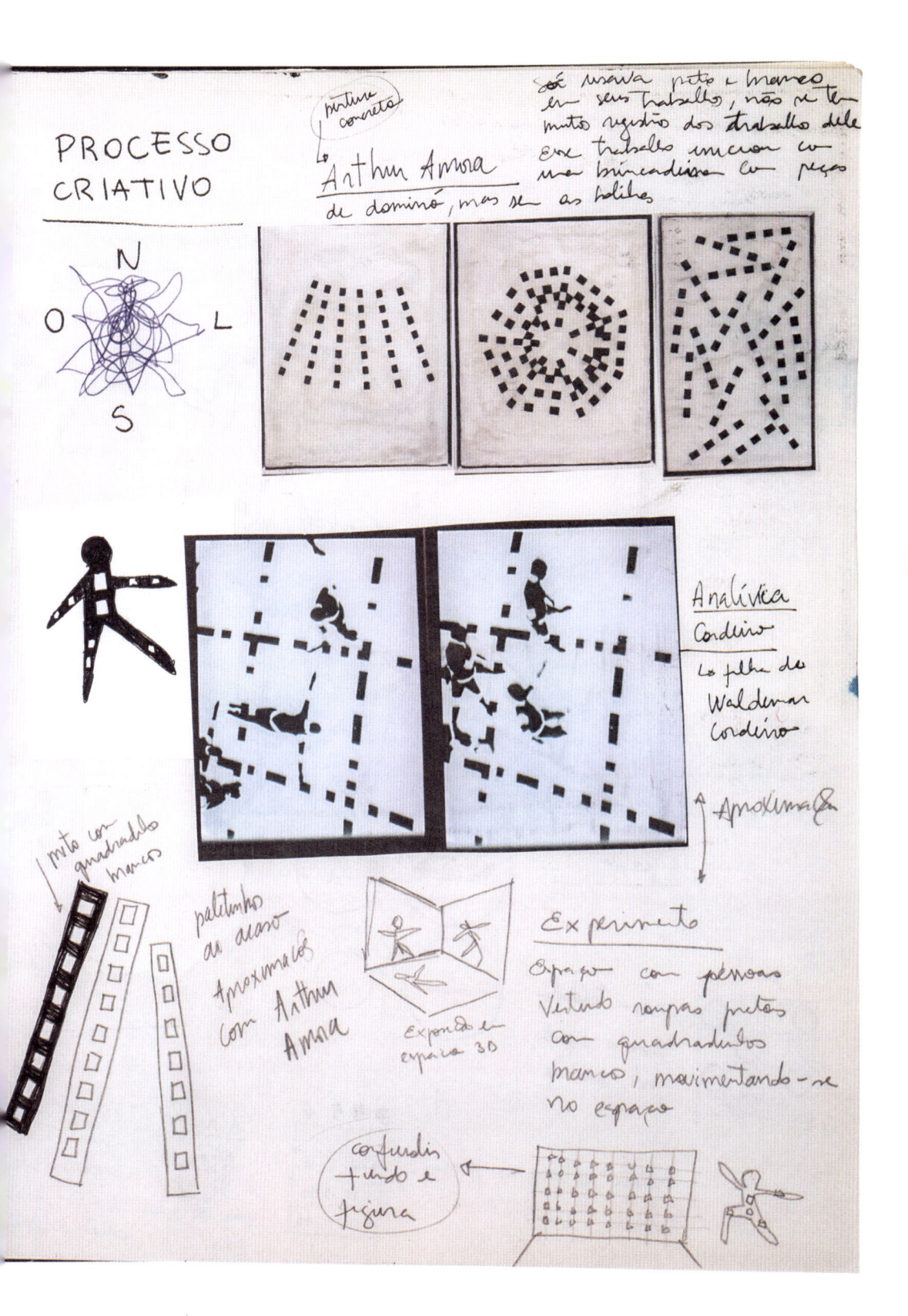

Espaço com pessoas vestindo roupas pretas com quadradinhos brancos, movimentando-se no espaço

confundir fundo e figura

Referências

Referências de artistas e ideias para experimentos.

Palito de
sorvete antigo → reto

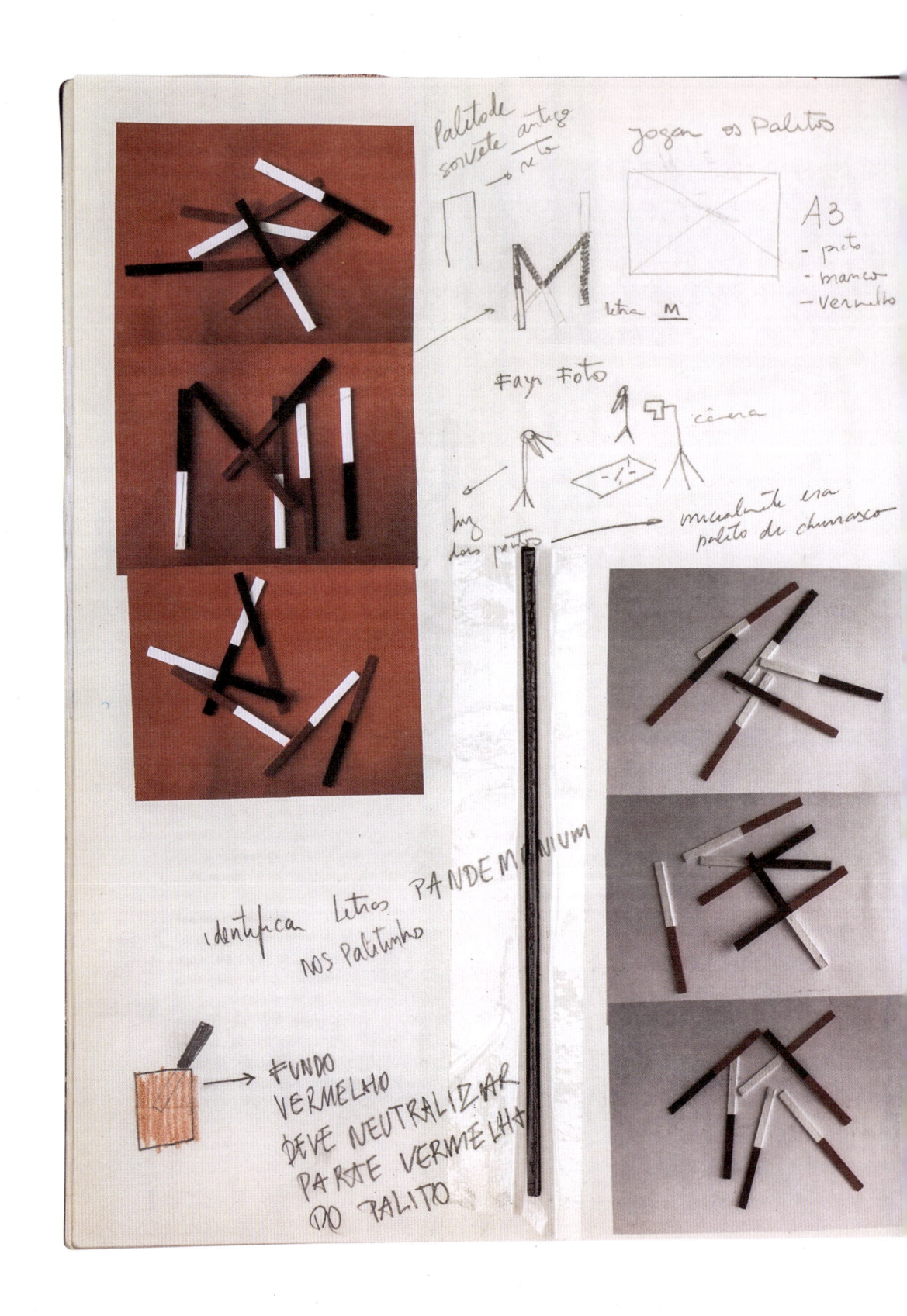

jogar os palitos

A3
- preto
- branco
- vermelho

letra M

Faz Foto

luz dos palitos

câmera

inicialmente era palito de churrasco

identificar letras PANDEMONIUM nos palitinhos

FUNDO VERMELHO DEVE NEUTRALIZAR PARTE VERMELHA DO PALITO

Palitinhos acaso

Vídeo

stop motion de cada cor 100 images

stop motion de tipo de letras identificadas

NEUTRALIZAR PRETO
- BRANCO
- VERMELHO
↓
identificar LETRAS

MALEVITCH

- jogar muitas vezes
- gerar ideias dentro de regras
- depois de um tempo...
- identificar as letras
- depois descansar
- retornar e identificar mais ideias (letras) ou formas

4

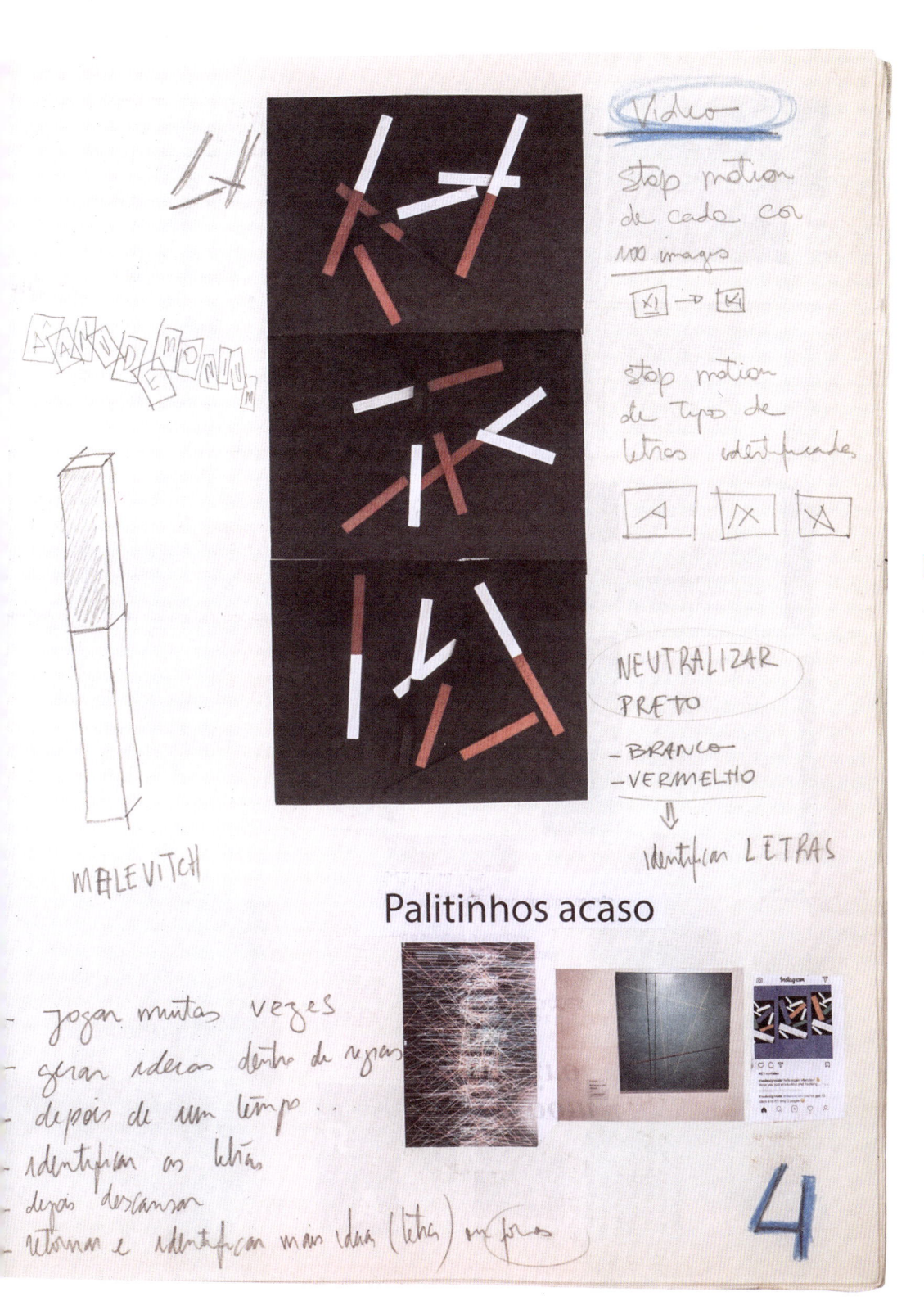

Capítulo tempo

Ao lado consta o esquema para produção das quinhentas imagens desse experimento.

PRE FAD 01
2016 setembro

PRE FAD 02
2017 fevereiro

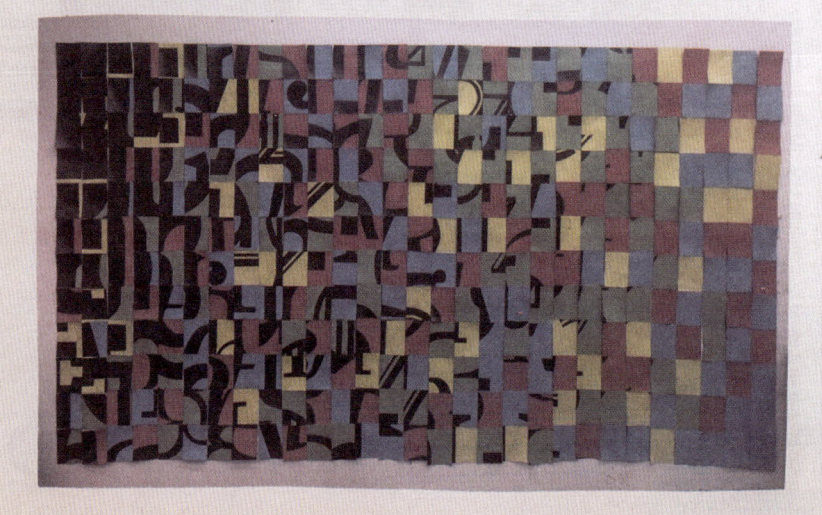

PRE FAD 03
semestral
2017 agosto

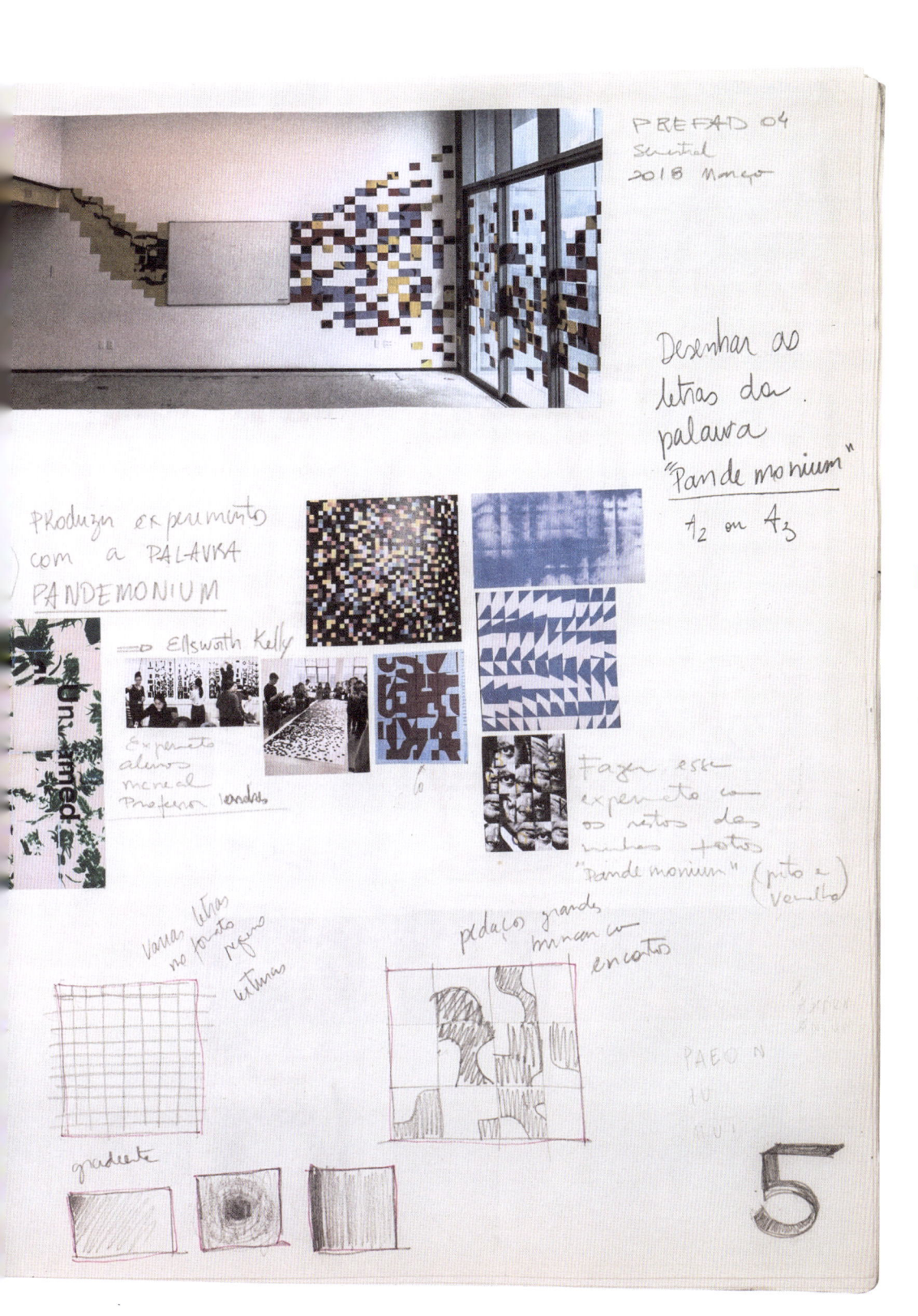

Capítulo pensamento

Esse experimento foi testado com alunos de graduação em design gráfico. Ao lado visualizam-se os painéis produzidos por turmas de diferentes anos.

mudar
a ordem

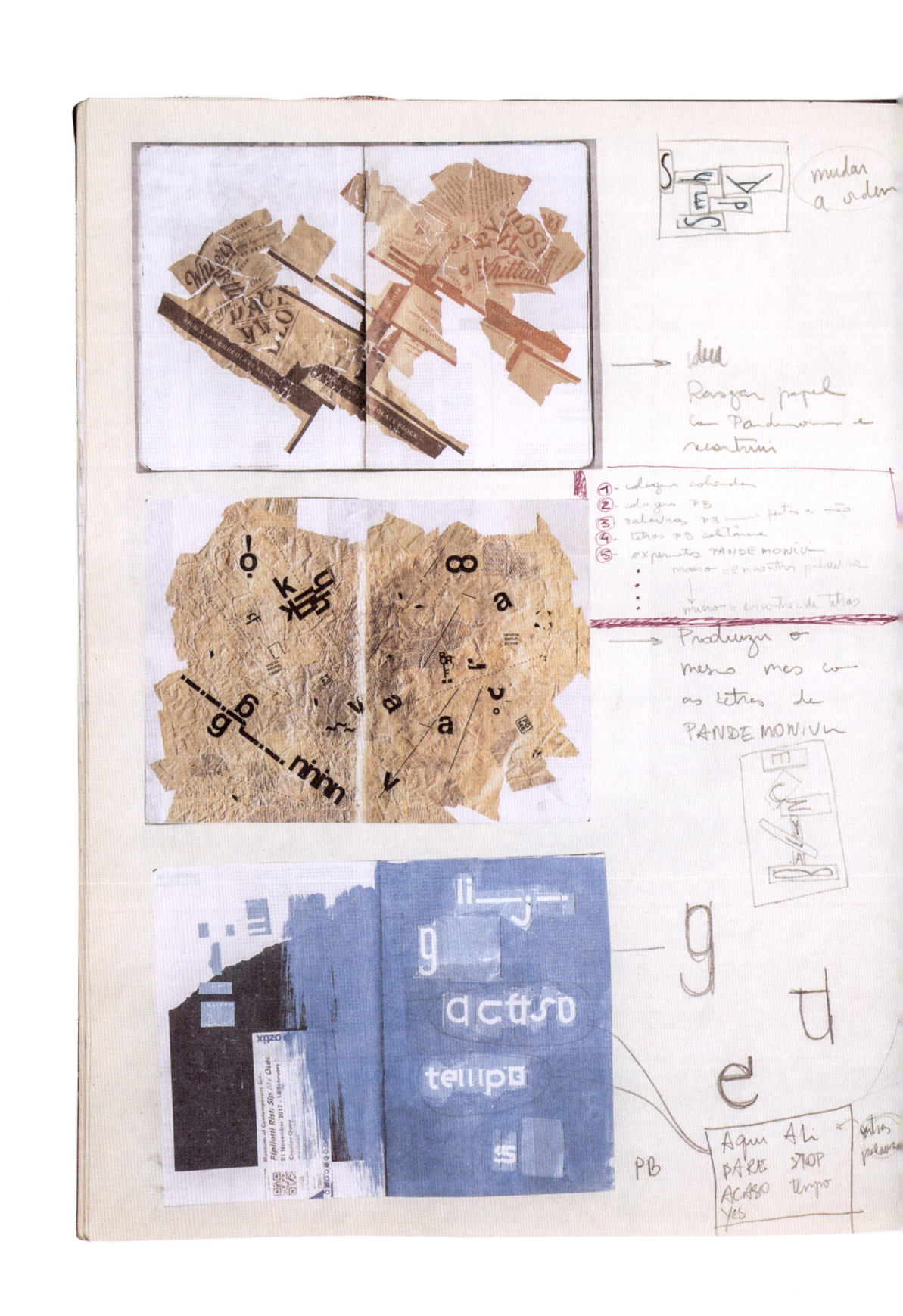

→ ideia
Rasgar papel
com Pandemonium e
reconstruir

① colagem colorida
② colagem PB
③ palavras PB — feitas a mão
④ letras PB coletânea
⑤ excertos PANDEMONIUM
   maior = e mostrar palavras

   menor = encontrar de letras

→ Produzir o
mesmo mas com
as letras de
PANDEMONIUM

g
e
d

PB

Aqui Ali   outras
PARE STOP   palavras
ACASO tempo
Yes

Capítulo combinação

Após a produção de várias colagens durante esses anos, foi preciso selecionar quais seriam eleitas para o desenvolvimento do experimento. Ao lado identificam-se as primeiras colagens selecionadas e esboços para compor a palavra *pandemonium*.

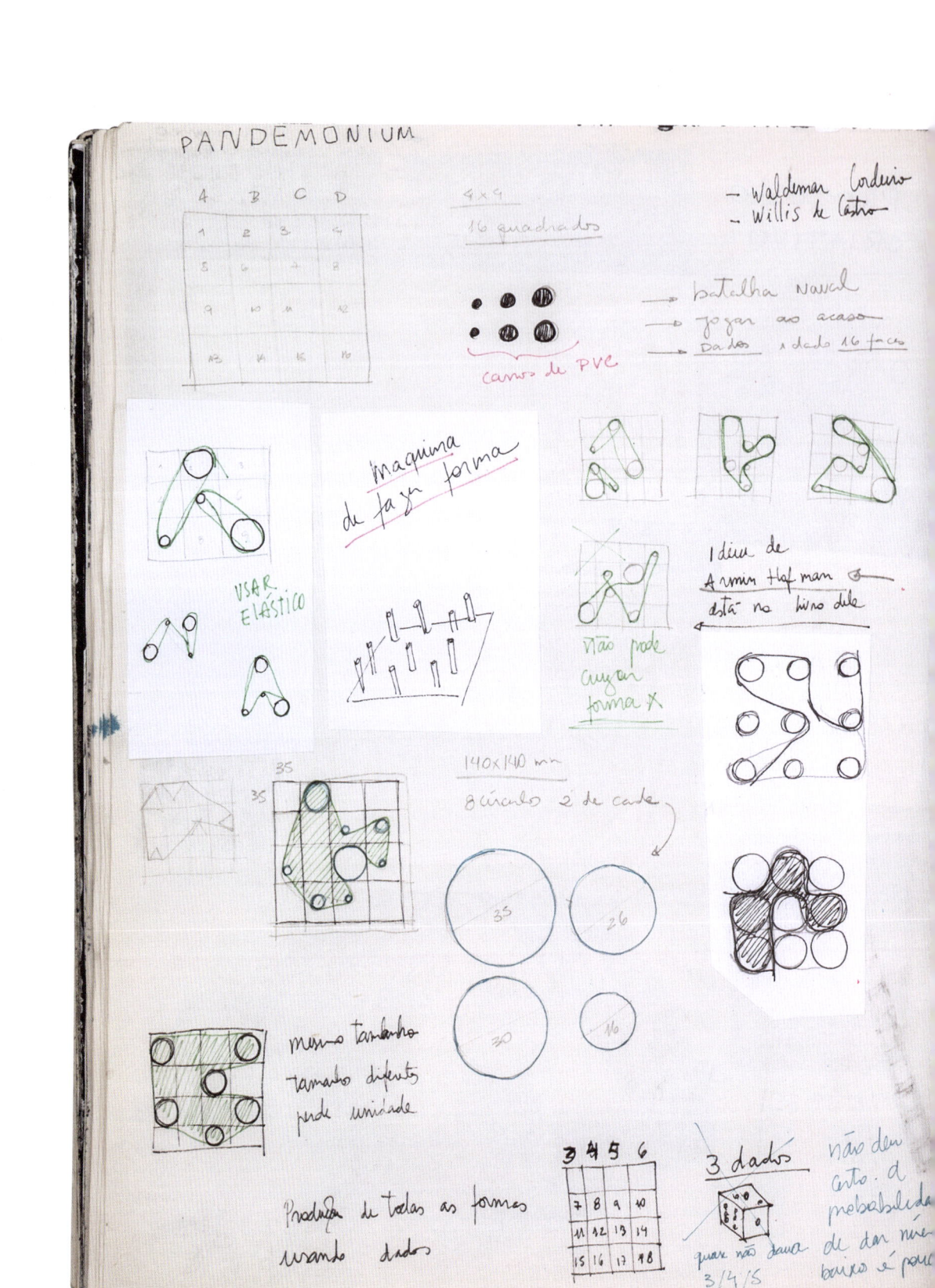

PANDEMONIUM

	A	B	C	D
	1	2	3	4
	5	6	7	8
	9	10	11	12
	13	14	15	16

4x4
16 quadrados

- Waldemar Cordeiro
- Willis de Castro

canos de PVC

→ batalha naval
→ jogar ao acaso
→ Dados, 1 dado 16 faces

máquina de fazer forma

USAR ELÁSTICO

Ideia de Armin Hofman está no livro dele

não pode cruzar forma X

140x140 mm
8 círculos é de cada

35 26 30 16

mesmo tamanho tamanho diferente perde unidade

Produção de todas as formas usando dados

3	4	5	6
7	8	9	10
11	12	13	14
15	16	17	18

3 dados — não dava certo. A probabilidade de dar nº baixos é pouca

quan não dava 3/4/5

Capítulo seleção

Nesse experimento, o desenho teve papel fundamental na geração de formas a partir da disposição das bolinhas. Dificilmente apenas com a visualização mental seria possível gerar e se lembrar de tantas alternativas diferentes.

Suprematismo — Malevitch
Futurismo — Dipinto
Zaha Hadid
VKHUTemas
Ivan Puni
Lazlo Maholy-Nagy

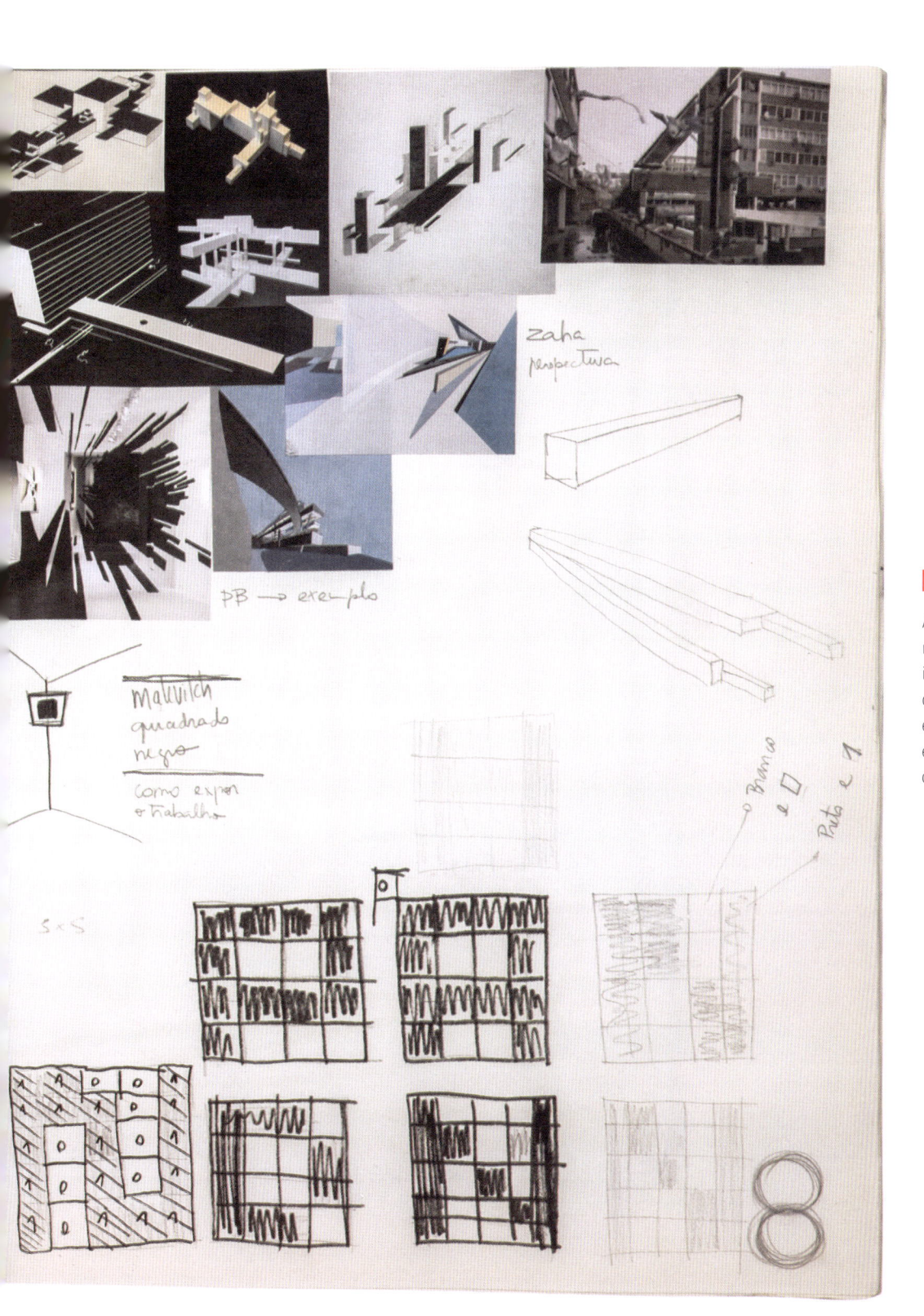

Capítulo produção

Ao lado observamos referências de artistas que inspiraram o desenvolvimento do exercício e os primeiros esboços da solução em escrever *pandemonium* com os números zero e um.

Dedico este trabalho
À minha família e à minha esposa, que muito me incentivaram a nunca parar de estudar.

AGRADECIMENTOS

Prof. Dr. Vicente Gil Filho
Orientador e apoiador de todo o desenvolvimento deste projeto.

Cristiane Inoue
Pelo auxílio nas diversas etapas deste projeto, da leitura dos textos à produção fotográfica.

Prof.ª Dr.ª Regina Cunha Wilke
Pelos direcionamentos durante o desenvolvimendo da tese.

Aos professores doutores
Alécio Rossi Filho, Giorgio Giorgi Jr. , Pelópidas Cypriano e Regina Cunha Wilke
Que fizeram parte da banca de defesa da tese.

Nasha Gil
Pelos ensinamentos e conversas sobre design.

Amanda Mont'Alvão Veloso
Pelas leituras e aconselhamentos sobre escrita.

Fabio Manzano e Marcel Manzano
Pelo auxílio no tratamento das imagens.

Pedro Martinelli
Pela produção dos dispositivos em madeira.

Eleanor Greenleaf
Pelas conversas sobre experimentação.

Aos entrevistados
Andreas Rotzler, Carlos Bêla, Fábio Prata, Paula Troxler e Vicente Gil
Que dedicaram uma parcela de seu tempo para contribuírem com este projeto.

À equipe da Editora Senac São Paulo, que me auxiliou na edição deste livro.

Aos colegas da FAUUSP e aos amigos que muito me incentivaram.

Aos colegas e alunos do Senac e da EBAC.

SOBRE O AUTOR

Leopoldo Leal é doutor em design pela FAUUSP. Atua como professor em cursos de graduação e pós-graduação em design. Com mais de vinte anos de experiência, trabalhou como designer na Landor, Interbrand, Futurebrand e GAD' Branding. Desenvolveu projetos como a identidade visual do Banco Itaú após a fusão com o Unibanco e a identidade visual do Aeroporto Internacional de São Paulo.

Conquistou importantes prêmios nacionais e internacionais, como o IF Communication Design Award, em 2009, 2015 e 2017. Sua tese *Pandemonium* obteve o 1º lugar no 33º Prêmio Design MCB (Museu da Casa Brasileira, 2019), na categoria "Trabalhos escritos não publicados". Seu trabalho recebeu o certificado de excelência tipográfica do Type Directors Club de Nova York (2020) e o projeto gráfico foi também selecionado para a 13ª Bienal Brasileira de Design Gráfico (ADG Brasil, 2019). Em 2008, lançou o livro *A ilha tipográfica*, com o apoio da prefeitura de São Paulo, que visa ensinar o universo tipográfico para o público infantil.

Atualmente, Leopoldo intensifica sua pesquisa sobre processos de criação em design gráfico, palestrando e produzindo oficinas e experimentos gráficos.

LISTA DE IMAGENS

[Fig. 1] Cartaz de lançamento do Musée D'Orsay. Bruno Monguzzi, 1986. Fotografia: Jacques Henri Lartigue, 1908. Cortesia de Bruno Monguzzi.

[Fig. 2] Ilustrações de bonecos de sombra javaneses. Folheto do Museu Sonobudoyo, Yogyakarta, Indonésia. Acervo pessoal.

[Fig. 3] *Evian/Naive*. Colagem utilizando papel-cartão impresso, 35 cm x 35 cm. Alan Fletcher, 2001. Cortesia de Raffaella Fletcher.

[Fig. 4] Imagem conceitual para explicar a ideia a partir da planta costela-de-adão. Ruben Martins, 1966. Cortesia de Fernanda Martins.

[Fig. 5] Marca para a rede de hotéis Tropical. Ruben Martins, 1966. Cortesia de Fernanda Martins.

[Fig. 6] Colagem sem título, contendo a inscrição TO A+D XMAS, '62, 50,8 x 35,56 cm. Norman Ives, 1960. Norman Ives Foundation.

[Fig. 7] *Reconstrução: vermelha e branca: iônica*. Acrílica e pigmento seco sobre tela em chapa de fibra de madeira, 180,2 cm x 142,9 cm. Norman Ives, 1965. Yale University Art Gallery—Bruce B. Dayton, B.A. 1940, Fund.

[Fig. 8] Cadáver requintado [*Cadavre exquis*]. Joan Miró, Man Ray, Yves Tanguy e Max Morise, 1927. Framed Art/Alamy/Fotoarena.

[Fig. 9] *Violin and pipe, "Le Quotidien"*. Georges Braque, 1913. Alamy/Fotoarena.

[Fig. 10] Cartaz para The National Portrait Gallery, Londres. Litografia, 50,6 cm x 76 cm. Alan Fletcher, 1990. Cortesia de Raffaella Fletcher.

[Fig. 11] Fachada de hotel/motel. São Paulo, 2019. Fotografia: Cristiane Inoue, acervo pessoal.

[Fig. 12] Esboço para a obra *Lovemaking*. Egon Schiele, 1915. Leopold Museum, Viena. Alamy/Fotoarena.

[Fig. 13] Página do manuscrito para o livro *Os demônios*, de Fiódor Dostoiévski, 1870/71. Russian State Library, Moscow. AKG Images/Fotoarena.

[Pág. 12] Cadernos de ideias. Fotografia: Cristiane Inoue.

[Pág. 18] Letra desenhada em cartão de ponto. Imagem digitalizada.

[Pág. 21] Caderno de ideias. Fotografia: Cristiane Inoue.

[Págs. 22–23] Letras desenhadas em cartões de ponto. Imagem digitalizada.

[Pág. 25] Cartão de ponto convertido em preto e branco. Imagem digitalizada.

[Págs. 28–34] Experimentos com os cartões de ponto convertidos em preto e branco. Arquivo digital.

[Págs. 36–37] Experimento tipográfico. Arquivo digital.

[Pág. 40] Desenho extraído de caderno de ideias. Imagem digitalizada.

[Pág. 44] Desenho extraído de caderno de ideias. Imagem digitalizada.

[Págs. 45–56] Cadernos de ideias. Fotografia: Cristiane Inoue.

[Págs. 58–59] Leopoldo Leal. Fotografia: Cristiane Inoue.

[Págs. 60–63] Mãos de Leopoldo Leal. Fotografia: Cristiane Inoue.

[Págs. 64–66] Montagem digital a partir das imagens das mãos. Fotomontagem: Fabio Manzano e Marcel Manzano. Fotografia: Cristiane Inoue.

[Págs. 68–73] Imagens distorcidas com auxílio de escâner.

[Pág. 76] Página de caderno de ideias contendo coleção de códigos de barras. Fotografia: Cristiane Inoue.

[Págs. 81–92] Cadernos de ideias. Fotografia: Cristiane Inoue.

[Pág. 95] Página de caderno de ideas contendo coleção de códigos de barras. Fotografia: Cristiane Inoue.

[Págs. 96–97] Caderno de ideias. Fotografia: Cristiane Inoue.

[Págs. 98–99] Letras desenvolvidas a partir de colagens de códigos de barras. Imagens digitalizadas.

[Págs. 100–107] Experimentos digitais. Arquivos digitais.

[Págs. 110, 114–123, 125] Imagens de palitinhos lançados ao acaso. Fotografia: Cristiane Inoue.

[Págs. 126, 128–129] Montagem digital com as imagens dos palitinhos. Fotomontagem: Fabio Manzano e Marcel Manzano. Fotografia: Cristiane Inoue.

[Págs. 132, 137–148] Caderno contendo letras copiadas. Fotografia: Cristiane Inoue.

[Págs. 150, 152–157] Letras digitalizadas e editadas. Imagens digitais.

[Págs. 158–163] Manipulação das letras digitalizadas. Imagens digitais.

[Pág. 166] Imagem extraída de caderno de ideias. Imagem digitalizada.

[Págs. 169–181] Cadernos de ideias contendo colagens. Fotografia: Cristiane Inoue.

[Pág. 185–186, 188–189] Imagens digitalizadas dos cadernos e convertidas para preto e branco. Arquivo digital.

[Págs. 190–201] Composições digitais. Arquivo digital.

[Pág. 204] Dispositivo desenvolvido para criar formas. Objeto construído por Pedro Martinelli. Fotografia: Cristiane Inoue.

[Pág. 207] Esquema para criação de caracteres a partir do posicionamento de círculos. Arquivo digital.

[Pág. 208–209] Desenhos convertidos em tipografia. Arquivo digital.

[Págs. 210–211, 213–214, 217–220, 222–225] Composições digitais. Arquivo digital.

[Pág. 228] Caderno de ideias. Fotografia: Cristiane Inoue

[Págs. 234–235] Caderno de ideias. Colagem com sobras de papéis e desenho vetorial de número quatro. Arquivo digital.

[Págs. 236–239] Desenhos de números. Arquivo digital.

[Págs. 240–247] Composições digitais com os números. Arquivo digital.

[Págs. 250, 253, 254, 256–271] Cadernos de ideias. Fotografia: Cristiane Inoue.

[Pág. 272–273] Leopoldo Leal. Fotografia: Cristiane Inoue.

REFERÊNCIAS

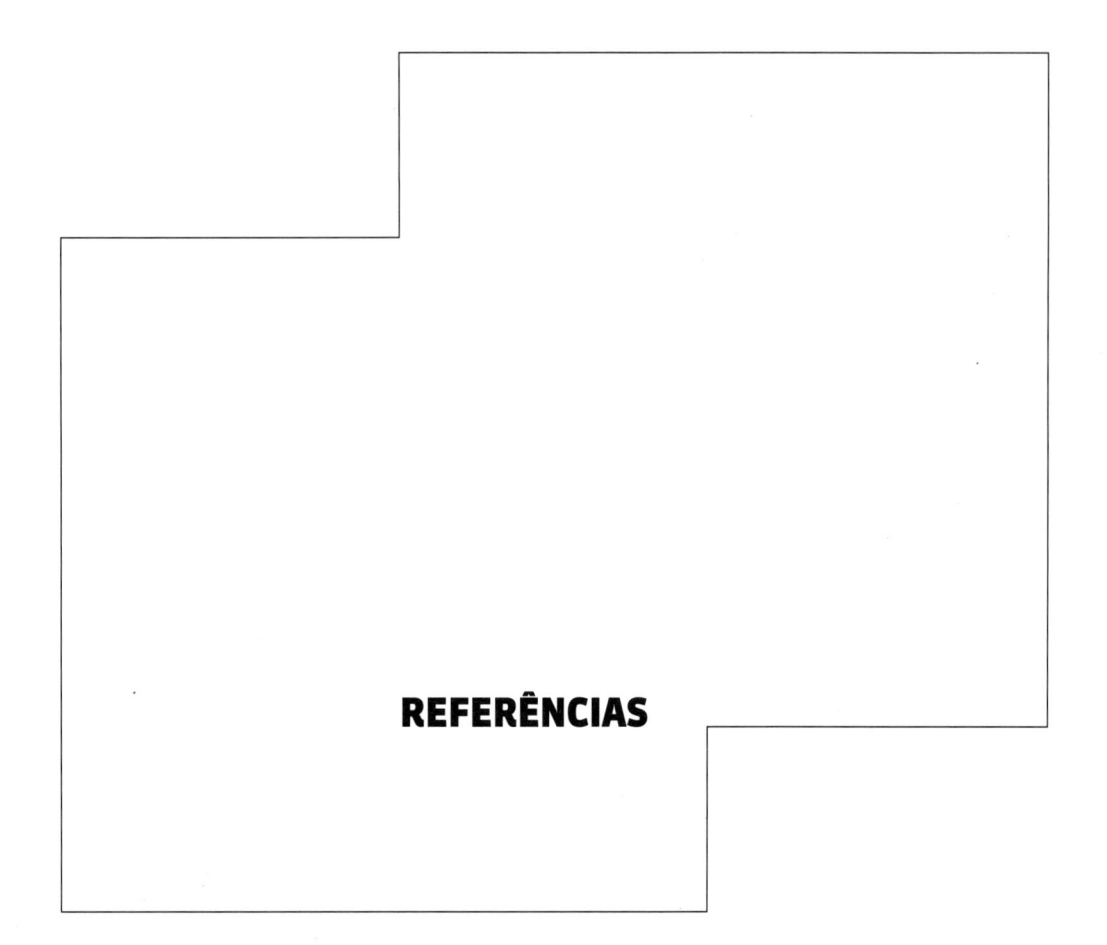

ALENCAR, E. S.; FLEITH, D. de S. **Criatividade**. Múltiplas perspectivas. Brasília: Editora Universidade de Brasília, 2003.

ALVES, R. A complicada arte de ver. **Folha de S.Paulo**, Sinapse, 26 out. 2004. Disponível em: http://www1.folha.uol.com.br/folha/sinapse/ult1063u947.shtml. Acesso em: 13 mar. 2020.

ARCHER, L. B. **Systematic method for designers**. London: Council of Industrial Design, 1965.

ARNHEIM, R. **Intuição e intelecto na arte**. São Paulo: Martins Fontes, 2004.

AYAN, J. **Aha!** Dez maneiras de libertar seu espírito criativo e encontrar grandes ideias. São Paulo: Negócios Editora, 2001.

BADER, S. **The designer says**: quotes, quips, and words of wisdom. New York: Princeton Architectural, 2013.

BAZARIAN, J. **Intuição heurística**. São Paulo: Alfa-Omega, 1986.

BÊLA, C. **Entrevista concedida a Leopoldo Leal**. São Paulo, 15 abr. 2015.

BERZBACH, F. **Psicologia para criativos**. Barcelona: Gustavo Gili, 2013.

BIZIOS, G. **Architecture reading lists and course outlines**. Hillsborough: Eno River Press, 1998.

BLACK, M. O designer e o cliente. In: BIERUT, M.; HELFAND, J.; HELLER, S.; POYNOR, R. **Textos clássicos do design gráfico**. São Paulo: WMF Martins Fontes, 2010.

BLATTCHEN, E. **Ilya Prigogine**: do ser ao devir. São Paulo: Editora Unesp, 2002.

BOEREE, C. G. Pandemonium. In: **General psychology**, 2003. Disponível em: http://webspace.ship.edu/cgboer/pandemonium.html. Acesso em: 13 mar. 2020.

BONSIEPE, G. **Design, cultura e sociedade**. São Paulo: Blucher, 2011.

CAIN, S. **O poder dos quietos**: como os tímidos e introvertidos podem mudar um mundo que não para de falar. Rio de Janeiro: Agir, 2012.

CAMPBELL, J. **Understanding John Dewey**: nature and cooperative intelligence. Chicago: Open Court, 1995.

CARTUM, M. Depoimentos prestados por Alexandre Wollner, Carlos Alberto Montoro, Emilie Chamie, Paulo Jorge Pedreira ao arquiteto Marcos Cartum, parte do projeto de pesquisa Designer Ruben Martins para o Centro Cultural São Paulo. 1986. In: SABO, A. L. **Ruben Martins**: Trajetória e análise da marca Rede de Hotéis Tropical. 2011. Dissertação (Mestrado)—Faculdade de Arquitetura, Universidade de São Paulo, São Paulo, 2011. Disponível em: http://www.teses.usp.br/teses/disponiveis/16/16134/tde-02022012-111229/pt-br.php. Acesso em: 13 mar. 2020.

CHARTIER, É-A. Le nouveau dieu, 9 jul. 1930. In: CHARTIER, É-A. **Propos sur la religion**. (1938) [1969]. Disponível em: http://classiques.uqac.ca/classiques/Alain/propos_sur_la_religion/propos_sur_la_religion.pdf. Acesso em: 13 mar. 2020.

COLERIDGE, S. T. **Specimens of the table talk of S. T. Coleridge**. 1827. Disponível em: http://www.gutenberg.org/cache/epub/8489/pg8489-images.html. Acesso em: 13 mar. 2020.

COYLE, D. **The talent code**: greatness isn't born. It's grown. Here's how. London: Random House, 2009.

CSIKSZENTMIHALYI, M. **A descoberta do fluxo**: a psicologia do envolvimento com a vida cotidiana. São Paulo: Rocco, 1999.

CSIKSZENTMIHALYI, M. **Creativity**: flow and the psychology of discovery and invention. Auckland: HarperCollins, 2007. E-book.

DAMÁSIO, A. R. **O erro de Descartes**: emoção, razão e o cérebro humano. São Paulo: Companhia das Letras, 2012.

DE MASI, D. **A emoção e a regra**: os grupos criativos na Europa de 1850 a 1950. Rio de Janeiro: José Olympio, 1999.

DESIGN TO PLAY. **Camp summary**. Kolding: Kolding School of Design e D2i—Design to innovate, 2013.

ELGER, D. **Dadaísmo**. Colônia: Taschen, 2010.

ERICSSON, K. A.; KRAMPE, R. T.; TESCH-RÖMER, C. The role of deliberate practice in the acquisition of expert performance. **Psychological Review**, v. 100, n. 3, 1993, p. 363–406.

ERICSSON, K. A.; PRIETULA, M. J.; COKELY, E. T. O cultivo de um expert. **Harvard Business Review**, 23 jul. 2007. Disponível em: https://hbrbr.com.br/o-cultivo-de-um-expert/. Acesso em: 23 jul. 2020.

ESBOÇOS DE FRANK GEHRY. Direção Sydney Pollack. Estados Unidos: Imagem Filmes, 2005.

FELITTI, C. Hotéis usam letra que mistura H com M no nome para fugir de veto a motéis em SP. **Folha de S.Paulo**, São Paulo, 1 set. 2013. Disponível em: http://www1.folha.uol.com.br/saopaulo/2013/09/1334455-hoteis-usam-letra-que-mistura-h-com-m-no-nome-para-fugir-de-veto-a-moteis-em-sp.shtml. Acesso em: 13 dez. 2017.

FERRAZ, M. G. "Fiz por merecer, mas tive sorte", diz mais importante arquiteto português. **Folha de S.Paulo**, Ilustríssima, 7 fev. 2016. Disponível em: http://www1.folha.uol.com.br/ilustrissima/2016/02/1737194-fiz-por-merecer-mas-tive-sorte-diz-mais-importante-arquiteto-portugues.shtml. Acesso em: 8 nov. 2017.

FLETCHER, A. **Beware wet paint**. London: Phaidon, 1996.

FLETCHER, A. **Picturing and poeting**. London: Phaidon, 2006.

FLETCHER, A. **The art of looking sideways**. London: Phaidon, 2001.

FREITAS, G.; CAZES, L. A arquitetura metafísica de Frank Gehry. **O Globo**, Cultura, 11 nov. 2010. Disponível em: http://blogs.oglobo.globo.com/prosa/post/a-arquitetura-metafisica-de-frank-gehry-348438.html. Acesso em: 18 jul. 2016.

FRUTIGER, A. **Sinais e símbolos**: desenho, projeto e significado. São Paulo: Martins Fontes, 1999.

GERSTNER, K. **Designing programmes**: instead of solutions for problems programmes for solutions. Baden: Lars Müller Publishers, 2007.

GIL, V. **A revolução dos tipos**. 1999. Tese (Doutorado)—Faculdade de Arquitetura, Universidade de São Paulo, São Paulo, 1999.

GIL, V. **Entrevista concedida a Leopoldo Leal**. São Paulo, 10 mar. 2015.

GLADWELL, M. **Blink**: decisão num piscar de olhos. Rio de Janeiro: Rocco, 2005.

GLADWELL, M. **Fora de série**. São Paulo: Sextante, 2008.

GLASER, M. **Art is work.** New York: Overlook Duckworth, 2000.

GOMBRICH, E. H. **A história da arte**. Rio de Janeiro: Guanabara Koogan, 1993.

GOMBRICH, E. H. **Os usos das imagens**: estudos sobre a função social da arte e da comunicação visual. Porto Alegre: Bookman, 2012.

GRILLO, M. M. **Precariedade e desespero em Kierkegaard**. Rio de Janeiro: Clube dos Autores, 2009.

HAGER, T. **Linus Pauling and the chemistry of life**. New York: Oxford University Press, 1998.

HELLER, S.; ELIONOR, P. **Design dialogues**. New York: Allworth Press, 1998.

HELLER, S.; ELIONOR, P. **The education of a graphic designer**. New York: Allworth Press, 1998.

HOFMANN, A. **Graphic design manual**. Teufen: Arthur Niggli, 1965.

HUIZINGA, J. **Homo ludens**: o jogo como elemento da cultura. São Paulo: Perspectiva, 2014.

INSPIRATIONS. Direção Michael Apted. Estados Unidos: Clear Blue Sky Productions, 1997. 1 DVD.

ISAACSON, W. **Leonardo da Vinci**. Rio de Janeiro: Intrínseca, 2017.

JOHN-STEINER, V. **Notebooks of mind**. New York: Oxford University Press, 1997.

JOHNSON, S. **De onde vêm as boas ideias**. Rio de Janeiro: Zahar, 2011.

JONES, J. C. **Essays in design**. London: John Wiley & Sons, 1984.

KALB, C. Gênios. **National Geographic**, São Paulo, n. 206, maio 2017, p. 22–43.

KANDEL, E. **The age of insight**: the quest to understand the unconscious in art, mind, and brain, from Vienna 1900 to the present. New York: Random House, 2012.

KANTOROVICH, A. **Scientific discovery**: logic and tinkering. New York: Suny Press, 1993.

KING, E. Alan Fletcher: fifty years of graphic work (and play). **Alan Fletcher Archive**, 2006. Disponível em: http://www.alanfletcherarchive.com/biography. Acesso em: 16 mar. 2020.

KLEIN, P. **The art rules**: wisdom and guidance from artworld experts. Bristol: Intellect, 2015.

KLEON, A. **Roube como um artista**: 10 dicas sobre criatividade. Rio de Janeiro: Rocco, 2013.

KRUEGER, M. **Conversas com Paul Rand**. São Paulo: Cosac Naify, 2010.

LACAZ, G. **Omenhobjeto**: 30 anos de arte. São Paulo: Décor, 2009.

LAXTON, S. **The good fairy automatism**. In: MALONE, M. Chance aesthetics. St. Louis: Mildred Lane Kemper Art Museum, 2009.

LESTIENNE, R. **O acaso criador**. São Paulo: Edusp, 2008.

LUBART, T. **Psicologia da criatividade**. Porto Alegre: Artmed, 2007.

LUPTON, E. **Intuição, ação, criação**: graphic design thinking. São Paulo: Gustavo Gili, 2013.

LUPTON, E; MILLER, A. **ABC da Bauhaus**. São Paulo: Cosac Naify, 2008.

MALONE, M. **Chance aesthetics**. St. Louis: Mildred Lane Kemper Art Museum, 2009.

MAU, B. **Incomplete manifesto for grouth**. 2010. Disponível em: http://www.manifestoproject.it/bruce-mau/. Acesso em: 16 mar. 2020.

MCCOY, K.; MCCOY, M. The new discourse. In: ALDERSEY-WILLIAMS, H.; MCCOY, K.; MCCOY, M.; BOLES, D.; WILD, L.; DIFFRIENT, N.; SLADE, R. **Cranbrook design**: the new discourse. New York: Rizzoli, 1990.

MEGGS, P. B. **História do design gráfico**. São Paulo: Cosac Naify, 2009.

MELLO, C. H. de. **O design gráfico brasileiro anos 60**. São Paulo: Cosac Naify, 2006.

MILEAF, J. Drop, drip, scatter: chance arrangements in art since Dada. In: MALONE, M. **Chance aesthetics**. St. Louis: Mildred Lane Kemper Art Museum, 2009.

MILTON, J. **Paraíso perdido**. eBooks Brasil, 2006. Disponível em: http://www.ebooksbrasil.org/adobeebook/paraisoperdido.pdf. Acesso em: 16 mar. 2020.

MLODINOW, L. **O andar do bêbado**: como o acaso determina nossas vidas. São Paulo: Zahar, 2009.

MLODINOW, L. **Subliminar**: como o inconsciente influencia nossas vidas. Rio de Janeiro: Zahar, 2013.

MOIÓLI, Julia. O que é o teste de Rorschach? **Superinteressante**, 4 jul. 2018. Disponível em: https://super.abril.com.br/mundo-estranho/o-que-e-o-teste-de-rorschach/. Acesso em: 16 mar. 2020.

MOZART'S SISTER. Direção de René Féret. França: JML Productions, 2010. 1 DVD.

MONGUZZI, B. **A designer's perspective**. Baltimore: The Fine Arts Gallery, 1998.

MUNARI, B. **Artista e designer**. Lisboa: Edições 70, 2004.

MUNARI, B. **Das coisas nascem coisas**. São Paulo: Martins Fontes, 1998.

NACHMANOVITCH, S. **Ser criativo**. São Paulo: Summus, 1993.

O'BRIEN, G. Brice Marden: a certain point where it's out of your control. **Purple Diary**, Purple Magazine, 2012. Disponível em: http://purple.fr/magazine/fw-2012-issue-18/brice-marden/. Acesso em: 16 mar. 2018.

OLDHAM, C. Alan Fletcher: 50 years of graphic work (and play). **Grafik Magazine**, 2009. Disponível em: http://www.alanfletcherarchive.com/alan-fletcher-50-years-graphic-work-and-play. Acesso em: 16 mar. 2018.

OSTROWER, F. **Acasos e criação artística**. Campinas: Editora Unicamp, 2013.

PANDEMONIUM. In: **Online etymology dictionary**, Douglas Harper, 2001. Disponível em: https://www.etymonline.com/word/pandemonium. Acesso em: 16 mar. 2020.

POWERHOUSE MUSEUM. Exposição permanente. Sydney, 2018.

POYNOR, R. **Abaixo as regras**: design gráfico e pós-modernismo. Porto Alegre: Bookman, 2010.

POYNOR, R. An interview with Pentagram's ringmaster of paradox. **Eye Magazine**, 1991. Disponível em: http://www.eyemagazine.com/feature/article/reputations-alan-fletcher. Acesso em: 16 mar. 2020.

PRATA, F. **Entrevista concedida a Leopoldo Leal**. São Paulo, 26 mar. 2015.

RAND, P. **Design, form and chaos**. New York: Yale University Press, 1993.

REMER, T. G. **Serendipity and the three princes**. Norman: University of Oklahoma Press, 1965.

REVERDY, P. **Nord-Sud**. Mar. 1918. *Fac-símile* da edição. Disponível em: http://bluemountain.princeton.edu/exist/apps/bluemountain/issue.html?titleURN=bmtnaaw&issueURN=bmtnaaw_1918-03_01#?c=0&m=0&s=0&cv=0&z=-4196.2283%2C361.5%2C13038.4567%2C7230. Acesso em: 28 maio 2018.

ROBERTS, R. M. **Serendipity**: accidental discoveries in science. New York: Wiley Science Editions, 1989.

ROTZLER, A. **Entrevista concedida a Leopoldo Leal**. Zurique, 13 fev. 2015.

SABINO, F. Fernando Sabino, escritor de dois gumes. **Folha de S.Paulo**, Ilustrada, 9 abr. 1985. Disponível em: https://acervo.folha.com.br/leitor.do?numero=9102&anchor=5426891&origem=busca&pd=eb00f014c78a0c8cbac807cc224d2f83. Acesso em: 16 mar. 2020.

SALLES, C. A. **Gesto inacabado**: processo de criação artística. São Paulo: Annablume, 2004.

SAWYER, R. K. **Explaining creativity**: the science of human innovation. New York: Oxford University Press, 2012.

SAWYER, R. K. **Zig zag**: the surprising path to greater creativity. San Francisco: Jossey-Bass, 2013.

SENNETT, R. **O artífice**. Rio de Janeiro: Record, 2012.

SHAUGHNESSY, A. **Como ser um designer gráfico sem vender sua alma**. São Paulo: Editora Senac São Paulo, 2010.

SKOLLOS, N.; WEDELL, T. **O processo do design gráfico**: do problema à solução, vinte estudos de casos. São Paulo: Rosari, 2012.

STILES, K.; SELZ, P. **Theories and documents of contemporary art**: a sourcebook of artists writings. Berkeley: University of California, 1996.

TIMPANO, N. J. **Constructing the viennese modern body**: art hysteria and the puppet. New York: Routledge, 2017.

TRIGUEIROS, M. Educação: aula dada, aula estudada hoje. **Folha de Londrina**, Folha Opinião, 15 mar. 2009. Disponível em: http://www.folhadelondrina.com.br/opiniao/educacao-aula-dada-aula-estudada-hoje-675757.html/. Acesso em: 16 mar. 2020.

TROXLER, P. **Entrevista concedida a Leopoldo Leal**. Zurique, 13 fev. 2015.

TSCHICHOLD, J. **The form of the book essays on the morality of good design**. London: Lund Humphries, 1991.

TWYMAN, M. Articulating Graphic Language: a historical perspective. 1986. *In*: WROLSTAD, M. E.; FISCHER, D. F. (org.). **Toward a new understanding of literacy**. New York: Praeger Publishers, p. 188–251.

VITRA EASY EDGES. Disponível em: www.design-museum.de/en/collection/100-masterpieces/detailseiten/wiggle-side-chair-frank-o-gehry.html. Acesso em: 16 mar. 2020.

WATSON, C. Inspiração não produz trabalho, mas trabalho produz inspiração. **Echos Escola Design Thinking**, 2016. Disponível em: https://escoladesignthinking.echos.cc/blog/2016/10/inspiracao-nao-produz-trabalho-mas-trabalho-produz-inspiracao-parte-2-charles-watson-e-a-criatividade-nos-negocios/. Acesso em: 26 fev. 2018.

WATSON, C. **Teoria vs. Prática**. 31 out. 2018. Post de Facebook. Disponível em: https://www.facebook.com/oprocesso.criativo/posts/2209939609050950. Acesso em: 23 jul. 2020.

WEINGART, W. Como alguém pode fazer tipografia suíça? 1972. *In*: BIERUT, M.; HELFAND, J.; HELLER, S.; POYNOR, R. (org.). **Textos clássicos do design gráfico**. São Paulo: WMF Martins Fontes, 2010.

WEINGART, W. **Typography**. Baden: Lars Müller Publishers, 2000.

WEINGARTEN, G. Pearls before breakfast: can one of the nation's great musicians cut through the fog of a d.c. rush hour? let's find out. **The Washington Post**, 8 abr. 2007. Disponível em: https://www.washingtonpost.com/lifestyle/magazine/pearls-before-breakfast-can-one-of-the-nations-great-musicians-cut-through-the-fog-of-a-dc-rush-hour-lets-find-out/2014/09/23/8a6d46da-4331-11e4-b47c-f5889e061e5f_story.html. Acesso em: 16 mar. 2020.

WILSON, T. D. **Strangers to ourselves**: discovering the adaptive unconscious. Cambridge: Harvard University Press, 2002.

WINGLER, H. **The Bauhaus**. Cambridge: MIT Press, 1969.

ZIMERMAN, D. E. **Etimologia de termos psicanalíticos**. Porto Alegre: Artmed, 2012.

senac

ADMINISTRAÇÃO REGIONAL DO SENAC NO ESTADO DE SÃO PAULO

Presidente do Conselho Regional
Abram Szajman

Diretor do Departamento Regional
Luiz Francisco de A. Salgado

Superintendente Universitário e de Desenvolvimento
Luiz Carlos Dourado

EDITORA SENAC SÃO PAULO

Conselho Editorial
Luiz Francisco de A. Salgado
Luiz Carlos Dourado
Darcio Sayad Maia
Lucila Mara Sbrana Sciotti
Luís Américo Tousi Botelho

Gerente/Publisher
Luís Américo Tousi Botelho

Coordenação Editorial
Ricardo Diana

Prospecção
Dolores Crisci Manzano

Administrativo
Verônica Pirani de Oliveira

Comercial
Aldair Novais Pereira

Proibida a reprodução sem autorização expressa.
Todos os direitos desta edição reservados à
Editora Senac São Paulo
Av. Engenheiro Eusébio Stevaux, 823 – Prédio Editora
Jurubatuba – CEP 04696-000 – São Paulo – SP
Tel. (11) 2187-4450
editora@sp.senac.br
https://www.editorasenacsp.com.br

© Leopoldo Leal, 2020

FICHA TÉCNICA

Edição e Preparação de Textos
Heloisa Hernandez

Projeto Gráfico e Diagramação
Leopoldo Leal

Revisão de Texto
Paulo Oliveira
Isabela Talarico

Fotografias
Cristiane Inoue

Tratamento de Imagens
Fabio Manzano
Marcel Manzano

Características
Formato aberto 460 mm × 300 mm
Formato fechado 230 mm × 300 mm
280 páginas

Família Tipográfica
Sanuk desenhada por Xavier Dupré

Papéis
Offset 120 g/m²
Pólen 80 g/m²

Impressão
Visão Gráfica

Março de 2023

FSC® MISTO
Papel produzido a partir de fontes responsáveis
www.fsc.org
FSC® C172712